法律经济学译丛
Law&Economics Translation Series

CAMBRIDGE

议价监管与公法
Regulatory Bargaining & Public Law

[美]吉姆·罗西 著
甄 杰 译

复旦大学 出版社

内容简介

　　本书从议价视角阐释了公法在一些需要受到规制的产业，如电力、电信行业中的影响和作用，集中探讨了司法干预在20世纪的公共产业中所扮演的角色，放松管制对公法发展新机遇的阻碍，以及公法在非规制环境下的具体作用，并重点关注了它在以调整为重点的政治进程方面对私人利益相关者和公共机构产生的积极或消极影响。本书是对法律经济学相关领域最新研究成果的全面介绍，体系比较完整，适合法学、经济学相关研究人员、学者和学生研读。

学科交叉复合,多元同生共长
——"法律经济学译丛"总序

社会科学学术史的经验证明,影响一个学派的际遇和发展的重要因素之一是其质量本身,即它是不是一种强有力的分析和解释工具,能否据此有效地积累和传承智识。近年来,以法律经济学视角分析法律问题逐渐成为一种趋势,这与法律经济学内在的品格息息相关。

通常认为,现代意义上的法律经济学①诞生于20世纪五六十年代,其标志性事件为1958年美国芝加哥大学法学院创办《法律经济学杂志》和1960年科斯发表《社会成本问题》,后者通过对外部性问题独辟蹊径的分析创设了著名的"科斯定理",为运用经济学的理论与方法研究法律问题奠定了基础。20世纪70年代以后,法律经济学进入蓬勃发展时期,代表人物与研究成果大量涌现,最著名的就是理查德·A.波斯纳及其《法律的经济分析》。波斯纳借助经济学分析范式,通过著述、讲座对美国法律的各个具体领域进行深入而细致的分析,构建了一个比较完整的法经济学理论体系。这"不仅对法学研究的方法论提出了严峻的挑战,而且正在改变着许多传统法学家、法律专业学生、律师、法官和政府官员的行动哲学"②,其影响不言而喻。

1981年,美国前总统里根任命了波斯纳、博克、温特等有着经济学思维倾向的法学家为联邦上诉法院法官;并通过总统令,要求所有新制定的政府规章必须符合"成本-收益"分析的效率标准;要成为美国各级法院的法官,也必须事先通过法律经济学课程的培训和考试。毫无疑问,这标志着法律经济学在法律实践

---

① 法律经济学的萌芽和孕育却可以追溯至古希腊时期。在柏拉图的《理想国》和亚里士多德的《政治学》中,即可以看到用经济学思维来分析法律规则的影子。随后,在意大利刑法学家贝卡里亚的《论犯罪与刑罚》中,同样可见经济分析的痕迹,他提出的"刑罚与犯罪相对称"理论就带着经济学思维的深深烙印。

② [美]理查德·A.波斯纳:《法律的经济分析》,蒋兆康译,中国大百科全书出版社1997年版,中文版译者序言第9页。

中获得了巨大的成功,得到了广泛的认可。在此过程中,法律经济学还把研究的触角伸展到了宪政、刑事、民事、婚姻家庭、政府管制、程序规范等几乎无所不包的法律场域。可以说,在法律的意义上,所谓的"经济学帝国主义",其实就是"法律经济学方法论上的帝国主义"。

然而,社会科学学术史表明,从来都没有无懈可击的理论。20世纪70年代末80年代初,在法律经济学试图以自己独有的效率分析方法来解构所有的法学领域时,受到了施密德等经济学家和德沃金、弗莱德等法学家不同角度的猛烈批判。这些批评和责难的要义在于:法律制度是一个价值多维的制度体系,法律经济学意义上的"效率"是否完全等同于法律意义上的公平与正义?在婚姻家庭等注重情感治理的法律场域,以及在关乎人之生死的刑事法律场域,我们还能以效率作为正义的实现标准吗?

对法律经济学的旗手人物波斯纳的批评,最犀利者莫过于以下言辞:

"就是顺着这种'谁出钱最多就给谁权利'的一根筋思维,再加上惊人的写作热情,波斯纳法官已经把法律改写为刺激财富最大化的代价体系,改写了几乎所有部门法中的权利义务体系。而为了贯彻他的思维的一致性,他已经做出很多惊世骇俗的结论:出钱多的人有'权利'违约,有'权利'歧视劣等种族,甚至还有'权利'强奸,只要能够促进社会财富的最大化。"①

前述批判一针见血地指出了法律经济学的局限性:在衡量法律规则的正当性时,并非总是能够以促进社会财富的最大化为唯一标准。的确,正如自然界因物种的纷繁芜杂而呈现多样性一样,调整对象各不相同的不同部门法,其品质或公平正义目标的实现方式也或有差异。以成本和效益作为计算维度的法律经济学分析路径,显然与传统的规范分析差异极大,不可避免地存在缺陷。尽管如此,法律经济学的作用仍然不容低估。在评价法律经济学对于法学研究的贡献时,不妨借用弗里德曼的一句话"从一个共同的目的出发,法律经济学提供了一种评价法律规则的确定的方法……"②

正因为如此,本着繁荣学术的目的,复旦大学出版社推出了这套法律经济学译丛。相信这套译丛的推出必将给我国的法律经济学研究带来积极的影响。总

---

① 柯岚:《波斯纳经济分析法学批判》,《财经》2005年第13期。
② [美]大卫·弗里德曼:《经济学语境下的法律规则》,杨欣欣译,法律出版社2004年版,引言,第2页。

体说来,这套译丛具有如下特点。

第一,学科多元,视域宽广。就此点而言,仅从著述的书名即可管窥一二。九本著作分别题为《期权视阈下的法律权益结构》《政治经济学序论——经济学的社会与政治基础研究》《法律、经济学与伦理》《法律经济学的原理与方法——规范推理的基础工具》《法律的动态经济分析》《经济正义与自然法》《议价监管与公法》《法律的政治经济学》《经济势力的法律理论》。这些论题涉及了政治学、社会学、法学、经济学、伦理学等多学科范畴,贯穿其中的是法律经济学研究方法的运用,共同构造了一幅多元学科复合交叉、同生共长的学术场景。

其中最为典型者,当属融政治学、经济学、社会学与法学于一炉的三本著作。其一为《政治经济学序论——经济学的社会与政治基础研究》,作者考斯克·巴苏是美国康奈尔大学经济学教授,世界银行的高级副总裁、首席经济学家,直至2012年7月,他还担任着印度政府的首席经济顾问。强大的学术背景及丰富的参与决策经历,使其研究视野极为宽广。该书首先提出一个宏大的命题:如果我们想要理解为什么一些经济体大获成功而另一些经济体却注定失败,为什么有的政府运作高效而另一些却效率低下,为什么部分经济、政治等共同体蒸蒸日上而另一些停滞不前,那么,从政治和社会的视角来研究经济学是至关重要的。这是一部探究政治与社会嵌入性的作品,以针对国家与制度的"包容性"路径为研究对象。

这本著作指出,这一包容性路径的采纳是与我们关于国家和法律的理解紧密相关的。法律仅仅是公民的一组信念,就其本身而言类似于社会规范。对于经济而言,社会规范能起到与法律同样的作用。该书还探讨了我们对国家权力概念的解读是如何受到国家和法律观点的左右的。作为推论,这本书解读了大量重要的社会学与哲学问题,比如国家是否应当确保言论自由、宿命论是否与自由意志相兼容,以及自由市场是否会带来高压政治等。

这部著作赢得好评如潮。有评论者认为,考斯克·巴苏提供了一种"包容性"的制度路径,更为重要的是,他为此项研究议题提供了开创性的视角,作者清晰的写作风格及构建启迪性案例的能力构成了两大看点。另有评论者对作者的敏捷才思和清晰文笔赞叹不已,强调作者的思想而非技巧高居该领域的最前沿地位。

相对而言,《经济正义与自然法》一书的视野则相对中观一些。作者加里·

夏迪尔描述了植根于自然法传统下的经济公正，阐释了其与经济问题（特别是与财产、分配和工作时间）的关联性。他以自然法理论为基础，通过研究一系列与所有权、产品、分配、消费相关的案例，探讨了若干富有争议的问题，同时强调了自然法则理论的进步意义及开放维度。

另外一本同样包含"政治经济学"语汇的著作是《法律的政治经济学》，其论题则相对具体微观得多。在这本意蕴深远的著作中，帕特里克·A.麦克纳特从政治环境的角度探索法律的含义，加入了其此前著作《法律、经济与反垄断》中的诸多新思想和新概念。该书通过精心挑选的案例，阐述了经济和法律推理的综合运用，同时运用简洁的博弈论语言，阐明了复杂的法律和经济理念。该书内容覆盖了法律、经济和伦理领域，涉及的议题包括法律与道德所扮演的角色、侵权行为的赔偿责任、财产权和反垄断主义，同时涉足了目无法纪和犯罪意图、网络市场和知识产权竞争、合作及监管等内容。

第二，创新思维，不落窠臼。伟大的科学家爱因斯坦曾言："梦想比知识重要。知识是有限的，而梦想可以包容下整个世界！"在学术研究中，创新思维的运用同样将给人带来无穷无尽的惊喜。《期权视阈下的法律权益结构》一书将此展现得淋漓尽致。

该书的作者伊恩·艾瑞斯是耶鲁大学威廉·K.汤森特讲席教授，他居然同时是《福布斯》杂志的专栏作者和美国公共广播电台市场观察节目评论员！或许，正是多元的人生经历给他带来了无穷无尽的学术灵感。他著述良多，最近一本是《创新DIY：利用日常生活中的创意解决身边的问题》，细细想来，这真是一个梦想无极限的天才型学者！

《期权视阈下的法律权益结构》一书的诞生，可谓生逢盛世。过去30年间，重塑金融和经济学界的期权理论如火如荼，一场由法学学者们主导的财产概念化和财产法律保护的革命应运而生。伊恩·艾瑞斯教授的这部扛鼎之作，条分缕析地阐述了期权理论是如何推翻诸多既定认知，并为法院裁判案件提供切实指引的。具体说来，艾瑞斯教授在深刻洞察现有体系缺陷的基础上，系统地阐释了一个以期权为基础的体系是如何成为各方买卖相关法律权益之基础的。法律制定者们为了行使法律上的期权，将不得不展示他们对于权利价值的估值。这种机制就像拍卖一样，权利自然会涌向那些最珍视它们的人。

来自弗吉尼亚大学法学院的保罗·马洪尼认为，伊恩·艾瑞斯是期权领域的先驱者,他的这部著作试图把法律适用潜力巨大的期权理论运用于实践。艾瑞斯阐明了类似期权的法律救济结构是如何高效地揭示各方的自我认知与分析的,从而以此为基础,帮助法院更为高效地实现权益的分配。纽约大学法学院的巴里·阿德勒对于这部著作同样不吝溢美之词:《期权视阈下的法律权益结构》是一部精心之作。伊恩·艾瑞斯向我们展现了期权理论是如何将一系列重要的法律理论与合同、财产和侵权等领域相结合的。艾瑞斯在本书中娴熟地运用了诸如金融理论、博弈论和拍卖理论等诸多经典理论。

对于该著作的创新性贡献的评价,最为精当者当推弗吉尼亚大学法学院教授、约翰·奥林法律经济学项目主任乔治·特里亚提斯:"在我们这个时代的法学界中,伊恩·艾瑞斯是最伟大的创新者之一。在《期权视阈下的法律权益结构》这本书中,他令人信服地证明期权理论是法学分析中的有力工具,并运用这一理论揭示了责任规则在提升法律结果的效率和公平方面被低估的潜力。一如既往地,艾瑞斯将理论的创造性、阐释的清晰度和实际可行性巧妙地融合在一起,如此精妙的产物必将对我们理解法律权益产生深远的影响。"

同样地,在研究理路方面不拘一格的,还包括《法律、经济学与伦理》与《议价监管与公法》这两本著作。

艾雅尔·扎米尔和巴拉克·梅迪纳共同完成的《法律、经济学与伦理》,是首部尝试系统性地缩小法律与温和伦理学道义论的著述。的确,法律的经济学分析是一种影响重大的分析方法,但有关成本收益的标准化计算方法也容易引发争议。温和伦理学道义论优先考虑自主性、基本自由、告知实情以及为扬善而信守承诺等价值。该理论认为扬善也有限制。这些限制只有当足够的善(或恶)处于风雨飘摇之时才会被颠覆。而温和的道义论遵循盛行的道德直觉以及法律原理,但它也被认为欠缺方法论的精确性和严密性。

艾雅尔·扎米尔和巴拉克·梅迪纳认为,即使不放弃其方法论上的优势,也可以修正经济学分析规范性方面的缺陷。他们探讨了道义论限制模型的本质内容及方法论方面的不同选择。扎米尔和梅迪纳提议,通过数学阈值函数来确定违反道义论约束的任何行为或规则的可容许度。《法律、经济学与伦理》阐明了阈值函数的大致框架,分析了它们的要素,并解决了此项计划可能存在的异议。此后又描述了标准化成本收益在不同法律领域的履行情况,例如合同法、言论自由、反歧视法、打击恐怖主义和法律父爱主义等等。

在《议价监管与公法》一书中，拥有耶鲁法学学位的吉姆·罗西教授以交易为视角，探索了制度化治理和公法对于电力和电信等放松管制的产业的影响。主流媒体将放松管制的市场失败归咎于竞争性重组政策。但作者认为，政府机构多受私人股东的影响，也应分担放松管制所导致的市场缺陷的责任。本著作的第一部分探索了20世纪公用事业领域中司法审查的作用，以及放宽管制对公法带来的新机遇和挑战。第二部分阐述了宽松的监管环境下的公法，集中讨论其在政治进程中对个人投资者行为和公共机构的积极和消极的刺激机制。评论人士认为，这本著作提供了一个有益的视角，借此可以评估在监管转型或者放松管制过程中如何评估既有的公法原理，并有助于我们在一般意义上理解行政法与经济规制。

第三，法律与经济完美联姻。一个不争的事实是，大量的法学著述引入了经济学的分析方法和分析工具，极大地丰富了法学研究的视角，一度有人惊呼"经济学的帝国主义已经来临"！然而，笔者认为，法学的规范分析方法并未因此遭到根本的挑战，经济分析方法只是丰富了法学研究的视角，特别是量化了正义的计算方式而已。因而，笔者愿意认为，这是一场法与经济的美妙联姻。本译丛的以下三本著述正是其中的优秀代表。

《法律经济学的原理与方法——规范推理的基础工具》一书的作者为尼古拉斯·L.吉奥加卡波罗斯，他是哈佛大学法学博士，以金融和金融市场监管为研究领域，其著述多次为美国最高法院和美国证券交易委员会所援引。应当承认，这本著作并非展现其研究功力的巅峰之作，它的目的是向那些渴望运用经济分析方法和数学技巧的读者提供技术方面的指引，同时就其中蕴含的哲学原则作出结构性阐释。该书将经济学分析与伦理哲学、政治理论、平等主义和其他方法论原则进行了整体介绍，同时描述了方法的细节，例如建立模型、运用衍生工具、微分方程式、数据测试以及电脑程序等。总之，这是一部非常实用的著作。

《法律的动态经济分析》一书由美国雪城大学的戴维·M.德瑞森教授完成。该著作提供了一种与时俱进的法与经济的动态理论，该理论以避免重大的系统性风险（如金融危机和气候异常）为目的，并通过经济激励的系统性分析来实施这一理论，进而研究人们对它的反馈。该理论提供了一种崭新的法律视角，也就是说，从宏观层面建立规范性承诺，并确立针对大量私人交易的法律框架。本书解释了新古典法经济学是如何点燃长达数十载，直至2008年金融危机才结束的放松管制热潮的。其后这本书还表明,动态经济学对于学者的研究大有助益,政策制定者也可从中学习如何作出理性的决策,从而既保持经济活力又避免未来的灾难。该书各章节还具体探讨了金融监管、合同、财产、知识产权、反垄断、国土安全以及气候异常等问题。

《经济势力的法律理论》是一本富有争议的著作,由巴西圣保罗大学法学院的卡里克斯托·萨罗马奥·费罗教授完成。这部著作有力地阐释了为什么不能只是将经济势力视为一种市场现象。他在行文中把被遗忘的现实和经济势力结构的效用纳入分析的视野,其中对新经济势力理论需求的法律分析令人信服。具体而言,该书通过对市场支配力、法律结构和公共资源配置的权威分析来探究经济势力的结构,其后又对经济势力结构的动态和行为进行了检验,重点探讨了法定独占和自然资源的开发等问题。通过缜密的分析,该书提出的告诫是,负面的经济势力结构将会直接影响各国社会和经济的发展。这一新的法律理论构建于经济结构的现实基础之上,被证明是传统市场理性范式的有力替代,必将在法与经济、社会发展和反垄断领域的学者中引起极大的反响。

看似寻常最奇崛,成如容易却艰辛。学问之路没有坦途,无限风光总在险峰。在上海这一繁华乃至于浮华的灯影之城,沉下心来做学问,确为不易。翻译是一门"绕不过去的学问",唯有读懂弄通,始能译成文字。个中辛苦,唯有亲历者方能切身感受。笔者愿借此序言,向承担译事的所有教师,表达由衷的敬意;向所有慨然应允担任译丛编委、奖掖后学的所有学者,表达诚挚的谢意。

教授 博导
第七届全国十大杰出青年法学家

目录

前言 ·· 1

致谢 ·· 1

1　议价监管的适用范围 ·· 1

第 I 部分　将不完全议价从企业经济学扩展到公共治理

2　议价监管和自然垄断规制的稳定性 ·· 25
3　监管法律的不完全性：超越自然垄断监管的"微观世界" ················· 41
4　改善竞争性环境中零售服务的责任 ·· 57

第 II 部分　不完全议价监管、制度以及放松管制行业中司法审查的作用

5　放松管制征收和议价监管 ·· 77
6　不完全费率监管和司法强制执行 ··· 106
7　立法权下放的议价 ·· 144
8　克服联邦和州议价失败 ·· 173

9　结论：不完全议价监管和司法审查的教训 …………………… 195

参考文献 …………………………………………………………… 201
主要法律机构索引 ………………………………………………… 218

前言

经济监管理论在乐观主义和悲观主义之间进行调整,所谓乐观主义是指人们将监管者看成热心追求公共利益或其他热心慈善目标的人,所谓悲观主义则大多与公共选择学派有关,他们将监管者视为被其监管的强势私人企业所俘获的人。这些理论对监管的分析主要集中于监管规则的实质,而不是规则颁布的过程,也不关注在市场运营和投资决策中监管规则对于提高政策稳定性的作用。然而,无论这些分析在理论上有多好,现实的监管法规却不能完全展现监管的演化,也不能说明监管是如何与技术、经济条件和政治偏好相互作用的。通过交易的视角来审视监管和监管法,可以阐明法院所发挥的制度性作用,特别是在放松管制或竞争性重构市场中产生新问题的情形下。

在 20 世纪中处于主导的自然垄断监管领域,公共利益和私人利益经常(在对监管的公共利益分析正确时)但不总是(正如公共选择提醒我们的那样)以福利提升的方式进行趋同。自然垄断监管代表了一种分类的契约,它受到自身问题的困扰;但是,它提供了一个 50 多年来相对稳定的法律体系。服务成本率制定的稳定性将重新谈判限制在企业层面的费率制定过程中,使得受监管的企业在监管机构之外进行事前(也就是在公共决策形成之前)影响政府的激励达到最小。在这样的背景下,监管法的传统原则能够保护投资者和消费者。实际上,在 20 世纪大部分时期,法院在规制行业中都没有起很大作用。法院参与到监管机构决策的司法审查中,但是较大的管理决策都没有受到司法程序的影响,法院只是常规地遵从监管者的专门知识和政治责任。监管者很大程度上被看成是促进私人利益和公共利益趋同的角色,特别是当他们在一个不断变化的基础上只监管为数不多的企业时。

放松管制有许多好处。它经常因允许私人利益和公共利益通过价格机制进行趋同而受到青睐。同时,也会由于达不到这样的效果而受到许多批判。例如,在存有价格竞争的电力市场中,企业要放弃它们偏爱的高收入的(因此也更有利可图的)消费者的传统服务责任会面临很大压力,并导致公共利益和私人利益在市场决策中的分歧。

在监管过程中的公私利益之间以及在公法方面,放松管制如何带来新的紧张关系,对此进行审视的并不多。有了放松管制,企业层面的费率听证不再是放松管制政策采用和实施的标准,这使得私人对监管程序的影响更加分散,也更加不可预测。当监管者为了实施监管政策而指望替代性机制如一般立法、规则制定和统一运价表的时候,由于在福利下降方面,私人利益与公共利益之间存在着分歧,因此,政府有可能会分担私人公司的部分责任。正如传统的监管程序可能过分地响应最强大的利益集团那样,放松管制政策所形成和实施的程序也可能使得政策制定者过分地响应新的利益集团,这可能阻碍经济政策的实施,而非促进竞争的福利效果。例如,由于美国存在监管电力的双重司法体系,因此,企业有逃避州或联邦管辖权的战略途径,即利用监管实施中的司法缺位或管辖权重叠。相反,服务成本监管就提供了调节监管机构与被评估企业间评估缺失的方法,并对企业层面的行为进行更仔细的评估,即通过设定公司费率来实施,这样就使私人和公共利益之间的差异最小化了(但是肯定不是消除了)。

在扩大公共利益和私人利益之间潜在差异的范围和程度方面,放松管制对政策制定者和法院提出了挑战,促使它们重新评估许多传统的公法原则,而这些原则形成确立并实施于竞争市场的规则。本书进一步推动了这项工作。相比于公共选择理论和公共利益监管的主流分析方法,本书利用政府关系议价作为评价监管法规的机制。以契约为基础的监管方法可以类比为合法的(依法实施的)契约,主要利用司法权威来补偿或阻止监管机构的重新谈判。相反,本书对监管契约有更加广泛的理解,并以此为起点,利用公司治理和契约领域的法学和经济学文献,在经济监管的制度构建中展现"不完全契约"的方法。该方法区别看待与契约重新谈判有关的激励和福利状态。合法契约强调契约的依法实施。与合法契约不同,政府关系议价方法强调监管及其重新谈判的保障性含义。比较制度分析对该方法进行了补充,评估了放松管制市场管理的制度环境;这并没有将分析限定在单一监管者的决策上,而是关注替代性机构包括法院、立法部门、州与联邦的监管。

通过运用电力部门放松管制的案例分析得出一般经验,该框架可以被运用到监管法规的传统内容中,包括消费者服务责任、对监管者约束的征用条款、限制事后司法实施机制的申报费率原则、隐性商业条款和反垄断执行的州行为豁免以及监管联邦制。通过区别对待事前和事后激励并强调重新谈判的制度背景,该框架揭示了这些监管法规传统内容在放松管制时期的弱点,并给出了法院可以对其更正的途径。

该书的题目——议价监管与公法——看起来似乎是矛盾的。议价方法意味着政府监管将被以市场为基础的订购行为所取代,特别是当行业被放松管制而使得公法与议价过程没有关联的时候。然而,众所周知,放松管制是一个极端并且有些理想化的概念。从这个意义上说,基于同样的理由,"放松管制"可能会和其他通常提及的传媒术语如"严肃喜剧"以及颇有深意的政治术语如"维和部队"一样广受诟病。不过,在放松管制的环境以及监管的理念和理论之间,有一个能同时引发议价的点。即便是最极端的市场支持者也意识到,放松管制的市场会非常依赖于法规的实施和监督,尤其是当诸如输电线路等网络设施成为供应商和消费者进入市场的主要途径的时候。进一步地,正如本书所持的观点,监管议价所涉及的不仅仅是企业特定监管的谈判。公法中具有大量的契约关系,即使在私人企业不是促成合法契约直接当事人的领域也是如此。政府关系议价方法在其范围内包含着这些议价关系,也包含着更多企业和州政府之间传统的监管契约。公法在形成这些议价关系方面仍保有相关性,即便市场被放松管制了也是这样。公法在这种环境下的角色就是本书要探究的主要课题。

致谢

完成一本学术著作不是一项短期工程。这本书花费了我几年的时间。在此过程中一些人为我提供了反馈。Jim Chen，Dan Farber，Susan Rose-Ackerman 和 Joseph Tomain 对本书提出了极其有用的建议。手稿中的一些内容也得益于同许多人的交谈以及他们对本书内容的评论，这些人实在太多而无法在此一一列举出他们的名字，但是我要特别感谢 Robert Ahdieh, Rob Atkinson, Amitai Aviram, Scott Baker, Steven Bank, Barbara Banoff, Fred Bosselman, Mary Burke, Joel Eisen, Larry Garvin, Mitu Gulati, Adam Hirsch, Bruce Johnsen, Jonathan Klick, Kimberly Krawiec, David Markell, Greg Mitchell, Susan Rose-Ackerman, J. B. Ruhl, Mark Seidenfeld, Jacqueline Weaver, PhilWeiser 和 Ellen Yee。尤其要感谢 Scott Baker，我们在北卡罗来纳大学同事那几年，他鼓励我更宽泛地将监管法作为一种不完全契约来思考。我也要感谢一些大学学术会议的参与者，他们来自杜克大学法学院、埃默里大学法学院、佛罗里达-莱文大学法学院、乔治·梅森大学法学院、乔治敦大学法律中心、休斯敦大学法律中心、印第安纳州-印第安纳波利斯大学法学院、爱荷华大学法学院、威廉-玛丽学院的马歇尔-威思法学院、北卡罗来纳大学法学院、佩波戴恩大学法学院、里士满大学法学院、圣迭戈大学法学院、南卡罗来纳大学法律中心、得克萨斯大学法学院、华盛顿·李大学法学院，所有这些学者都为本书提供了有益的信息和建议。

20世纪90年代早期，当我在华盛顿特区还是一名年轻的能源行业的律师时，我有幸与一些律师共过事，他们明白公共事业行业所面临的变化的重要性。我要特别提到 Earle O'Donnell 和 Robert O'Neil，因为他们在能源问题以及监管法实践方面对我给予了指导。在进入学术界时，我以为能脱离能源法这样高度专业化的领域,但这是不可能的。过去十年间,美国律师协会行政法和监管实践部成为将我与监管法实践以及政府机构联系在一起的主要的专业桥梁。尽管我在该部门的工作主要集中在行政法问题上,但是该部门中的许多人都在本书以及相关领域的许多方面给我提出了建议。

没有佛罗里达法学院的支持,我是无法完成本书的。Don Weidner 院长一直为学术研究提供慷慨支持,即使在州府资金不稳定和减少的情况下也依然如此。佛罗里达法学院的制度环境能够给年轻学者超出预期的培育和支持。我的同事们已经在实践中检验了我的分析,经过多次讨论后使得本书中的概念、应用及写作更加完善。我的学生对本书中的观点进行了耐心的讨论。Greg Goelzhauser 在我写作本书的过程中提供了尽心尽力的研究帮助。

对于所有这些人,我要道声感谢。

我对议价和监管的研究始于在公共事业法与放松管制方面的一系列法学评论性论文。第四章源自我最初发表在 1998 年《范德比特法律评论》上有关服务责任的一篇论文。[①] 第五章源于 1998 年我发表在《得克萨斯法律评论》上的一篇书评,[②]也源于 2000 年我发表在《弗吉尼亚法律评论》上的一篇关于放松管制征用的文章(合著者为 Susan Rose-Ackerman),[③]这篇文章是世界银行 1999 年在意大利罗马召开有关基础设施和投资会议时的约稿。第六章的许多分析来自 2003 年我发表在《范德比特法律评论》上的一篇关于申请关税原则的文章。[④] 这篇文章的部分内容在太平洋煤气电力公司破产时,为了加利福尼亚公共电力的利益而被作为专家证词予以呈交,但是这篇文章在我参与那些诉讼之前就已经写好了。第一章的框架思想和加利福尼亚的案例则在 2002 年我发表于《密歇根法律评论》的一篇书评中有过陈述,并且该书评也启发了我解决第七章所提及问题的灵感(尽管我也否定了之前在第八章中的一些分析)。[⑤] 我要

---

① Jim Rossi, *The Common Law "Duty to Serve" and Protection of Consumers in an Age of Competitive Retail Public Utility Restructuring*, 51 Vanderbilt Law Review 1233 (1998).

② Jim Rossi, The Irony of Deregulatory Takings, 77 Texas Law Review 297 (1998).

③ Susan Rose-Ackerman & Jim Rossi, Disentangling Deregulatory Takings, 86 Virginia Law Review 1435 (2000).

④ Jim Rossi, Lowering the Filed Tariff Shield: Judicial Enforcement for a Deregulatory Era, 56 Vanderbilt Law Review 1591 (2003).

⑤ Jim Rossi, The Electric Power Deregulation Fiasco: Looking to Regulatory Federalism to Promote a Balance Between Markets and the Provision of Public Goods, 100 Michigan Law Review 1768 (2002).

感谢这些期刊,允许我在本书中尝试更加完整地阐述我的思想。这些章节吸收了我之前著作的内容并将其在新的方向中特别是在交易框架中进行了拓展,这些章节中的许多内容以及本书的其他部分也包含了全新的资料。

塔拉哈希,佛罗里达州(2004 年 12 月)

1 议价监管的适用范围

合同和其他协议是竞争性市场的基础。放松管制后的电力和电信市场仰赖合同以明确民营企业之间以及民企和客户之间的关系。正如 Joseph Kearney 和 Thomas Merrill(1998)在针对放松管制这一话题的主要法律处置中所指出的,"新范式力求使所有公共承运人和可通过多家供应商相互竞争所提供的服务都服从于一般合同关系"(1363)。与市场化相伴的是,合同将成为民营企业及其客户之间订购市场交易的主要机制,这在很大程度上取代了传统的监管原则,即要求公司在预先确定的条款和条件下向客户提供服务。

合同也是监管理论与监管法规之根本。[①] 正如研究自然垄断性行业的经济学家早已承认的那样,规制具有与长期双边合同相似的结构(Goldberg, 1976;Joskow & Schmalensee, 1983)。我们可以将监管者的行为与合同以及其他议价作类比。这种对于规制的契约性理解,不仅是一般性行业的基石,而且也是诸如电力与电信等资本密集型行业的关键。[②] 对于这些基础设施行业,资本投资占了公司成本的很大一部分。公司只有在一段时间之后才能支付投资者回报,因此合同成为解决公司和监管机构所面临的财政问题的有效方式(G'omez-Ib'añez, 2003)。在一定程度上,合同鼓励了投资,因为承诺是解释任何经济规制的基础。因此,合同作为构建承诺的法律工具,显然是援用规制以促进投

[①] 在监管背景下以少于其应有的精准和谨慎来使用"合同"这个词,或许会让法学者感到内疚。学术文献在管制中将合同方面的观点作为粗略的类比加以运用,以描述各种关系的性质,但并不一定是法律术语。像大多数法律学者一样,我不打算认为监管合同一定包含着义务、责任、补救措施。我会在第五章重新回到这个话题。

[②] 越来越多的文献对其他受监管的活动是否能从类比于合同中获益进行了解释(Freeman, 2000)。尽管本书聚焦于经济规制,但是在其他背景下的经验也可能与作为合同的规制相关。

资的机制。

尽管监管合同的概念在监管法律中并不陌生，但有关监管合同的讨论却呈现出高度的两极化。只有处于监管法律的范围边界，合同和其他协议的概念才能得到认真的讨论。这可能是由于过度依赖了作为合同最终裁决者的法院以及契约性议价范围的狭隘认识。政府关系的议价释义有助于对监管的历史、实践以及监管模式的任何变化有更清晰的了解。随着管制的放松和其他法律的转变，规制的契约层面焕发出新的活力。然而，在电力和电信行业市场化的背景下，当事人和评论家们在讨论管制契约及其执行的过程中，出现了独特的法条主义转向。他们对于管制契约的讨论基本上局限于公司和政府机构之间不相关联的谈判，而忽略了谈判过程和其他的交易背景，如管理机构之间的谈判。经济监管方面许多涉及契约谈判的重要的公法问题大部分仍有待调查。

该问题两极分化特征的良好例证是"放松管制征用"，这是十年前由学者和公用事业倡导者首次提出的著名理论。20世纪90年代，在电力和电信行业放松管制的鼎盛时期，J. Gregory Sidak 和 Daniel F. Spulber 援用管制契约（他们以"契约"和"合同"来互换使用）作为其在电信和电力行业引入竞争机制时解释国家义务的基本概念。根据他们的记述，公司和监管机构之间的管制契约包括互惠的责任与利益。

> 监管下的公用事业服从于价格管制、服务质量要求和公共承运人规定等各种管控限制。作为回报，受监管的公司在其服务领域内得到受保护的专营权，而其投资者则被准予获得赚取投资报酬率约束下的收入的机会。没有赚取有竞争力的收益率的期望，投资者就不会愿意投入资金建立和运营公用事业……一旦公用事业公司投入这些经费，长期折旧计划就会剥夺该类公司在公用设施使用寿命结束前收回资本的机会，从而有效地保证公用事业公司在管制契约下履行其义务，这在电力和电信监管行业尤为如此。①

支持放松管制征用是隐性管制契约的现代应用，该合约的交易条款未必被

---

① Sidak & Spulber, 1997: 109.

表示出来。一些学者(Chen,1999;Hovenkamp,1999b;Rossi,1998b)主要从法律视角批评了这一观点。他们提出了关于显性监管合约的另一种观点,即在很少或者不考虑对现有公司成本影响的情况下,显性监管合约将允许监管机构改变合约的条款和条件。1990年代,以这两个极端学说为代表的争论是规制法所面临的最重要的问题之一。

1990年代,尽管这种争论可能在监管律师之间风靡一时,但当今的行业如电力与电信等所面对的问题都与放松管制征用无关。在十余年的法律转变接近尾声和监管结构以新代陈之际,存在时间很短的放松管制征收理论可能让我们质疑作为放松管制征收前提的监管合同是否会保留与这些行业的关联性。也就是说,一旦旧监管结构崩溃,监管合同是否仍能承担基础设施行业所面临的冲突,还是成为与现代应用毫无关系的旧的经济和法律规则的残留?在本书中,笔者着手推进政府关系议价,即一种监管合同的政治过程理论,因为这与放松管制的背景和其他法律的过度是相关的。笔者认为,合同应该保留相关性,但规则谈判则面临在变化的监管环境下处理新问题的挑战。在经济监管的背景下,政府关系议价将在为公法方面带来重要的新见解。

I. 区分政治失败和市场失灵

2003年的夏天,大规模停电造成美国东北大部和中西部部分地区的5 000万客户断电。受影响的地区从纽约、马萨诸塞州、新泽西州西部延伸至密歇根州,从美国俄亥俄州北部延伸至加拿大的多伦多、渥太华和安大略,并造成了巨大的经济损失。[①] 媒体报道很快就将此归咎于1980年代和1990年代在电力行业所实施的放松管制政策。[②] 虽然这样的观点凭直觉判断很有说服力,但在放松管制造成该问题的机制方面却无法给出解释。例如,没有理由推测是传统费

[①] 参考 http://www.electricity.doe.gov/news/blackout.cfm? section = news & level2 = blackout.有人估计2003年的停电事件造成的损失高达50亿美元。Nancy Gibbs, Lights Out, *Time Magazine*, Aug. 5, 2003, at 30.

[②] 例如,"当前国家电力网以产业为中心的管制放松已经造成了市场驱动混乱,加州的电费账单飞涨到300%,而电力系统也越来越不可靠——在可再生能源成本降低之时,应该提供更低的成本和更可靠的系统。"Michael I. Niman, Why the Lights Went Out, *The Humanist*, Nov. 1, 2001, at 4.

率管制就会在避免2003年大规模停电方面会表现得更好。①

如果真是这样,放松管制是如何失败的呢?对于消费者、投资者和企业来说,放松管制使得电力等行业变得更好(更便宜、更可靠,等等)了还是更糟了?如果说法律在其中发挥了作用,那么又扮演了什么角色呢?监管契约的观念可以阐释诸如电力和其他过渡时期的放松管制的行业所面临的问题。对于放松管制弱点的传统解释表明,企业间竞争的增强有时(甚或经常)会导致损害消费者利益的掠夺性行为(Kuttner,1999)。这个解释可能适用于批判电力的放松管制政策,也适用于同样受到放松管制影响的其他经济领域。1990年代末,在加州最新的放松管制的电力市场上,能源供应公司能够操纵供应量和价格,以消费者和他人的利益为代价寻求短期利益(Weaver,2004)。同样,在放松管制的电力批发市场(主要由联邦构成而不是州监管机构),私人贪婪必然在某种程度上造成电力供应和输电能力的严重不足,恶化大规模停电事件,使得纽约和美国东北的大部分地区在2003年的夏天经历黑暗。②基于放松管制的弱点,私人贪婪是过渡到竞争市场失败的主要原因。

这种对于放松管制弱点的解释是存有争议的。它或许有价值,抑或没有,但这都非全部内容。放松管制市场所面临的另一项挑战在大众媒体和学术出版物中都未得到充分的探讨。大多数经济学家认为,设计合理的市场可以减少贪婪在竞争过程中的负面影响。监管结构的变化不仅会影响民营企业在未受监管的市场领域中相互竞争的方式,还会对企业之间的相互作用以及监管法制定和实施中的政府机构产生影响。在这种背景下,政府关系议价对监管流程和公法都显得至关重要。

例如,加利福尼亚州电力放松管制的失败不仅是私人贪欲在放松管制市场的后果,同样也是常在公法框架内的筹划不周的竞争政策失败的结果。像大多数放松管制的市场一样,加利福尼亚州放松零售电力监管的计划并没有取消政

---

① 的确,对于45岁以上的美国人来说,2003年的大停电会让他们回想起1965年的停电事件,当时造成了东北部8个州停电几近24小时,或者联想到1977年的停电,它让纽约城一下子陷入黑暗并引发了多起社区暴力事件。1965年与2003年两次停电事件的比较,参见Sillin(2003)。1977年和2003年两次停电事件的比较在Goodman(2003)中得以讨论。

② Matthew L. Wald, A Question Still Unanswered: How Did the Blackout Happen?, *New York Times*, May, 10,2004(网络版)(引自Robert Blohm,他是电力顾问,对放松管制是否损害可靠性并引起停电事故频发提出了疑问)。

府监管。相反,它强调新型监管,如国家监管的联合电力系统禁止某些类型的交易,同时也准许其他类型的交易。加利福尼亚州的零售市场开放前,其批发电力供应市场在1990年代由联邦政府在绝大程度上解除管制,受制于私企制定的市场供应决策和价格大幅波动。然而,加利福尼亚零售电力供应商受到州立法者强加的价格上限的影响,立法者也禁止供应商使用长期契约为零售客户提供服务。由于价格上限政策,加州公用事业部门难以将其成本转嫁给消费者,因此在电力批发价格飞涨时被迫消化高度不稳定的短期供应市场中的巨大损失。一些以往被视为零风险投资的电力公用事业公司破产了。毫无疑问,加州立法过程中私人利益相关者的战略性游说和其他监管手段都会影响零售价格限制和禁止长期合同等政策决定。私人操纵政府监管和私人滥用竞争市场具有同样重要的意味,甚至可能更重要。① 在某种程度上,公法导致了这样的操纵,从而为市场政策失灵分担了一部分责任。

大多数对于加州放松管制政策失败的解释都集中于市场中的私人贪婪。相比之下,加州失败的放松管制计划所涉及的政府关系议价突出了政治过程中的薄弱环节,并导致竞争性电力零售市场的形成与实现。公司和政府间的相互作用对加州竞争政策的路径选择具有重要影响,因为其实施了该州放松管制的计划。政府间的互动也是如此。当国家的公用事业部门面临财务危机而联邦和各州监管机构在不作为中相互对峙的时候——每一方都试图将加州放松管制的市场失灵归咎于另一方,却没有一方采取措施去解决已产生的严重的监管问题。这一状况主要涉及公法的一些内容如备案费率规则(见第六章)和联邦强制收购(见第八章)。

政府关系议价的阐述也可以用来探索电力传输的可靠性——这也许是电力竞争市场在未来十年将面临的最大问题。2003年夏天,由于州际输电网连锁故障造成的大规模停电事件,使得美国中西部和东北部的大部分地区断电。2003年的停电可能是由于个人疏忽引发的(甚至是贪婪,尽管这并不能得到确认),但是从俄亥俄州(报道普遍认为,导致大规模停电的初始事件发端于此地)蔓延到纽约和其他州的这次停电事件,其直接原因肯定不是私人市场行为。几十年来,由于公私双

---

① 对于加州失败的放松管制方案的解释集中于州政府与联邦政府放松管制政策之间的紧张与分歧(Joskow, 2001; Rossi, 2002)。其他的解释强调加州的失败在于许可服务业零售市场的长期合同(Borenstein, 2002)。这些解释都聚焦于加州失败的政府政策,而不是电力市场内在的问题。

方均未能成功地扩增传输设施,像纽约这样的地区遭受了更为严重的影响。这些失败受监管过程中(解除管制之前及之后的)私人行为的影响,这和放松管制本身所带来的影响一样。正如一位作者所观察到的,"仅在 1990 年代,电力消费就增加了 35%(是 1970 年代初期的两倍),而传输承载能力仅增加了 10%"(Sillin, 2003:34)。

当电力传输不能为其谋取利益时,私营公用事业公司就会经常抵制传输的扩展,这些公司既拥有传输设备的垄断网络,也掌握着具有竞争性的发电系统。它们的影响力被环境利益集团放大甚或矫饰了,而该利益集团与支持州和地方管制的企业进行联盟。正如美国前总统 James Madison 很久以前在《联邦党人文集》第十章节所预见的,如果不加干涉,州监管程序特别容易受到强大的私人利益集团的影响。联邦监管机构也缺乏绝对权力来解决传输问题,联邦和各州监管机构都容易陷入挣脱网络拥塞难题的循环中。

例如,康涅狄格州强烈反对 Cross-Sound 电缆项目,该项目建设一条 23 英里长的商业输电线,以便长岛电力局可以从康涅狄格州的纽黑文输入电力。康涅狄格州的一些官员援引环境问题以支持他们反对该项目的理由,例如项目对纽黑文港贝类养殖场及港口疏浚业务的影响;然而,该项目却符合所有的州立选址与环境法规。已经铺设好的电缆是在 2003 年 8 月停电事件后,由能源部长发布的临时紧急命令所授权运作的,该命令于 2004 年被撤销。有理由相信这个问题在联邦能源监管委员会(FERC)的管辖权内,但在这个问题上联邦政府的权力范围是不清楚的,因为联邦能源监管委员会并没有设置输电线路。如果 Cross-Sound 电缆项目被再次上线,得到环境利益集团和一家主要服务于康涅狄格州客户(拥有较老的平行传输线路的东北公用事业公司)的公司所支持的康涅狄格州司法部长,将面临诉讼的威胁。①

正如电力传输所显示的,利益相关个体的行为不仅在市场领域有关联,而且还在监管过程中具有意义,这一监管过程内容实现了放松管制市场的基本治理并贯彻了形成这一过程的公法内容。由于各州保留了对发电厂和输电线路选址的管辖权,公法界定了国家政治所允许的监管对策的范围,因此在造成传输线路的选址和扩增所产生的纠纷方面发挥了核心作用(见第七章)。在加州放松管制

---

① Bruce W. Radford, Cross-Sound Cable Puts Feds on the Spot, *Fortnightly's Spark*, June 2004, at 1.

计划之下，2003年大规模停电前，政府之间的相互作用是传输扩展的一个主要障碍，长期存在的管辖权冲突和现存公法学说的差异使得州和联邦监管机构无法采取扩大传输的行动（在第八章解决的问题）。

对于监管律师和经济学家来说，专注于私人与政府机构间的互动以及政府机构之间的互动——我在本书中统称为政府关系议价——并不是什么新的视角。已有大量文献探讨了私人与政府的议价。自从1960年代公共选择理论被提出以来，经济学家和政治学家们越来越多地关注民营企业如何与政府进行互动。然而，大多数却只关注了某个时刻的变化，如监管机构监管决策的执行或解除、一项重大法规的通过、先前监管模式的废除。公共选择理论对通过管制来提升社会福利的能力是持彻底怀疑态度的。除了谴责监管机构的所得，这些文献很少关注放松管制环境下民营企业和政府之间持续和反复出现的相互作用。然而，由于放松管制很少是需要完全摒弃政府的——一般有关监管的文献都认为放松管制包括了依靠政府实施与监督的重组方案（Borenstein & Bushnell，2000；Cudahy，2002a；Hirsh，1999）①——所以，这种互动有规律地发生在采用和实施旨在加强竞争的政策中。越来越多的文献还探讨了政府机构之间的互动，比如联邦政府和州政府之间的相互作用（见第三章）。除了对谴责市场转型这类做法的普遍性批评之外，关注于监管过程中的议价活动还揭露了一种具有差异性的贪婪。政府关系议价主要集中在私人行为和公共秩序的激励机制上，而不是私人市场的贪婪。即使在监管制度的稳定时期，政治贪婪也可能像私人交易中的贪婪一样对市场交易造成很大的挑战。然而，随着放松管制和其他法律转变集中于政府关系议价方面，从而带来了更重要的问题，即在很大程度上混淆了其他监管的契约性解释。

II. 监管的契约性解释的法律转向的局限性

对于公用事业公司监管的解释主要集中于三个相互关联的学说流派。传统的演进性解释认为监管是确保私人市场不漠视公众利益（Mitnick，1980；Posner，

---

① 我通篇都遵循这一惯例，运用"放松管制"来指代各种与公用事业有关的政府竞争政策，如取消进入与退出的限制，授权对网络开放访问，分拆垂直一体化的服务环节。即使放松管制价格不再由传统的服务成本标准来决定而可能完全留待市场处理，这些政府竞争政策中也很少需要完全废除管制。

1974)。新古典经济论认为监管主要是纠正市场失灵从而促进经济效率或提高社会福利(Posner，1974)。公共选择理论侧重于监管的动机和后果(Farber & Frickey，1991；Mashaw，1997；Quirk，1981)。更为愤世嫉俗的公共选择论秉持"所得"观，认为监管机构对强大的承担规制责任的公司负有义务。这些方法首先强调监管的目标(经设计的和未经设计的)，然后关注对实现这些目标有用的那些过程。

十多年前，乔治·普里斯特(Geogre Priest)认为，监管起源学说的两个主要的流派即"公共利益"和"公共选择"理论是错位的。其中，公共利益理论认为监管是解决市场失灵的方法，公共选择理论认为监管机构在受监管制约的私营企业的主导影响(或俘获)下运作。乔治(1992)想象了一个研究议程，学者们可由此尽力"在派生出一个监管理论之前去理解监管制度的变化机制"(323)，而不是去试图确认监管起源或外生真实目标的单一理论。这个项目隐含了对监管理论过度关注监管的实质性内容的认可。相比之下，侧重于演化机制和受管制行业变化的研究议程提出了与常见解释完全不同的一系列问题。

相比于传统的经济监管的解释，政府关系议价的解释更重视诸如公共利益或公共选择理论等方面的问题。关注政府关系议价不是对结果不屑一顾——结果当然很重要——而是要认识到这些结果不是一定优先于(或外生于)监管理论。过程和结果可能一样重要。经济监管的分析可能会呈现不同的重点，并通过首先关注过程获得全新的见解，而不是从外部生成的结果开始。

监管的目标有很多，然而，公共利益、效率和多元偏好聚合是最为突出的。作为理解监管目标的起点，公共利益理论尽管终是有歧义的，但却具有直观的吸引力。它们几乎只关注监管的实质，而不关心其如何发展或如何促进监管问题的稳定解决。就像 Bruce Mitnick(1980)对监管进行全面研究时所说的，"对于'公共利益'这个词依然没有公认的定义，更不用说一个可操作化的定义为我们提供具体指标，帮助我们判断是否符合公共利益"(259)。将监管看作一种协议向我们提出了挑战，我们不仅要着眼于公共利益的实质内容，还要关注其发展情况，尤其是提升协调地自行解决冲突(它的"均衡"特征)的能力。

此外，政府关系议价的监管方法与新古典主义经济理论有所偏离，因为它不仅将自然垄断监管视为提升市场失灵解决成效的方法，而且还将其视为一项协议的均衡，即谈判条件和动机的产物。这种方法也偏离了许多公共选择理论的解释，因为它不认同强大的俘获观点，也不去谴责所有的寻租行为；相反，它承认公司与政府之间持续互动的现实以及民营企业所面临的激励是利益相关者用以维持公司不完全契约承诺和行业制度安排的策略。

　　监管法律关注议价当然不是一个新观点。然而,管制契约的探讨一般是假设合同条款是完整的,或者弱化监管过程中不完全性的激励意义。合同和它反映的监管结果被假定独立存在于监管演化及其实施机制中。例如,Sidak 和 Spulber 应 Priest 之邀,认真观察到监管或许被类比为"契约",但他们以法律的方式解释了议价依赖于第三方执行力量(通常是法院)以阻止或弥补重新议价的现象(Sidak & Spulber,1997)。这种方法引领他们为监管法律提出了许多建议,其中大部分依赖于既存的实质性议价的司法强制执法。最为突出的是,Sidak 和 Spulber 认为,根据合同法原则和美国宪法收入条款,法院在监管承诺强制执行方面起到了主要作用,我将在第五章重新谈到美国宪法收入条款这个话题。

　　在监管以及契约的责任和执行之间进行简单的法律类比也可能产生令人误解的说明性和规范性的建议。例如,正如 Daniel Cole(2003)所观察到的,不管监管是否可以被描述为接近于法律契约的任何一种说法,合同法所规定的实际义务和补救措施都不会对产业转型的补偿费用产生任何有价值的权利要求,例如在大多数情况下所作出的放松管制的决定。强制执行监管合同方面的争论未能正视,监管历史往往是片面的或不完整的,并在合同解释方面呈现出复杂性。作为监管法律师非常清楚,在监管过程中契约经常需要重新谈判。有关不完全契约的丰富文献在商法和公司法的背景下把这些都表现出来,其不完全性对监管法律也具有深远的影响(见第二章)。如果把监管合同不完全性这个现实作为起点,我们或许可以为法院和其他政府机构预想一个非常不同的角色,而不是如契约所显示的对于监管的传统解释。

　　在法律文献中,人们普遍认为,放松管制的行业,例如电信和电力行业,对监管理论和监管法律学说形成了根本性的挑战(Kearney & Merrill,1998)。在这种情况下,监管法领域的学者也无法完全响应 Priest 的邀请。我们还没有完全探究监管合同对于监管过程和历经转型的放松管制行业的影响。监管法律借鉴政府关系议价方面的文献,并将此与不完全契约和机构治理联系在一起,相比于在监管法规与得到公正执行的或符合法律要求的合同之间进行常规性类比来说,这样做将会对监管法规提出不同的问题并得出不同的结论。

　　在有关监管合同执行的讨论中,其法律转向主要是将法院作为管制契约的执行机构，该转变得到了现代评论家如 Sidak 和 Spulber 的支持。这虽然在直观上具有吸引力——正如我们向法院寻求各种社会问题的答案那样——但在完成合同条款的过程中也导致了一些司法的傲慢自大；法官或者陪审团在填补合同空白时，将成为历史的最后仲裁者。尽管监管合同最多代表一个具有不良指定条款的长期合同，也就是法律文献所公认的"关系契约"（Macneil，1978），但是，如果议价在监管过程中是常态的，公法可能就很少能发挥作用。即使公法在某些方面发挥重要作用，法院也不会总是作为责任和义务的主要执行者。事实上，在监管合同的概念层面上，确定性是其优点之一，法院则或许不是最有可能提供这一优点的机构；法规在解释合同与提供补救措施方面的模糊性能够破坏而不是提高可预测性（见第五章）。在经济监管的背景下，也许法院与议价施行的关系不大。任何议价监管性磋商的当事人——私营企业和利益相关者，以及政府机构例如代理和立法机构——在履行合同承诺方面都可能扮演着与法院同样的角色。

III. 作为不完全契约的监管法

管制契约执行中的法律化转向特别重视监管合同所阐明的承诺，以及法院所许下的第三方强制执行的承诺。[①] 这种对实质性合同完整性的探索有一个优势，例如，它可以降低政治过程中的交易成本，但同时也掩盖了构成议价的公法问题。在过去的 20 年里，契约磋商的另一种解释——通常被称为"不完全契约"——已经出现在法律和经济学文献中。不完全契约（在第二章进一步讨论）提供了一种新的视角，可以使议价重新成为讨论监管和放松管制在公法中作用的核心，而不是关注法院是否应该以明示或默示合同条款来限制其强制执法。[②]

A. 重新议价、机构和不完全性的原因

任何借鉴不完全契约的政府关系议价的解释都具有三大重要主题。首先，

[①] 法院所承诺的第三方强制执行并不意味着每一项契约或者大多数契约都会在法院被提起诉讼。正如第二章所说明的，在公司与监管者之间反复签订契约的情况下，公司可能希望监管者像法院一样解除不受欢迎的条款，就像在持续商业关系中的私人公司一样，依赖于自我执行机制。

[②] 这一框架在受管制行业的应用，参见 Gómez-Ibáñez，2003。

也是最明显的，不完全契约认为，契约当事人不能无限期承诺在未来不对合同进行重新谈判。在法学和经济学中，通过了解重新谈判对公司的影响，不完全契约方法取得了重要进步。在立法实践中，不完全议价视角似乎是没有争议的。毕竟，没有一部法律可以说是真正完全的，因为立法者将永远无法预知未来的环境和条件。进一步地，政治进程中的现实权衡可能在任何立法谈判中都会导致歧义，有时会使得代理人倾向于将不完全性作为一种策略，尽管某项法律或法规是不完善的，仍会使它通过。然而，即便不存在描述性的争议，不完全性对本书所探讨的监管法具有一些重要的方法论和规范性意义。

不完全契约文献已经做出了政府关系议价视角下可以对监管法产生影响的两个额外贡献。本书的核心是允许对比较制度问题进行强调；并且，通过关注不完全性的原因，也许本书所提到的监管法律问题最有意义的是，该问题注重了合同签订过程中的互惠和激励。

在不同程度上，使用不完全契约方法的学者们强调了治理决策的比较制度层面。例如，Oliver Williamson（1996a）利用不完全契约解决了"治理机制"——合同缔约于其中的私人和公共制度秩序。Williamson 警告大家不要过分强调对命令的公正执行。其努力与法学家们的贡献相吻合，而这些法学家则避开了专注于个体决策机构的法律分析方法（Komesar，2001）。除了法院以外，其他机构包括立法机关、代理机构、州和地方实体等，都可能在议价过程中发挥重要作用。

不完全契约方法也注意到议价过程中的激励因素，在放松管制的年代，这一洞察力对监管法律而言具有重要意义。正如十多年来契约在法学和经济学领域所被注意到的，谈判不完全性的因由至关重要。契约及企业背景下对"默认"规则的关注，强调了监管的不完全契约解释中互惠与激励的意义。[①] 当缔约各方处于真正互惠的关系中时——即每一方都拥有平等获取信息的机会——不完全契约方面的文献就几乎不会述及如何处理不完全性的问题，如果这的确是个问题的话。在这种情况下，对于法院来说，最佳的默认规则或许是不要充当审判的角色，而是拖延至私人利益相关者与政府机构间科斯式谈判的理想状态。此时，这些理想的议价条件是普遍存在的，正如他们很可能在议价中是同样的重复博

[①] "默认"规则，即各方可以由此订约的补漏措施，往往与"强制性"规则形成鲜明对比，在法律体系中后者一般是各方非自愿放弃的。

弈者中普遍存在，这或许预示着监管法律将是无关紧要的。

相反，如果理想化的议价条件不存在，法院就可能会在议价过程中作出更多贡献。对于监管者或者法院而言，解决监管不完全性的一种方案就是以有效或公平的实质性违约条款来填补谈判条款。从历史上看，法院已经在试图完成明示或暗示监管协议中，将目光转向公平与效率。法院的另一种做法是以激励的思想来设计默认规则，例如设计旨在鼓励一方或双方在议价过程中作出更多负责任的决定的清晰陈述规则，或是设计惩罚规则，通过惩罚一方或双方来体现激励其在议价过程中披露信息的思想（见第五章和第六章）。

在此背景下，基于激励的默认规则对于司法审查的讨论有着很多贡献。解释监管的政府关系议价一说——像不完全契约那样，对合同谈判采取了中立的立场——揭示了在放松管制的环境下，放松管制如何为投机取巧的私人行为创造了新的机会。在非互惠的情况下——存在信息不对称——不完全性向合同法和公司理论提出了一个更为实质性的问题。① 不完全性或许有其既存的不错的理由，但也可能是战略行为的结果，例如缔约一方的保密行为，或其为了未来私利而谨言慎行的努力。在这些于签订合同时制定出最优信息披露规则的努力中，Ian Ayres 和 Robert Gertner（1992）阐释了信息不对称和事前激励之间的关系。法律文献主要集中于"填补空白"，但不完全契约文献还提出了其他见解，例如强调了事前或事后不完全性对于事前激励的影响。据 Eric Posner（2003）观察，这些文献揭示了有效贸易和有效关系专用投资之间的紧张状态。按照监管法律的说法，有时监管过程的有效参与水平与有效投资之间会存在紧张关系；如果经济监管法律的设计宗旨是不惜一切代价守护承诺，监管过程中的当事人就可能会在昂贵的资产上过度投资，从而导致社会福利的潜在下降。互惠和激励是监管法律中任何不完全性分析的关键变量。依据不完全契约的监管方面的解释阐述了议价过程中的承诺如何与投资激励相关联，并且阐述了承诺如何影响了事前行为。

从不完全契约到监督和监管过程的延展性洞见，为监管法提供了几个新的研究视角，这对解除管制的行业具有特别重要（但缺少调查）的意义。政府关系

---

① 向公司组织和合同法所呈现的问题是不同的。Hart/Williamson 的不完全性方法强调不完全性如何在公司特有资本投资方面产生事前激励影响，与此形成对比，Ayres 和 Gertner 集中于不完全性如何在契约中解释信息对事前激励产生影响。

议价的方法认识到监管本身是司法程序的开始,而不是结束。同时也承认,监管从来都不是面面俱到,也不应该是,因为对于规则来讲存在着专门性的最佳量级,并且在一定程度上精确性的获取需要在监管灵活性方面付出重大代价(Diver,1983；Gómez-Ibáñez,2003；Goodin,1982)。相比之下,传统的监管合同的做法则勉强于重新议价,并通过赋予其法律地位而导致了一种司法傲慢。

它赋予法院修改历史的权力,即以条款填补空白,而这些条款可能会也可能不会反映出那些通常基于效率之狭隘定义的实际承诺。不完全契约并非将法院作为实质性承诺的主要仲裁者和执行者,其做法是与合同谈判无关的。在经济监管方面,这样的中立性重新议价方法导致了对于公法目标的很不一样的解释。通过关注行为激励和重新议价的福利结果,并区分事前和事后的激励与福利情况,监管法或许扩展了其工作范围,这并非保护契约,连许多契约评论家都承认契约是不完的。在对于监管的不完全契约分析中,过程与法规的实质是同等重要的。通过专注于议价激励,这种分析可以为监管研究引入保险的视角。同保险视角揭示了侵权制度的问题一样,道德风险、事后赔偿或监管变革责任——由那些信奉法律契约的人所主张——等影响了被监管公司在监管过程中的事前互动,并影响了事后福利(Posner & Rosenfield,1977)。法院将对管制行业发挥重要的作用,但仅仅保护监管的承诺不是其首要任务,在某种程度上这与法人企业有关。

B. 一些基本的分析观察

在开始后续章节之前,应当对本书运用的方法进行一些分析观察。

第一,在本书中,笔者始终把政府关系议价作为一种监管方法,并援引了放松管制市场下治理的比较制度分析,以提出对监管法不完全性议价的见解。政府关系议价方法不只是将监管设想为一个应对特定情景问题的"工具"(Breyer,1982),而且是将其作为基于市场订购的制度性选择。在市场中,这种订购可以是外部的,以企业间合同的形式出现;或是内部的,以公司内部交易的形式存在。José Gómez-Ibáñez(2003)通过专注于私人合约失败的条件,并强调垄断规制和采购合同之间的关系,使得不完全契约在管制行业的应用中取得了实质性进展。正如在各种监管背景下不完全契约的比较案例研究所表明的,私人合约失败时,政府通常以行政机构的方式酌情监管是必要的。然而,即便选择政府酌情监管作为调控机制，议价问题还是继续出现。契约协商涉及公共治理问题以及市场中的私人治理问题。在公共治理领域，法院应该同其他机构比较契约的有效性，例如联邦或州法院、联邦或州机构、立法机构和公司本身，而不应指望司法强制执行契约成为默认的治理机制。

虽然比较制度方法不是监管的不完全契约分析的必要特征，但是，通过结合两种分析方法，政府关系的议价揭示了公法问题分析的多种可能性，而其他方法却容易将其混淆。以经济学领域为主的不完全契约文献与以政治学领域为主的制度文献在很大程度上是不同的，但是这两个领域之间却有着重要的概念性趋同。交易成本是契约不完全的主要原因之一。同样地，制度理论家关注交易成本如何影响选择性制度安排的效率(Eggertsson，1996)。尽管制度文献在建模方法上没有不完全契约文献那么正式，但是不完全性可以在制度主义框架体系内理解，或许最突出的便是 Douglass North (1996)所做的工作。虽然大多数制度主义文献将合同看作是"理论虚构"(Eggertsson，1996:9, at n.3)，议价的框架却可以为解决相同问题的制度方法提供互补性的分析思路。

第二，也是相关的，本书采用了广义的方法来界定监管法律。监管法律的范围不仅包括实质性监管本身，还包括结构性决策规则和决策网络——涵盖宪法在内的政治进程——而这些生成了监管规则以及规则的变化。监管法律宽泛地定义了包括代理机构和立法机关从事的工作内容、州及联邦公众政府作用机制的宪政秩序，以及执行得当时构成市场私立秩序的反托拉斯法。这种监管法律的定义方法很像比较制度主义的文献，对"机构"(宽泛地定义为"约束个人行为的正式和非正式规则")和"制度环境"(易于较长期的修改)(Eggertsson，1996:7)进行了区分。一些政治学家已经将此作为"普通"决策和"基本"决策的区别(Laswell,1971:77)，这或许也是能更直接映射到法律秩序的二分法。

对监管法律来说，如此宽泛的方法提出了严峻的挑战。政府议价的解释不能忽视监管重新议价的影响。如果监管需要不断地重新议价，议价监管的解释可能无法为监管问题提供任何稳定的解决方案。随着每一个承诺不断地重新谈判，监管机构和公司作出的任何决定充其量只是暂时的，而最坏的情况则是决策的不断改变。如果情况确实如此，监管决策可能很少具有强制性，也很少有先例可循，或者对于法律体系、私人活动者(如公司)也没有表现出什么价值。在极端情况下，重新议价可能会削弱民营企业在关键基础设施投资方面所受到的激励，导致投资者丧失在诸如电力和电信等主要行业的信心。但是,正如自然垄断规制的历史所表明的,并非所有的规则都是待价而沽。① 在监管体系内,监管机构和企业之间或政府机构之间的一些均衡,可以理解为不成文的和自我执行的协议的根源。甚至由于重复博弈效应,议价没有产生简单的纳什均衡,它也可能由于可信的第三方威胁的存在被定性为"子博弈完美"。② 例如,监管机构和公司在未来司法审查背景下的谈判(在有关法院可能运用的通用规则方面具有相似或相异的期望)与没有任何司法赔偿期望的当事人谈判相比,可能更能达到一个非常不同的状态。这种均衡的识别有助于评估规则与给定监管体系的影响。对于制度的洞见认为,监管系统的一些特性比其他因素更可能改变。例如,宪法比法规更难修改,在引发理想议价的现实路径评估方面,这可能是一个相关因素。

第三,尽管本书为利用议价的监管法律设置了议程,但并不尝试以系统独立的方式捍卫经济行为的正式不完全契约模型。可以肯定的是,经济学家并不同意不完全性必然干扰合同关系这一观点。正如 Eric Posner 敏锐地观察到的:

> 当更为复杂的合同能使得各方获取更好的结果时,为什么理性的当事人会选择非一致性合同呢?如果当事人确实选择了更复杂的合同,为什么法院需要做执行这些合同条款以外的其他事情呢?如果法院只是执行了合同的条款,许多契约学说和法经济学文献就与此无关了。③

的确,正如著名经济学家 Eric Maskin 和 Jean Tirole(1999)所提出的,在某些假设条件下,交易成本不一定阻止完全契约的形成。本书的论点并不取决于不完全契约模型的正式介入,相反是对我们是否及在何处可能期望监管和监管法律中存在不完全性的探索。在此方面,本书试图提出问题和假设,而不是为不完全契约模型对政府关系议价的影响提供正式的答案。

---

① 正如著名的天文学家所声称并呈现的,地球依靠在一只巨型海龟的背上,我们必须解释"海龟背地球"原则。这个故事通常被认为与 William James 有关(Cramton, 1986)。
② 子博弈完美"暗含着所有的威胁都是可信的,因为其实现符合参与者的利益,即便这样做在短期内的成本比较高"(Mahoney & Sanchirico, 2003:1284)。正像 Mahoney 和 Sanchirico 所看到的,重复囚徒困境的 N 参与者具有依赖于第三方强制执行的多种子博弈完美均衡,以引致合作。这些均衡只能在几次迭代博弈后显露其自身,但是却描述了法律作为第三方强制执行机制的重要性。
③ Posner, 2003:85.

最后，本书有解释性和规范性两个维度。在解释层面，本书从不完全契约和制度分析的角度探讨了研究思路的前景，这些视角与现存有关监管的法律学说相匹配，而匹配的方式即便没有超越其理论上的竞争对手，也与之是同等水平的。从根本上来说，认识关键问题要基于实证，本书使用了案例研究的方法。从理论上讲，经济学或政治学可能建议用一定的方法来理解监管，但在实际中如何操作呢？本书以电力行业为一个主要案例来说明经济学、政治学和法学在合同谈判中的相互作用。间或，也会谈及电信行业。希望案例研究法能为特定的法律学说在某种类型的公司和制度结构下的应用研究提供专门的机会。当然，案例研究法的风险在于研究结论的泛化，即由于案例选择不具有典型性而产生误导。虽然各行业的海量数据集在得出这种一般性结论方面比较理想，但这些数据并不容易获得。如果不去质疑监管法的传统态度和信念，结构类同的行业案例研究——例如电力和电信行业——非常适合作出进一步实证研究的试探性假设。

在后续章节中，还有一个规范性维度会清晰起来。无论从哪方面来看，相比起监管的实质，本书更关注产生监管契约协商条件的过程。尽管本书的关注点并非是解决每个监管方面的规范性问题，但这种方法相比于其他将监管视为契约的解释，可以提供不同的问题和建议。例如，与之前面临监管政策僵化风险的监管契约解释相比，这种方法更符合(可能反映了规范性偏好)政府经验主义和灵活性(Dorf & Sabel, 1998)。此外，尽管将契约解释应用到公共治理问题是基于一个基本的多元政治愿景，即将相互竞争的利益集团合并在一起(也就是它并不总是谴责寻租行为)，笔者也不总是将行业租金保护视为监管的合法目的。在那种程度上，笔者的规范分析拒绝将淡化的多元主义作为每一个公法议价问题的解决方案。公法的一个挑战是识别社会福利在何时可能需要推翻脆弱的多元主义。在某些情况下，比如在评估监管关税中，笔者认为谈判中的信息不对称有充分的理由拒绝淡化的多元主义，以支持一种更为强大的监管法律的实质性解释，例如充分的(以公共利益为导向)多元主义。

C. 揭露法律监管的核心

政府关系议价揭示了监管和监管法律的若干不同维度。经济学家通常参考不完全契约来分析公司和市场的结构。在政治科学中，博弈论和理性选择建模者都努力地将立法理解为一种发生在双边和多边谈判中的活动。社会学家关注群体的互动网络,政治学家们也越来越多的尽力去理解和建立利益集团的行为和影响的模型。立法领域乐于帮助议价分析。法律法规可以类推到一个行业中的企业和不同管理机构之间的合同,正如在政府机构之间的互动那样,例如联邦和州政府之间或者国家之间的互动。

　　政府关系议价为了把各学科的不同见解运用到各种公法理论和经济监管的过程,提供了一个保护伞框架。监管法律的基本项目是围绕私有企业之间、企业与政府之间以及不同政府机构之间的互动而组织起来的。每种互动都会在私人企业之间、参与政治和监管过程的私企和利益集团中,或是跨区域的差异和冲突中产生一种行为契约类型,监管法由此在规则形成及其应用、操作和转变期间受到关注,例如在解除管制的背景下所产生的互动。每种行为类型都可能对社会福利带来好处,但也可能会降低社会的整体福利。监管法律的一个根本点是使得互动类型最小化,这导致社会福利的整体下降,如私人合约无效、利益集团获利或监管过程操纵、监管低效或者跨区域背景下的僵化。因此,本书的主题因而不同于监管法的许多其他解释,这些解释几乎完全关注于公司与政府的互动,超越法规的历史或本质。相反,本书的方法更多是过程导向的,关注监管原则的制度影响,比传统的监管解释更广泛地界定了监管法律的核心。尽管一些学者已经广泛地定义了监管法律,包括法律、政策和政治(Tomain & Shapiro,1997),但是监管法律仍然传统地侧重于监管以及反垄断和联邦制的重叠领域。本书主张一个更为拓展的监管法律框架,特别是在解除了管制的产业领域。而在反托拉斯法和联邦制领域中,甚至在传统监管领域之外所酝酿的监管法的内容,在解除管制的行业里也极为重要。此外,本书为监管转变中的行业提出了重要问题,此时,体制不稳定和冲突取代了传统的协调规范。

　　传统上,不完全契约在监管上的应用集中于不完全的类型,对于公司来说这是内部化的。正如本书第一部分所提出的,有关监管法律角色(和相关性)的洞见可以通过扩展不完全性而获得,超越了单纯公司的范围,涉及公共治理问题、公共秩序和法律在市场中的作用的一般性问题。议价分析主要有三个时期:第一,在行业的经济监管出现之前,公司主要是与国家、地方和联邦政府的立法机构议价;第二,一旦经济监管运用到行业中,公司便主要是与监管机构议价,也就是州和联邦机构;第三,在监管范围和目的更改或监管解除的过渡期间,公司再次向立法机构寻求救济。

监管的大多数分析侧重于其中的一个时期，但没有建立上述三个时期之间的联系。大多数监管法律是基于第二个时期的谈判类型，很少或根本没有关注监管谈判的第一个和第三个时期。由于我们处在电力和电信竞争性市场的新时代，大部分监管关系发生在监管谈判的第一和第三个时期。在传统的环境治理管制行业中，反托拉斯法、经济监管以及联邦制之间的界限基本保持稳定。在某种程度上，这是明确的法律规则的功能，但这也归因于行业和政府机构内私人利益相关者的主动协调行为。自然垄断管制的时代呈现近乎理想的议价条件，即数量相对较少的同质私人利益相关者和政府人员一起，在重复（基本可预测）议价中就监管边界问题制定合作的、稳定的解决方案。自然垄断管制时期，法律规则、隐性契约与合作解决方案的整合为监管法律提供了一个相对稳定的框架。然而，由于传统监管的解除或修改，旧的秩序面临着新的挑战。随着企业（一些已经成立，其他的为新成立）开始在行业重组中竞争，监管的界限也越来越不明确。按照合同的说法，它们正日益面临着重新议价，但边界转移的可能性将不是监管法律的重点关注对象。

第二章通过将政府关系议价的方法运用到20世纪电力行业的自然垄断结构和自身监管的出现和经营中，为后面的讨论创造了条件。讨论的重点是行业的垂直整合、监管的发展以及随之而来的利率监管的稳定性。服务成本监管是企业的一项特别要求。实际上，50多年来，它都是作为处理公共和私人利益之间的紧张关系而进行磋商的论坛发生作用；独立企业被阻止做出有损监管机构的行为，因为这可能会对它们的认可率产生负面影响。在自然垄断管制时期，主要关注公司的产出（以服务价格和质量的形式），监管法律明确制定了限制私人参与者的内容，例如服务义务和约束公共参与者的规定，比如征用条款（限制联邦和州监管者），申报费率规定（约束法院）以及隐性商业条款和反垄断豁免权（约束国家监管机构）。然而，考虑到利率监管过程中理想的谈判条件，这些结构性限制很大程度上都是隐藏的，很少被明显地援用。

第三章认为，政府关系议价的方法也可以揭示电力行业是如何逐步走向放松管制。通过制造强劲的事前投资激励，自然垄断模式鼓励在某些特定的行业过度投资。此外，利率的决定和监管过程——一直以来侧重于监管企业的特定输出——致力于通过现有的和潜在的竞争对手取消竞争和创新。不同于传统的监管方式，某些特定行业放松管制的发展将重点集中于对输入（如网络访问）的监管,并增加对其他行业的竞争依赖,而不是集中于对输出的监管(如服务的价格和质量)。它也改变了市场上与政府互动的私人参与者的数量和多样性。这些公司-政府互动更加频繁和不易察觉,因此不太可能导致私人和公共利益的汇合。因此,在放松管制的环境下,监管法规会被期待能发挥更多的作用。

  剩下的章节以经济监管中具体的内容来说明政府关系议价如何要求我们在放松管制的时代重新审视公法教义。如果应用不当,现存的法律学说——其中大部分内容在 20 世纪的大多数时间都不受监管秩序的限制——会对解除管制的市场或其他转型市场的社会福利产生不良后果。考虑放松管制下私人利益和公共利益之间更为突出的矛盾,监管法律的教义是否应该被赞同、改革或放弃?以中立的立场来看监管重新议价,不完全契约下的监管解释为这些问题提供了一些洞见。鉴于放松管制环境下私人行为的范围和强度增加,改革或澄清这些法律学说对放松管制履行承诺是十分必要的。至少,监管法律必须更仔细地处理民营企业的事前行为。然而,政府关系议价也可能设置基本的默认规则指导法院审查监管纠纷。

  在第四章中,有人认为,在放松管制的环境下,普遍服务义务——一个典型的"公益事业"——必须由立法者相较于自然垄断监管环境下更加谨慎地处理。尽管在放松管制市场的日常工作中,私人利益高于公共福利,但是普遍服务的目标仍然可以在放松管制的环境下实现。第四章提出,在放松管制的电力市场,不仅要通过国税对配电征税来支付普遍服务,而且还提出,普遍服务是低收入客户代金券制度下的最优方法,而不是由监管机构或州级法院实施的事前服务授权。

  本书第二部分的章节直接探讨了放松管制市场中公法学说的作用。边界的变化对法院及其司法审查方法具有重要意义。在放松管制的时代,政府关系议价的方法为法院预设了一种比许多传统的监管契约更适合的方法,例如法律合同方法。正如拥护放松管制征用的观点所表达的,法院的作用并非解释和执行已有的监管议价,也不是像某些人所建议的那样,仅对部分政府机构有明晰陈述时才行使议价的司法作用。在政府关系议价方法方面,法院的作用也旨在提供议价的条件,这些条件可能有助于推动竞争市场中产生稳定监管承诺的政治进程。法院审查监管决策的默认规则是促进生成解决监管承诺问题的合法的政策性方案。此外,监管法律会考虑到执行机构的选择是如何影响监管法律的。传统上,考虑到价格管辖权的机构和监管机构之间领域管辖权的透明度,这些执法选择是由相当明确的法律规则所决定的。随着管制的放松,歧义的数量和执行的选择越来越多地受到私人利益相关者的影响,并产生了监管法律方面的严重问题。为了维护公众利益,法院必须在监管过程中对此选择进行裁决。

不同于有些人将监管定义为"管制性契约",特别是 Sidak 和 Spulber 等人,第五章的内容对强大的多数主义默认规则,尤其是根植于宪法的规则提出了警告。这些规则包括在放松管制的环境下,可能会对政府机构采取宪法征收或违约限制。监管合同拥护者预想政府会为从监管到放松管制的转变中产生的损失进行赔偿;相比之下,保险契约的视角阐述了通过这种补偿产生的事前激励是如何造成负面影响的。第五章认为,无论是基于宪法的还是政策的争论,公用设施搁置成本的恢复通过鼓励过度投资基础设施造成了不正当的事前激励,也可能阻碍了竞争和创新。在这样的背景下,这一章还支持司法顺从主义下的以流程为基础的默认规则,并将明确的声明规则作为法庭评估政府违约索赔的方式。

第六章阐述了一种坚定的监管法律学说,即申报费率学说。这种学说经常被联邦法院援用作为拒绝涉及公用事业行为的司法权的基础。因此,当放松管制市场中出现法律冲突时,它就要发挥特别重要的作用。申报费率规则不是单一的规则,而是具有若干独立目标的法律混合体,包括价格歧视保护、与联邦优先购买有关的关注以及非诉性关注。不完全契约分析揭示了申报费率规则存在的一个严重问题。由于费率难以完整执行,法院必须填补执行机制方面的差距。作为默认规则,申报费率原则指定监管机构而不是法院作为费率的执法机构。这可能是大多数交易实体,尤其是被监管企业和政府机构更为倾向的。然而,这样的默认规则将行业治理体制讨论的事前选择大都留给了民营企业。传统的解释观点将申报费率原则视为放松管制的一个障碍。与此相反,第六章认为,申报费率学说的默认规则鼓励企业从事费率征收的战略行为,这让法院无能为力,甚至导致比国会或代理机构都更加激进的管制放松。在很少或者没有第三方监督执法的情况下,公司可以单方面讨论费率的征收,如果此时放松申报费率保护,联邦法院可以通过在放松管制市场扮演重要的执行角色来服务于公共利益。在这样的情况下,具有独特性的默认规则——甚至在监管机构和公司都或许更青睐其他方式时,也允许法院针对费率考虑反垄断和其他法律诉讼——将在费率的背景下更好地激励披露与监督行为。

第七章探讨了隐性商业条款,这些条款限制国家监管机构采取阻碍州际贸易的保护主义政策。本章将这一情况与一条独立规则,即州行为的反垄断执法豁免权相联系,这阻碍了与某些国家监管方案保持一致的私人行为的反垄断挑战。隐性商业条款在放松管制的环境中扮演着重要角色,在某种程度上,这些条款限制州和地方监管机构阻碍竞争的能力,尤其是来自州外供应商的竞争。笔者关注这些条款和国家监管的反垄断豁免权之间的相似之处。具体来说,法院必须更仔细地评估国家行动豁免权以防止私人参与者事前使用国家调控来使其行为游走在反垄断法以外,这样可以限制其在竞争中获取的社会福利。

由于司法漏洞和执法重复,出现了许多困扰电力行业放松管制的问题,这可以追溯至美国电力行业监管的双重司法路径。例如,像加利福尼亚州这样的州政府,放松了对电力零售市场的监管,在联邦政府放松管制下的电力批发市场中,公司的行为就可能以逃避州和联邦两级监管机构审查的方式操纵下游的价格和产品供应。即使那些在零售层面并没有放松电力管制的州,战略性地利用放松管制的批发市场也可能会损害消费者,并逃避监管部门的审查。顽固的州立法机关经常坚持过时的监管法规,这些法规甚至限制了州和地方机构考虑放松管制的州际电力市场需求的能力,从而形成了电力批发竞争的最大挑战之一。在 1996 年的电信法案中,国会支持合作联邦制,可选择的一项监管制度旨在通过鼓励联邦、州以及地方监管机构之间的重要协调,来支持实验并明确司法管辖权。然而,在其他管辖权混淆的情况下,例如在电力行业,国会未能通过明确司法管辖权争议的立法,反而加强了州立法的权力,从而背离建立竞争性电力市场的初衷。第八章提出,依法强制实施一套默认规则可以帮助改善诸如电力等网络行业的监管解决方案。本章反对国家调控优先权的假定,赞成州或地方机构为了联邦目标而消除司法管辖权差异,加强对司法管辖权协调的激励措施,在基础设施监管方面抵制顽拗的州立法机关。

相比于有关监管的其他竞争性的主要解释,第九章为了理解监管法律,通过回顾政府关系管制协商框架的承诺得出结论,其解释性理论包括:公共选择理论、公共利益理论、协同治理理论。监管的不完全性是复杂性行业的现实。企业经济学的文献中对于监管本身的实质已经提出了各种洞见。然而,通过强调议价对于诸多公共治理问题发挥的根本作用,这些对于政府关系议价见解的深入分析有助于理解经济调控背景下的公共法学理论,从而有助于改善市场功能,特别是放松管制的市场和其他转型期的市场的功能。

第Ⅰ部分 将不完全议价从企业经济学扩展到公共治理

2 议价监管和自然垄断规制的稳定性

在20世纪的大多数时间,电力和电信等公用事业公司主要呈现出两个特征:行业的纵向整合和基于服务成本的利率调整。电信和能源部门的服务成本监管是针对公司的,它主要发生在个别州和地方管辖区而不是在国家层面,并且由于行业结构的原因,它被应用于治理特定类型的管辖区,即在辖区内单一的公用事业部门就拥有很大的市场力量。50多年来,传统的自然垄断调控作为具体方式,用以协商公共利益和私人利益之间出现的任何紧张关系;单个企业打消了反对监管者的念头,因为这可能对它们所认可的利率产生负面影响。电力行业史专家 Richard Hirsh 将其描述为"公用事业和改革派之间关于美国电力公司制度本质的共识"(Hirsh,1999:11)。同类共识似乎也存在于电信业之中(Noam,1997)。

从某种程度上说,企业与政府之间的协议是稳定的,但公共法律在20世纪的经济调节方面所充当的角色并不清楚。在自然垄断监管时代,监管机构将其注意力侧重于监管公司的输出(按规定的服务价格和质量的形式)。这些机构决策易受到司法审查的影响,而法院在很大程度上却听从机构监管者的意思。在极少数情况下,监管法律也将宪法和结构理论视为默认规则,并为私人行为主体(例如公司服务义务)以及政府机构——例如美国宪法征用条款(限制联邦和州监管机构)、关税申报原则(主要制约法院)、隐性商业条款和各种反垄断规则豁免权(限制州和联邦监管机构)、监管部门的管辖范围(依据其法律来源约束联邦和州监管机构)——制定谈判框架。

监管法律具有独特的形式,但是利率调整过程背后的长期共识及其推动合作解决大多数监管冲突的能力,隐藏了许多结构性的不足。正如 Robert

Ellickson(1994)在对加利福尼亚州沙斯塔县农村纠纷的经典研究中所说的那样,"严密社会团体的成员会非正式地互相鼓励以从事合作行为"(167)。在关系紧密的沙斯塔县,农民和牧民在解决动物擅入农田与"合法篱栅"的争端中,几乎没有司法的介入(埃里克森,1994)。同样,Lisa Bernstein教授(1992,2001)发现,在棉花和钻石交易中,商人即便在较完备的规范背景之下,仍大都避开正规的法律制度。如同商人背离完备的规范那样,与监管者签订合约的电力公司或许也没有司法强制执行介入谈判的需求。

在价格监管的自然垄断时代,法院很少援引监管法律的正式原则来解决争端;即便被迫参与其中,法院也基本上避免干预在公私制度环境下可以自行解决的纠纷。在经济调控领域,法律原则可能在为公司和政府机构形成基本议价条件中一直都是重要的,但是只有在交易成本过高,以至于谈判不能在监管机构的体制框架内解决矛盾时,监管法才是重要的。在自然垄断规制下,议价很少不能自行解决矛盾。

I. 管制契约、纵向整合的法律与经济学及费率管制

在监管法律师群体中,自然垄断规制通常被理解为"管制契约",即公用事业公司与所在州之间签订的虚构合同(Sidak & Spulber,1997)。在该契约下,公用事业公司同意承担一定的义务,例如服务的义务,以换取地区特许经营权并期望通过监管利率来弥补服务的成本(Hirsh,1999)。按经济学家的话来说,公共事业企业和政府之间的关系可以在长期契约框架内理解(P33),考虑到网络基础设施需要大量资金以及潜在环境的复杂性,这会导致合同条款的不规范(Goldberg,1976;Williamson,1979)。一些现代评论家认为,这个合同如果不是隐喻的也是心照不宣的。尽管如此,它也一定要像其他法律合同那样得到认可(Sidak & Spulber,1997;Spulber & Yoo,2003)。然而正如乔治·普里斯特(1992)所提出的,或许管制契约原理最好不仅被理解为一种法律责任(如果确是如此,参阅第五章),而且也被理解为公共事业企业监管演变的一种阐述。Priest的监管契约的演化方法在关于交易的不完全契约理论中找到了支持依据。

A. 不完全契约、契约的重新谈判和监管灵活性

早期的法律和经济学的学者，如 Ronald Coase，认识到在组织形式（Coase，1937）和法律规则（Coase，1960）的框架性讨论中交易费用的重要性。法律经济学中的讨论很少会偏离 Ronald Coase 两本开创性著作《社会成本问题》（Coase，1960）和《企业的性质》（Coase，1937）所提出的议题。虽然《社会成本问题》主导了许多对于现代法律规则的讨论，但是 Coase 的早期著作《企业的性质》同样重要。Coase 解释了为什么私有公司会在市场经济中出现。根据科斯的理论，企业出现的主要原因是，利用市场价格机制的外部交易存在成本。受到科斯的启发，法律经济学学者以系统的方式更青睐于有关私法——公司、侵权行为、合同——对于较大规模法律问题的讨论，例如公法的性质和范围以及其制定的过程。在这些讨论背景中，不完全契约框架——把法律规则看作是对契约谈判中不完全性的反应——在公司契约的法律经济学领域，不可否认是一个重要的理论发展。

缔约中不完全性评估的第二个重要的框架性工具来自决策理论。Herbert Simon 是一位早期的决策理论家，他用有限理性的观点调和了传统的利己假设：那些演员是"有目的地理性，但仅仅在一定限度内"（Simon，1961：xxiv，重点参考原文）。如果人类的理性是有限的，那么在缔约时就不可能知道事情的所有状态（P34）。在交易成本高或者有限理性的情境下，在公司组织设计及其公私治理中的全面协商是不可行的。

交易成本和有限理性是交易谈判不完全的两个原因。在经济学文献中，不完全契约框架即便不是完全地也已经是被严格地应用于企业的经济活动中。基于这一认识，在 20 世纪 70 年代，Oliver Williamson 为产业组织的新方法草拟了一个交易框架。Williamson 的交易成本框架承认缔约企业的理性特征，同时也认识到缔约过程中存在通过评估交易成本来比较制度的任务。对于 Williamson（1975）来说，市场——私人交易的连续循环——和阶层对于促进交易完整性是两种主要的制度选择。Williamson（1979）认为，在交易循环发生、需要特殊投资以及执行存在较大不确定性的情况下，特定的交易治理规则更有可能得到成熟发展。

同样，Oliver Hart（1988，1995）关注了不完全契约——签订书面契约存在交易成本——以解释公司的剩余控制权如何与公司所有权相关联。Hart 的方法强调了重新谈判对于大多数企业内部交易、企业间交易以及企业和政府间交

易而言是如何具有普遍性的。换句话说，不完全契约模型是基于这样的假设，即由于对事物未来状态的知识有限，契约当事人不能承诺将来不对契约进行重新谈判(Hart & Moore，1999)。

正式的不完全契约模型，在经济学中通常被认为由 Eric Maskin 和 Jean Tirole(1999)提出，它存在局限性。在政府和私人机构都可以获得信息并可以机动退出双方关系的情境中，完全性可以在监管关系中得到发展。然而，当各方不具有自由退出的机动性时，如同在政府管制的缔约过程中的情景那样，即便是不完全契约模型的批评者，例如 Maskin 和 Tirole，也承认契约可能是不完全的。[1] 司法审查背景下规制的迭代性很可能(即便不是必然)由于监管而产生不完全性的结果，此时，与州政府签订合同的公司知道他们将来有机会影响到监管者或法院，而监管者也明白可能需要保留自由裁量权，以便在未来做出改变。

事实上，在监管背景下，不完全性不仅在概念上有可能，而且它也是可取的。任何立法者、监管机构或法官都知道，制定一部法律包含可以涵盖和顾及大多数问题的明示条款是不可行的，更不用说能涵盖每一个问题了。事实上，在公法的背景下制定规则繁细的法律，如果规则内容涵盖不足或过多，则代价都是很高的。法律内容过度的包容性，带来的代价之一就是其复杂性(Ruhl & Salzman，2003)。过于详细的说明可能是以监管政策的试验性和灵活性为代价的(Dorf & Sabel，1998)。因此，任何公共法律制度都将选定一个精简的最佳程度(Diver，1983；Gómez-Ibáñez，2003；Goodin，1982)。在一些情况下，谈判过程的精确性的代价会超过其收益。期望重新协商的系统可能会更为有效，因此也是有价值的，只要诉讼的成本不太高。

B. 公用产业纵向一体化的不完全契约理论

不完全契约框架是理解公用产业纵向一体化兴起的有效方法。在预监管时代，公司主要是与州和当地的立法机构谈判，并最终与国家层面的立法者谈判。例如，现代投资者所有的电力事业是 19 世纪晚期芝加哥的 Samuel Insull 所构建的，而他是 Thomas Edison 的工作伙伴(Platt，1991)。Insull 由于加强电力行业所有权的融资策略而在历史上多受诟病。然而，像其他许多垄断者一样，他

---

[1] 更普遍的观点是，Maskin 和 Tirole 的评论没有损害交易成本理论，参见 Hart 和 Moore(1999)。

提出的接近电力市场端的创新方法很新奇,他的影响力在其掌管的公司帝国崩溃以后仍持续很久。1890 年,Richard T. Ely 和 Henry Carter Adams 等经济学家认为,技术创新取得的规模经济最终导致了垄断(Adams,1887；Ely,1887；Hovenkamp,1991)。事实上,历史学家 Harold Platt(1991)指出,Insull 的方法"代表了新经济和'自然'垄断宪政理论的实践应用"(74)。最初,芝加哥大型电力用户,如公寓、酒店、豪华商店、百货公司,都是由本地供电(Platt,1991)。最终,为增加服务领域而竞争的芝加哥爱迪生公司(联邦爱迪生公司的前身)认识到,在上述水平型的公司结构中拥有多家发电厂可以实现重要的协同经济发展(Platt,1991)。因此,Insull 能够为单一的公用部门芝加哥爱迪生公司从水平方向上巩固其所服务的地理范围；该公司要根据需求提供服务,并得到作为回报的特许经营权,在其特许经营范围内具有排他性。

此外,垂直型企业内的发电、传输和配电一体化,可以取得重大的运营效益。在讨论纵向一体化的经济性时,考虑电力的技术特点是非常有用的。第一,电力的传输遵循物理关系,而不是经济关系。由于电流沿电阻最小的路径运行,电力的物理传输不会像物质产品那样按照预定的连接特定买家和卖家的路径运行。因此,如果像分析公路、铁路、管道等行业一样去分析电力行业则会有误导。第二,电力具有不可储存性。虽然高压电池物理上可以储存大量电能,但其成本却过高。在确定用户之前让电流一直简单地在电网上传输也不现实,因为随着传输距离的增大电流功率会快速损耗,而且过载(导致停电)的风险也很大。对电能边开发边使用则更有效率,但这需要电力供需双方的紧密协作。第三,电力传输对作用于电网的发电输入量很敏感。由于这些原因,电力运行必须在一个高度协调、一体化的传输系统中才能展现出较大的规模效应。①

在 20 世纪这些技术条件被广泛接受的条件下,在同一公司内部对发电、输电、配电功能进行垂直整合,几乎被普遍认为是在行业中创造显著运营效益的方式。发电和输电的纵向一体化是市场对两种技术现象的解读,并使得这些功能的分离具有潜在的高昂成本:(1)"电力平衡",避免断电所必然导致的传输停滞,需要电力需求总量必须等于发电机供电总量减去传输过程中的损耗量；(2)专用发

---

① 尽管这些技术特征的经济相关性很重要,但是也不应该被夸大。电力与其他商品之间的不同只是在程度上的差异。例如,其他行业面临交通(如铁路)上的物理约束,而其他商品储存困难并且成本较高(如天然气)。电力行业的企业像其他行业中的企业一样,已经找到了有效利用昂贵电力的方式。

电机无法在物理上将其电流产出输送到任何特定的客户或需求点上。发电和输电的纵向一体化通过参与"经济调度"可以在技术复杂性方面进行节约（使用最便宜的发电机来满足客户需求），监测发电以维护内部电力平衡，并且多元化契约以灵活的可操作化方式将发电能力组合满足客户负荷。当然，纵向整合也不是没有成本的。举例来说，在这种情况下，一个公用事业企业可以作出在其客户附近兴建发电设施的决策，以作为扩大输电线路容量的替代方案，这可能会导致在输电限制区域出现电力运输瓶颈。然而，纵向一体化的原因被认为是自然垄断的需求，这是 20 世纪中期在该行业中被普遍接受的观点（Grossman，2003）。[1]

以 Insull 努力一体化扩大业务为发端，公用公司通过发电和输电的纵向一体化和多种发电企业间的横向一体化，开始迅速地实现规模经济。在 Ronald Coase(1937)的著作《企业的性质》中，他注意到，经济体中所有的交易并不必然是在市场中通过直接交换而最有效地得以实现的。[2] Oliver Williamson 泛化了科斯的发现，提出了一个框架用以分析市场缔约的成本、纵向一体化和横向一体化的最优水平以及内部缔约的情况。Williamson 认为，市场缔约的成本随着不确定性、交易频率、资产专用性（这是针对特定的交易性资产的程度）和个人机会主义所造成的问题而变化。更为集中展现这些特点的交易需要复杂的合同，并倾向于支持组织内的整合。由于对契约复杂性需求的增加，以及双边缔约成本的提升，使得内部控制变得更具吸引力（Williamson，1996a）。Coase 和 Williamson 的框架为 20 世纪电力公用产业较高的纵向一体化程度提供了一种解释，这是自然垄断监管传统框架的核心。这种行业内高度的纵向整合通过内化成本而把成本最小化，在一家公司内部许多成本是信息成本（Casson，1997）。

Samuel Insull 也认识到显著的经济性可以由发电、配电和输电的横向整合来实现。对于公司来说，这也多是内部的。最初，由于电力系统不能协调，因此很难实现高度的横向一体化。然而，随着技术的革新，中心电站成为整合邻近电力传输系统的可行技术（Platt，1991）。如果存在显著的协同经济，在同样的横

---

[1] 自 1980 年代起，一般的共识是："在发电与输电之间的纵向一体化实际上是很普遍的。"（Joskow & Schmalensee，1983：113）

[2] 原则上，市场不需要围绕公司进行组织。相反，市场参与者可以在价格机制的指导下通过公平交易进行组织。公司完全绕过（或内部化）市场价格体系，在不利用明确价格的情况下协调生产。从本质上说，Coase 对当时占主导地位的理解提出了异议，即企业的"自然"演化由技术及其成本来界定，而这可以看作是给定的。

向一体化公司结构内的拥有多个发电机会带来更高的效率。① 在电力行业发展的初期,技术创新允许大型中心电站和邻近发电企业整合到单一的横向一体化传输系统中。允许横向一体化水平如此之高的技术似乎形成了一定的规模经济。然而,纵向和横向一体化的吸引力也有其局限性。通常情况下,给定的州或地方管辖权只能维持一到三个投资者所有的公用事业企业,因此,政府规制有限的管辖范围起到了限制公司合并欲望的作用。"电力联营"也是这样。电力联营即指自愿与相邻的公用事业企业订立合约,这样可以提供多样化的电力供应选择,同时也会为企业保留一定的灵活性。②

尽管经济学原理支持电力行业的高度纵向和横向一体化,但是一体化的公司结构也表现出潜在的问题。单一企业所包含的服务以及地区专营权的整合,需要某种程度的特许经营和价格监管以控制市场力量、福利减少的垄断行为,并渐次为企业(及其投资者)提供稳定性。传统方式下,监管者为公用事业企业明确了特许经营权的区域,保证其在该区域内获得客源(Phillips,1993)。一旦特许经营权得到确定,监管公用电力企业的传统方法便是以接近竞争性市场结果的方式调控利率。在竞争性市场中,价格等于长期边际经济成本,包括资本的正常回报率。然而,相比之下,垄断者可以通过收取超过边际成本的价格来增加利润。因为边际成本是很难直接衡量的,监管者通过计算公用事业企业的投资资本("费率基准")来估算边际成本,确定一个所允许的投资资本回报率,最后设置

---

① 正如 Platt(1991)所建议的,这种横向一体化取决于交流电的发展,电力传输的距离能否达到 1.5 英里以上,以及中心站点协调的技术。此外,横向一体化很大程度上已经通过非正式协调与契约合并的方式在外部建立起来(Platt, 1991)。例如,纵向一体化的公用事业单位通过长期合作以及监管传输的长期契约安排,与其他单位进行功能上和运营上的一体化是司空见惯的事(Joskow & Schmalensee, 1983)。

② 此外,横向一体化很大程度上已经通过非正式协调与契约合并的方式在外部建立起来了。"权力池"——独立的公用事业单位之间协调其投资与运营活动的正式及非正式协议——也为该产业提供某种经济。毗邻系统之间的"电力均衡"只有通过运营协调池才能实现。而且,发电的有效运作要求毗邻系统进行"经济交换",改变发电水平以等同于调整边际成本的线路损耗(在运作上被称为"λ 系统")。独立拥有的纵向一体化发电与输电资源池使得这种经济交换更为容易。因此,纵向一体化的公用事业单位通过长期合作活动以及监管传输的长期契约安排,与其他独立的事业单位进行功能上和运营上的一体化是司空见惯的事(Joskow & Schmalensee, 1983)。在美国电力公用事业的经济结构方面,Paul Joskow 和 Richard Schmalensee 或许是最主要的诠释者。他们注意到,到 1979 年为止,受公用事业之间的契约所监管的正规发电量已经几乎占到美国发电量的 60%。公用事业单位之间非正式的协作池也在一定地理区域内存在(Joskow & Schmalensee, 1983)。正如 Joskow 和 Schmalensee 所注意到的,权力池是纵向一体化的一种替代。除了权力池以外,联邦监管者已经建立了 9 个区域可靠性委员会,以促进在相互关联的成员系统内部进行信息交换,并为系统互联和电力供给建立可靠性标准。这 9 个区域性团队共同组成了北美电力可靠性委员会(NERC),其成员包括公用事业单位、公共机构、联邦政府代表。在放松管制的电力市场上,NERC 持续扮演着主要角色。

出其资本的规定回报率。

正如 Richard Hirsh(1999)等历史学家所描述的,电力行业中的企业管理者希望自然垄断价格监管模式在各州得以应用。Insull 率领一个名为全国电灯协会(NELA)的同业公会,该协会在建议和游说全美电力公用企业调控方面扮演了重要的角色。NELA 将公用事业企业的市政所有权视为价格监管的主要备选方案,但又与国家所有相对立。与 Insull 共同工作的威斯康星大学经济学家 John Commons 提出了折中立场,支持例如威斯康星州和纽约州的私有公用事业企业的价格管制(Bradley, 2003)。最终,监管者由立法机关转变为专业监管机构,并由其决定行业准入和现有企业所承担利率的适宜性。

这种监管方法虽然不再是理想的,但仍然不仅对公用事业企业(Chen, 2004)、监管的实质和稳定性(Hirsh, 1999)产生主要影响,而且也对电力行业的结构具有重大影响。纵向一体化的电力企业为客户提供了发电、配电和输电服务。输电是一项远程的网络工程,并允许用户以发电的形式使用电能。对于一家纵向一体化的公用事业企业来说,当地或区域性电厂可以作为扩张输电网络的一种替代,以便用户能够选择使用其他的电力供应形式。在 20 世纪的大多数时候,由纵向一体化公用事业企业作出的投资决策都是基于这种重要的经济权衡的考虑。结果是,美国的很多地方都出现了输电"瓶颈"。如果纵向一体化确实有问题,随着纵向一体化公司的规范化,这些不足之处大量就被隐匿起来。但是公平地来说,由于该行业的这段历史,现代的国家输电网络没有设计充足的路网容量,以使电力供应在全国各地都能具有可替代性地选择。这对任何行业内的竞争性转变都有重要的影响,因为电力行业的竞争性市场将输电网络视为市场供电的运输基础设施。在一定程度上,当业界所使用的输电网络在设计时权衡考虑了纵向一体化厂商的形式,在电力传输能力被重新分配之前,市场准入都将受到限制。

II. 法律监管控制下的谈判

不完全契约的监管方法对 20 世纪受管制行业的自然垄断结构及其监管提供了有力的解释,这是传统的智慧。自然垄断监管的不完全契约理论是如何解释 20 世纪大多数时间里监管法的稳定性的,这已经鲜为人知和少有探究了。法律法规不应该与发展和维持它们的政治进程相隔离。在 20 世纪,自然垄断监管为公用事业价格管制提供了相对稳定的政府干预类型。稳定的监管秩序使得许多监管法律处于休止状态。事实上,考虑到利率确定的监管系统大都是自我调整的情况,历史的经验表明,这些法律的价值是值得怀疑的。

与纵向一体化公司服务义务的背景相对立,监管契约的三个特征影响了 20 世纪的监管法律的进程:与管辖权相匹配的市场垄断(连同进入壁垒),公司的输出调节,以及企业与监管者之间的反复谈判。在利率监管时代,这些特征共同发挥作用,使得许多非专门化的监管法规——行政法、宪法、反垄断和联邦制——处于监管过程的控制之下。

首先,无论是事实上还是在法律上,电力行业的市场垄断都是常态。在大多数地区,单个企业在电信或电力服务方面就可以行使市场权力。进一步来说,监管机构在当地指定了单个企业(有时是两家或三家企业,依管辖区域大小而定)作为法律上的垄断者摆脱企业间竞争而为所有客户提供服务。在多数地区,单个企业与当地监管部门讨价还价的成本都低于在复杂的市场环境下或者在全国性监管机构下的成本。例如,在许多州,一两家纵向一体化的电力公司服务了整个市场,使得公司以低于联邦政府监管的成本获取州或者当地部门的监管。同时,也使得监管者的工作在州一级层面比在国家层面成本更低且更简便。通过协商来获得州调控的而不是更为广泛的国家调控的可以解释 20 世纪早期州(和当地)公共事业企业委员会对于企业供需的监管。因为州或当地监管是惯常的,电力公用事业是伴随着监管管辖权(通常以州为范围)与受监管行为(通常是只在单个的州或地区进行垄断经营的少量公司)之间的高度协调而发展起来的。最终,国家监管机构把管辖权扩展到一些特殊的交易,主要是消除在制定以州为基础的利润率过程中的监管空白,但是在 20 世纪的大多数时间这种监管的过程主要是基于州或者本地层面,在这些地方实施了大多数的监管壁垒,也决定了公用服务的零售价格。

第二,调控的性质几乎完全集中于对公司产出的控制(Spulber & Yoo,2003)。具体来说,利率调控或公司价格调控,是监管决策的主要话题,也包括公司扩张的决策。这样的监管强调了价格及其与公司成本之间的关系,但监管者却很少关注可供选择的监管策略,如输入调控、市场结构规制和信息披露制度。

输出调控影响了监管机构所使用的信息和机制的种类(Pechman,1993)。因为输出是公司专门化的,而监管机构和个别公司之间的谈判——不是全行业监管——是普遍性的。监管者主要关注市场准入和价格管制,但在自然垄断规制时期,公司的输入决策主要是在市场上私下决定的。

第三,监管决策是单个公司、一小部分同质化的利益相关者群体以及监管机构之间反复协商的结果。与非经济监管相比,这提出了相对稳定均衡的两个原因。开始时,利率监管迭代模型使公司产生了稳定的预期并有助于减少公司和监管机构之间的信息不对称。如果在一个时期内公司的行为没有得到补偿,监管机构可以在下一时期来弥补这一差额。同样,如果企业获得了意外之财,监管机构可能会在未来某个时期收回其中的一部分。在这个意义上,从公司及其成本的角度看,反复调控使得利率厘定过程可以自我校正。这或许可以部分解释监管机构在行业规则制定中对于公司个案监管的传统偏好(Quirk,1981)。

由于行业历史结构和集团利益相关者的原因,利率厘定的反复协商也稳定下来。虽然传统的利率调控具有显著成本(其中一些在第三章中讨论),自然垄断的价格管制在集中利益的同时分散了监管成本。正如 Martha Derthick 和 Paul Quirk(1985)在管制行业总体上所观察到的,"经济学家和政治学家的主要观点是,监管所呈现的情况表明政府政策的利益都集中于组织良好的利益团体(即受到保护免于竞争的企业和工会)中,而成本则由广大消费者承担,这些消费者没有组织起来保护其利益的足够激励,不会采取什么政治行动"(9—10)。价格规制表现出诸如利率厘定过程中的假设错误、监管滞后以及过度投资等问题(在第三章中讨论),但在一定程度上,这些问题是可以纠正或消除的,价格管制也可以为行业中的企业提供一个事务均衡状态。

它还为主要的非企业利益相关者提供一个稳定的平衡,如消费者和环境利益集团。利率的制定为客户提供了稳定的利率,但正如这里所讨论的,它也贴补了面向低收入客户和农村客户的服务。同样,对于环境利益集团来说,利率厘定过程产生了巨大的机会。在任何一个州的管辖权范围内,只有几家大公司提供服务,而在州和国家层面,环境监管政策把大的垄断组织描述为污染控制和其他环境任务的主要目标。虽然公共事业企业并不总是自满于污染控制,特别是那些对现有工厂所实施的控制,很少或根本就没有回收成本的保证,但企业也并非意识不到大多数地方批准的、前瞻性的环境控制对他们来说是低风险的。通过利率控制过程,遵循这些要求的成本可以在所有客户中分散承担,而不是集中于公司或其股东。因此,非企业的利益相关者需要在反复议价过程中发挥作用;然而,这些利益集团往往通过借助费率制定过程以补贴其最为重视的内容来充分获取其利益。

这三个相互结合的特征对20世纪监管法律的形成具有重大的影响。由于具有同质性,一体化的公用事业部门可以与监管者协商调整达到相对较低的成本,由监管委员会而不是法院协调解决大多数冲突。① 在电信、电力和天然气服务的背景下,公用事业法律已经成为法律实践中高度专业化的领域,在该领域,华盛顿的律师和州政府都在独立的司法机构面前将其注意力和技能集中于实践。律师们经常在一个特定行业中更为专业化。例如,能源方面的律师和电信方面的律师很少会是同一批人;每一类律师都形成了自己的专门小组、大公司内部的专业领域,以及华盛顿和更大的州府下的精品律所。在传统的自然垄断模式下,法律实践的专业化性质运作良好,因为律师的主要贡献是保证在行业内监管契约的稳定性。

虽然管制契约的特征可能使得专业化迅速扩张,但是它们也在监管过程中将许多公共法律变得几近隐匿了。因为传统的公用事业法是一个高度专业化的领域,所以其他法律学说在其制定与实施中只是扮演了次要角色。监管法学说与监管契约和谐相融并很少被援用于推翻或改变监管过程;当协商或合作方案能够对其产生平等(如果不是更好)的结果时,垄断契约的私下协商就没有明确的调用诉讼规则的理由。公法学说虽然依旧很强大,但它们可能只是单纯的背景性规则,它们形成了协商的框架但没有为自身提供直接的利益。无论这些学说是否正确,如果议价不能产生协调一致的解决方案时,公共法律被作为一组默认规则来理解,那么在20世纪的大部分时间里,这些学说大多都在监管的协商过程中退居次要地位。

例如,在费率调控时代,对于美国法律中关于"通用服务"和"服务责任"的所有说法来说,客户服务义务经常都是由公用事业单位自愿承担的,而不是因为监管法律的要求而接受。公司(起始于Samuel Insull的Chicago Edison公司)依

---

① 其他因素也可能对费率监管的稳定性有所助益。即便我们不接受俘获主题的强势版本,正如公共选择理论所提醒我们的,这种关系也非常舒适。进一步,如第三章所讨论的,费率监管直到1960年代晚期都相对安定,因为经济在扩张,需求的高增长是可预期的。

靠规模经济来支持其垄断,但要以专营权(在特定区域内阻止他人提供服务)和利率监管(保证资本成本回收)作为回报,这些公司明白它们正在接受一个重要的条件:对所有客户提供持续和延伸的服务条款。通用服务被认为是自然垄断专营权协议的关键部分(Platt,1991),即便它不是议价的明示条款,但也作为默认规则经常被监管机构和法院所应用。禁止直接竞争提高了系统的稳定性和可靠性,减少了纵向协作的成本,并通过确保只有少数临近的企业能够进入电力联营从而减少了横向协调成本。禁止竞争也隐藏了发电厂作为输电扩容替代相关联的成本。作为回馈,如果客户提出要求,电力公司必须保证能向客户提供电力供应及配送服务,因为这些服务是被捆绑在一起由单一公司提供的。

20世纪,美国监管机构以应用在如轮渡、面粉厂和铁路等公用事业部门的古老的普通法律责任为基础,对电力企业施加了"服务责任",即向客户尤其是小住宅客户提供超凡服务的义务。正如在大多数州被法院和监管机构所运用的,公用事业企业的服务责任承担了若干义务,其中包括如果提出要求便相互关联和延伸的义务,从而可以提供持续可靠的服务、服务中断的先期通知、甚至是客户支付不足时的连续服务。与私人企业例如旅馆和餐馆[①]提供服务时所承担的义务不同,公用事业单位的服务义务考虑的往往不是营利性。

公用事业单位的理念和其服务义务之间的联系让不同时期的监管内容和制度安排得以延续,并形成了各种理性的解释(Arteburn,1927;Burdick,1911;Robinson,1928;Wyman,1903)。强大的公平或分配的言论支持了服务的责任。其中有许多与民权运动的目标相重合,没有这些的话,许多客户就不能平等地获取高质量的公用事业服务。然而,在公用事业规制古典时代(从镀金时代一直持续到20世纪整个90年代),监管契约经济学——自然垄断监管的基础——提供了主要的知识框架以支持公用事业服务提供者完成非凡的责任。

在自然垄断监管框架下,延伸服务的责任即便不能即刻获利,在经济上也是有效的。正如Richard Epstein(1997a)所提出的,"对所有参与人来说,通用服务的义务是以明显和有效的方法来克服坚守的利益,否则公共承运人就会控制

[①] 当然,民权法可以为一些群体阻止服务排除(Singer,1996),但是其范围是受到限制的。在公共事业单位是州参与者的层面(如市公用事业单位),美国宪法的正当程序和平等保护条款也可以在服务排除方面施加一些限制。除了这些例外,在反垄断法下普通私人业务可以单方面拒绝处理特别的客户,并设定他们在其下订约的条款和条件。参见美国诉高露洁公司案。然而,与其他私人参与者相比,公用事业单位的服务义务在行为、服务条款与条件方面都明显更加严格。

其客户"(2118)。法律和经济学学者区分了产权规则和责任规则,前者包括排除他人使用的权利,后者包括无权排他但有权对使用提请补偿(Calabresi & Melamed, 1972)。公用事业企业被要求有延伸服务的义务,而没有被赋予排他的普通财产权。相反,公用事业单位受到了责任规则的保护,这些规则是由一个复杂的费率厘定系统所确定的,并允许客户按需求提供服务作为补偿。实际上,服务延伸责任被强加于公共事业企业,而不是由消费者承担,因为企业被更好地定位于在多数用户中分散成本,从而使财富对更加贫穷的消费者的影响最小化。

成本分散是公用事业企业适用延伸责任背后的主要原理,但是"服务延续"责任可以通过类比于长期的买卖双边契约以及高级风险承担者的识别来做理解(Williamson,1976)。在大量预付资本投资的行业,长期契约对于吸引供应商投资是必要的。没有长期契约来保证可靠的商品买家联盟,许多供应商就不会进行必要的资本投资以生产或分销商品。例如,在天然气行业,管道商和当地分销公司之间的长期契约对于国家管道基础设施融资来说是必不可少的(Pierce,1988)。

正如在实践中普遍存在的那样,私营行业的长期契约往往是在价格或数量灵活性方面进行协商。这种合同的期限延伸造成了规划风险管理方面的问题,合同中的"缺口"将永远存在。为了销售商品,一旦开始这种合同中的服务,供应商就有责任继续满足服务的合理需求,即便出现更有利的选择也不能违背此责任(UCC§2-306)。例如,假设卖方同意供应买方20年期限的煤炭,当事人以劳工部价格指数为基础来制定每吨煤的价格。然而,随着时间的推移,诸如石油禁运和通货膨胀等事件导致供应商的生产成本超过了约定的指标,那么,如果卖方继续执行合约就会遭受重大损失。但是,某些法院审查这些合同时认为卖方应完全为此负责,并需要继续履行合同。① 因此,在长期合同的背景下,一些法院实际上对卖方强制执行了服务延续的责任,即便会给卖方带来巨大的经济损失(Joskow,1977)。②

在长期契约背景下,强制执行契约具有效率基础,而此时卖方是最高的风险承担者(Posner & Rosenfield,1977;Speidel,1981)。在电力事业中,长期契约由企业和其客户之间达成的谅解得到支持,监管法律师称之为监管契约。作为

---

① 密苏里公共服务公司诉皮迪煤炭公司案,583 S.W.2d 721(Mo.Ct.App.1979);爱荷华州电力与照明公司诉阿特拉斯公司,467 F.Supp.139(N.D.爱荷华州 1978)。

② 与 U.C.C.§2-306 的评论 2 相一致。该评论指出,"缩减损失"的要求可能被视为违背。

假定协议的一方当事人,公共事业企业是利率监管的垄断者。对于最终用户来说,公共事业企业是电力供应变化和输配电技术层面上的风险承担者。尽管在公用事业服务不可预见的用途方面,用户可能是更好的风险承担者。同时,正如公共事业企业与客户之间的关系那样,企业在将与服务终止相关的损失分散给多个客户方面处于有利地位,特别是在那些损失可能会对低收入纳税人或小企业造成影响时。持续服务并支付可预见损害赔偿的公用事业的总体责任,会将终止服务的风险置于更高级的风险承担者和成本分摊者身上。① 然后,公共事业企业可以尝试通过利率调控为这些风险和成本寻求补偿,同时也为客户驳斥服务缩减或寻求其他供应商提供充足的机会。②

服务延续责任通过将客户成本固化为客户利率促成了同类交叉补贴,而这些客户并不能支付其账单的所有费用。虽然这可能导致客户成本和利率之间的不匹配,但它允许公用事业公司在所有客户中传播这些风险。当一家公用事业公司通过切断服务来剔除不能全额付款的客户时,会发生两件事情:第一,公司避免了提供能源的可变成本,通常是向客户运送能源所需的燃料的价格;第二,由于服务延续给予公用事业公司收益的杠杆作用,如果服务继续的话,公司可以放弃一直来自家庭的任何收入。因此,假设产能过剩,对于所有的纳税人来说,在系统上保持尽可能多的客户会产生普遍的经济优势。服务延续责任允许公用事业企业将固定成本(既存容量)分散到大量客户身上,同时减少每一份客户账单分摊固定成本的比例(Colton, 1991)。因此,甚至在缴费不足的情况下,对于产能过剩的企业来说,只要公司有理由预计客户可以至少为服务的可变成本买单,公司继续为客户提供服务以及通过规划分批付款为无力按成本支付的客户提供方便,就一直都是有成本效益的。

交叉补贴是服务责任必然的结果,但交叉补贴的影响被需求贡献、利率厘定

---

① 在延续服务方面,公用事业单位不仅是出众的风险承担者,而且还是优秀的成本分摊者。大多数情况下,让公用事业单位承担延续服务的责任是合适的做法。然而,当客户通常更能承担风险,并且要求客户承担断电风险所获得的收益超过将责任强加于公用事业单位而形成的损失时,就不宜再这样做了。

② 尽管在传统的管辖权与价格管制中,一般性服务责任具有一些经济效率,可是服务拓展与责任延续却带来了一种经济问题即交叉补贴问题。那些或许不能从服务拓展中获益的客户要承担其中的一部分固定成本,这些成本会成为其所交税费中固定成本的内容。然而,在公用事业单位通过提高所有客户的税费来补贴服务拓展方面,许多监管者所提出的出资要求会对其程度有所限制。传统的税费厘定过程也会使得由服务拓展责任造成的交叉补贴程度降到最低,在该过程中,交叉补贴在各类别之间及各类别内部的影响与成本效用方面都会产生法律问题。

过程和成本效益的考量给最小化了。虽然与服务责任相联系的交叉补贴成本是不可避免的,但监管机构必须公平处理以确保普遍获取公用服务的利益可以抵消这些成本。因此,在自然垄断监管下,服务责任(在第四章中进一步讨论)与特许权和监管价格具有相对连续和稳定的共存关系。正如消费者服务责任所阐述的,传统费率调控模型的综合性措施与许多消费者的利益和管制企业的利益相匹配。出于类似的原因,这种费率调控过程与许多环境利益群体和谐共存,这是因为从总体上预期,环境控制的成本将在利率厘定过程中由州监管者审核通过。

在自然垄断的费率调节过程中,许多其他监管法律学说能够与管制契约和谐共存。后续章节会进一步讨论这些内容的细节,对于它们在费率调控时代与交易达成一致的简要描述就足以说明这一点。考虑到费率厘定过程的自我调整的本性,宪法征用和违约索赔大部分是多余的,这里的索赔是在费率情况下(在第五章讨论)公司补偿不足而对政府的索求。因为公司是作为服务领域中的垄断者运营的,在该领域中监管者是可见的并有强烈的动机来维持公司的财务可行性。公司能够(通常都是)利用费率厘定过程为由于监管者行动对其造成的损失寻求补偿,而不是以诉讼方式获取收入。一家公用事业公司认为,自罗斯福新政开始,最高法院在这方面一直都是失败的。

在费率监管时代,监管法的其他学说在与监管契约和谐共存方面发挥了类似的引领作用。申报费率规则——给予监管者费率方面的专属管辖权——发挥作用并对监管机构和受制于监管过程的公司有益处,监管机构所获益处表现为使法院离开其势力范围,公司所获益处表现为免于消费者索赔(在第六章讨论)。由于在费率监管时代企业间的竞争很少出现,反托拉斯法就很少被应用,从而将州行动豁免权(在第七章讨论)降低为受管制行业中的次要角色。没有州际竞争的规范,隐性商务条款(也在第七章讨论)在受管制行业中充当了配角。联邦制的争论(在第八章讨论)不时出现,但它们很容易通过给予监管者有关特定地区或服务类型专属管辖权的方式得到解决。

通过费率的制定过程,公共事业费方面的共识或监管契约非常适于推进企业之间、企业与政府之间以及司法当局之间的自愿合作方案。主要关注消费者和环境问题的其他利益集团,也能在理论调控过程中适当地解决它们的问题。诉讼关系则是例外,不符合这一规则。当然,在监管法原则下的诉讼并没有销声匿迹,但利益相关者很少在设定费率的监管过程之外提起诉讼。只有当监管交易过程不能自行产生稳定均衡的时候,利益相关者才需要监管法律提供的解决方案。在这个意义上,公用事业费率厘定是一种摆脱监管法律影响的交易类型(Ellickson,1994),但公法却为受管制行业投下了相对微弱的阴影。就大多数在自然垄断规制下运营的公司来说,监管法律对于维持监管契约平衡的监管过程而言大多是附带性质的。只有当交易成本太高以至于交易不可能自己解决矛盾的时候,公法才涉足进来。考虑到在本地化管理的监管系统下,州立机构只是在重复出现的基础上与少量同类型的公司打交道,因此上述情况在自然垄断规制下是很少发生的。

到20世纪末,经济规制中的法律仅仅是描述费率决定的过程,并运用一些宽泛的行政法原则,来管理一个高度专业化的机构监管过程。过去几十年,监管法的研究成果是复杂的——其中有一些非常技术化——但其重点主要是监管者实施的不同的定价与成本规则对福利和公平性所带来的影响。甚至在最近的几十年中,对于公法在规制行业或监管过程中可能发挥的更大的作用都鲜有研讨,特别是在监管制度稳定性的变化方面。

3 监管法律的不完全性：超越自然垄断监管的"微观世界"

除了解释传统公用事业企业垂直整合的组织结构以及自然垄断体制下法律秩序的稳定性，政府关系议价视角还为监管法律的建立和改革过程提供了重要的洞见。具体来说，议价方法提供了卓有成效的方式，以理解在政治和法律程序中企业和政府机构之间以及政府机构之间许多的相互作用。同时它还提供了一种全新的方式来理解在放松管制和其他法律转型的背景下对公法的需求。

解决公共治理问题的议价法并不新奇，当然它对于法学、经济学和政治学也并不陌生。Gómez-Ibáñez（2003）通过关注私人契约将会失效的条件以及强调垄断管制和采购契约之间的关系，提出了不完全契约在受监管行业中的应用。他的分析表明，留意一般性的公共/私人制度性问题，将存在对相机抉择的政府监管的需求，这通常由行政机构管理且私人契约失效。然而，即使已经选择了相机抉择的政府监管体制，议价法作为一种概念性的工具在理解监管过程及其与法律原则的关系上也保留了相关性。

合同谈判对于监管过程的相关性已经被经济学家和政治学家所研究，也越来越多地被法律学者所研究。经济学家已经提出不完全性对于政府采购过程的影响，在这个过程中，民营企业直接与州政府签订合同（Laffont & Tirole，1990，1993）。法学家和政治学家已经将不完全契约思想拓展到更加宽泛的公共立法背景下，他们将法规和监管条例类比为"契约"或"交易"。考虑到监管语言的模糊性，这大概也具有不完全性。[Epstein，1995（管制许可中的议价）；Farber，1991（立法中的交易）；McNollgast，1992（立法议价）；Baron & Ferejohn，1989（多数主义者立法议价）；Easterbrook，1988（作为契约的法规）；提出批评,见 Movsesian,1998]。经济学家已经研究了不完全契约模型,解决了法规通过和监管条例采纳方面的激励问题(Laffont & Tirole,1993;Martimort,De Donder,& de Villemeur,2003)。

尽管这些分析来自不同的学科,如法学、经济学、政治学,但是它们之间很少相互交流。这些不同的分析都接受这样一个前提:不完全性不仅仅局限于私人交易或者公司经济学。Jonathan Macey 恰当地阐述了它们的共同点:

> 当利益集团在政治市场上竞争的时候,立法机构的行为更像是企业,只不过它们的产出是法律。像这样的公司理论,而不是市场交换理论,指导着诸如国会这种机构的公共选择分析。像所有企业一样,国会也会进行内部管理,以确保其契约绩效的成本最小化。①

Macey(1996)认识到,交易分析并不局限于国会,而且还涉及监管机构。分析范围也不会局限于私人利益相关者与监管机构之间的交易。交易背景也可以为处理政府机构与跨司法管辖区之间的事务提供有用的分析。例如,通过诸如三权分立学说等法律规则,经济学家将政治宪法作为协调公共机构之间矛盾的不完全契约进行了分析(Persson, Roland, & Tabellini, 1997)。一些法律学者对不完全契约进行延伸性解释,认为可以通过对所有法律都具有内在不完全性的了解而获得在法律过程方面的重要见解(Baker & Krawiec, 2004; Sunstein, 1995; 批评方面,参见 Wright, 1996)。在核查诸如私人公司与政府之间以及公共监管机构之间的相互作用时,法学、经济学、政治学的论述日益趋同地将政治交易视为市场议价。

特别是在缺乏管制的网络行业,譬如电信和电力行业,如果关于监管的论述承认了议价过程的不完全性,那它就必然为竞争性行业的公共治理带来了一些真知灼见。初始阶段,对利益集团围绕放松管制行为的新闻报道着实令人费解。如果监管的利益仅仅局限于少数利益集团而监管成本却由众多的弱势群体分摊,并形成支持监管现状的有效均衡,那么,什么样的利益集团报道能够解释政策制定者支持放松监管的原因呢?监管关系议价为重构诸如电信和电力等行业中管制放松运动的争论提供了一种方法。其论点集中于放松管制时代与行业治

---

① Macey,1998:177.

理相关的两个主要现象：激励措施和谈判条件。①

在某种程度上，监管是议价的产物，它有助于区分事前激励和事后状态。事前，自然垄断模型（特别是费率管制）强烈地刺激了固定资本投资，更有可能鼓励了对某些受监管行业和面临淘汰的技术的过度投资。而且，费率的制定和监管过程——历史上着眼于管制公用事业中特定企业的产出——致力于阻止竞争并通过既有的和潜在的竞争者来进行创新。新古典经济学和愤世嫉俗的公共选择理论对于监管的阐述都表明，自然垄断监管的失败在某种程度上是监管本身的固有特性所决定的。政府关系协商方法认为这并不是监管的内在缺陷，而是在费率管制的过程中传统监管方法不能平衡事前激励和事后福利所造成的，尤其是在技术和经济条件发生变化的时候。

在放松管制的环境下，以监管及其实施为核心内容的协商条件也证明了这种方法的意义所在。议价法与传统的监管方法相比，放松管制运动关注了对行业特定部门的输入的监管（例如网络访问）并增加了其他部门对于竞争的依赖，而不是关注于对产出的监管（例如服务价格与质量）。考虑到监管目标，当重点关注于输出调控时，州和当地政府监管就缺少了可能会有的比较优势。当新公司出现并挑战现有的垄断者时，新的监管动力就转变了私人企业的数量和多样性，这些企业在市场中相互作用并与政府机构产生互动。公司和监管部门将发现，对于实现其议价目标来说，机构裁决是一个不太有效率的机制。相反，机构监管以及其他立法机制，包括机构决策制定流程之外的机制，越来越多地被应用。因此，随着管制的放松，公司与政府间的互动变得更加频繁，更加不一致，也（极有可能）更不透明。② 在监管制定过程中，这些互动也可能呈现了公私利益间潜在分歧的更大风险。它们也提升了公司和政府间或监管部门和立法机构间冲突的可

---

① 将不完全契约应用到公法行为人会产生复杂的问题。公共机构如立法机关或代理处，要比私人行为人如股东和公司具有更加复杂的行为动机。公共行为人如行政代理机构所作决策的委托代理内容是复杂的，它不仅包括该代理机构及其雇员，而且还包括行政分支机构、立法者和选民。公共行为人可能频繁变更，与州议员面临任期限制的情况一样，因此破坏了公共契约决策的承诺。这些行为和承诺方面的问题并不是棘手的，而是在探究与公共治理进行磋商的监管关系时必须要牢记的。

② 换句话说，当政府与更多具有异质性的利益群体互动且互动更加频繁时，将会引发新一轮低效率的公共决策制定。这种频率以及互动的异质性的增加可能会使得监管法律的形成变得复杂，但放松监管也会带来重要的利益。监管过程将不再被少数有权利的公司所掌控，这使得对监管过程的觊觎也变得不太可能。公共选择理论家所吹捧的放松监管的微观政治利益并非是无关紧要的，而是大量的实证研究表明，有关觊觎的观点并没有得到实验性证据的确认（Quirk，1981）。因为放松管制并没有完全消除政府的作用，并将依赖监管过程得以实施，放松管制的任何微观政治利益都必须经由其成本进行衡量。

能性,这并不会像以往基于机构裁决制度那样,允许协调自愿地解决争端的方案。因此,监管的议价方法推测,在自然垄断调控期间很少被援用的监管法的传统内容,将更为频繁地被用于放松管制的环境中,并且可能会有重新评定的需要。

I. 事前动机、投资过度和产业重组

　　经济学和政治学对监管的传统阐述,在解释诸如电力等产业出现的管制放松方面存在着问题。新古典经济学认为,监管旨在纠正市场失灵。如果放松管制是由于监管未能实现这一目标所致,那么监管理论就要面临挑战,因为它需要解释50多年来自然垄断管制在经济学及其假设方面的失败,或是作为政策制定者对经济学原理的错误理解。在解释走向放松管制政策方面,监管对于公共选择利益群体的阐述也面临着挑战。因为监管的受益对象仅仅局限在少数利益集团,主要是公司和工会,而监管的成本却分散到许多群体中,监管在政策制定者和利益群体间似乎形成了一个均衡点。对于政治学家来说,尽管存在这一均衡,最大的挑战之一却是解释最初在航空、货运和电信等许多行业中被大公司所反对的放松管制如何出现在电力等产业中(Derthick & Quirk, 1985)。

　　的确,正如其他学者(Mashaw, 1997)所注意到的,放松管制下公共选择理论的主要陈述与一般监管承诺下公众选择的惨淡表现是相似的。在放松管制的最佳时期,对于监管的愤世嫉俗的陈述基本上是无效的。尽管公共选择学派的许多学者也把监管视为极其失败的,但监管者也开始模仿他们所监管的私人公司的偏好(Mitnick, 1980)。电力监管对于这一话题来说并不陌生。由George Stigler 和 Claire Friedland 进行的最早期公共选择理论的实证研究之一聚焦于电力产业。他们评估了国家公用事业委员会的建立,无论在全国范围内是否存在委员会,还是在监管委员会建立之前或之后的某段时期,监管测量均没有重大的变化(包括价格和收入)(Stigler & Friedland, 1962)。Stigler 和 Friedland 的发现引发了有关监管意图的一系列问题。如果监管不降低费用或者收入,那么它服务的目的是什么? 公共选择学的学术研究最终以对监管嘲讽的态度回答了这个问题。在提倡政府拍卖垄断专营方面,Harold Demsetz(1968)认为:"公开的市场竞争比起委员会的监管过程更为有效。"(65)之后,George Stigler(1971)

将 Demsetz 的冷嘲热讽更推进一步,认为监管可以被理解为一件商品,并且很容易被强大的利益集团所掌控。

尽管电力行业的历史数据与人为掌控的情况不是完全相左的,但对于监管机构操控的实证性支持并不充分。比如,经济学家已经注意到,传统的价格监管也许会刺激一个产业采用高于该产业最优的资本劳动比率。这种被经济学家所熟知的 Averch-Johnson 效应(Averch & Johnson,1962)具有一些实证性的支持①,然而它的重要程度在经济学者中却引起广泛争论。② 不管 Averch-Johnson 效应是否被广为验证,人们已经普遍意识到电力产业的许多公司对于某些类型的资产存在着过度投资的行为,比如发电设备。在 20 世纪六七十年代,公用事业进行了许多投资(经常拜监管者所赐),事后想来,这些投资似乎是不谨慎的。例如,在 20 世纪 60 年代末 70 年代初,通过外推法计算增长量,设计和安装了超过 1 100 兆瓦的发电厂(Hirsh,1999)。新机器并不比先前工厂里的有效;然而,一旦作出了这些电厂选址和建造的决策,消费者就要被迫为那些陈旧的、效率低的电厂付费。监管者批准了许多这种决策,允许建设了这些庞大的发电厂。在许多情形下,监管者采用外推增长法预测甚至鼓励了电力销售的持续增长。即使是在 20 世纪 60 年代后期销售增长指数出现了大幅度下降的情况下,监管者也是如此。举例来说,5 年的移动平均销售量从 1960 年的 7%左右下降到 1996 年的 2%(Hirsh,1999),因此,如果监管部门使用这些数据,它们将大大高估某些发电市场的增长率。监管部门决策的结果是行业的资本劳动比率高于最优水平。然而,这个结果似乎主要是由于信息错误和监管者方面的其他偏差所致,比如历史数据和技术偏差,而不是被监管行业所控制。

不管是什么动机导致了过度投资,在旧的监管制度下,公司的投资决策会继续对电力产业的结构产生巨大的实际影响。在一定程度上,监管部门支持一体化公用事业的投资,这使得公司及其股东在投资回报上有了保证,并且限制了消费者和其他公司在电力供应方面进入任何市场。同样重要的是——当放松监管时出现了更多相关的产业问题——支持公用电厂的决策,成为当地消费者投资拓展输电设备以转运来自偏远地区电力的备选方案,并对现今的行业结构具有

---

① 经济学家已经发现了 Averch-Johnson 效应的一些实证支持。
② 如果监管者的预期回报率低于资本成本,那么实证结果就会喜忧参半(Boyes,1976;Dechert,1984)。回顾这些证据,可参见 Joskow 和 Noll(1981)。

持续的影响。在20世纪的大部分时间里，一体化的公用事业将系统发电作为扩大传输设施的替代性方案，这导致了美国重点区域内输电设备严重的投资不足。旧的监管秩序所致的有限的传输能力在当今仍然是电力行业有效竞争市场的最重要的障碍。产业专家普遍认为，对于保持自然垄断状态的输电的扩张来说，私人激励处在缺失或者不充分之间。显然，旧的监管秩序和公共选择激励导致了现代激励结构的失效。

然而，尽管公共选择理论简洁且有吸引力，能够解释利率管制下公用事业公司的投资决策，但其嘲讽的说辞并不是对监管仅有的解释。的确，在电力监管之外，认真付出努力将利益群体的影响施加于监管，并不支持监管机构被控制的观点，甚至也不能说明它们具有一致的更加青睐于受管制行业的倾向（Quirk，1981）。如果费率管制被理解为公司、监管部门以及利益相关者之间的讨价还价——附有许多不完全条款的议价——公司的投资决策可以作为对监管环境产生的激励措施的反应而孤立看待。也许费率监管提供了近乎完整的条款，其中公司和监管部门确切地知道是谁承担了任何投资决策的风险（第五章将探讨其可能性）。监管及基于监管的假设和信息在很多方面也是不全面的。类似于在市场范围内的私人交易主体，监管者们［他们当中的许多人都是州政府任命的官员，没有什么专业知识（Gormley，1983）］不能够预测未来事务的每一种情况和状态。例如，他们不能从工厂规模扩大中完全预测技术效率的限制，也不能预测20世纪末电量增长率的下降会接踵而至。

在自然垄断价格监管下，监管者对于公用事业费率的支持通常不包括任何超出许可证费用以及承担获取监管者持续认可所需成本的许诺。合同"条款"在某种程度上相互印证，并且大部分来自费率监管的重复性关系，其中，特定公司、其他利益相关者以及监管者在利润和公共利益之间相互理解并达到平衡。公司受到监管者会违背先前利率承诺这种预期的驱使，而此承诺也许之后会被认为是过度干涉的行为。监管者也受到公用事业单位会致力于游说各方面资源以限制监管机构自由裁量权这一预期的驱使，并将希望寄托于联邦或者州立法机关，或是将资源专用于上诉以作为延迟监管行为的手段。①

---

① 考虑到法院所给予监管者专业知识的尊重，以及对于政治和政策决定的遵从，上诉充其量就是一个拖延策略，但这样做还是给监管者施加了压力并不可否认地影响了其决策。

最后,放松监管运动背后的政治并非监管者的一种简单的经济启蒙,也并非掌控经济的一种简单描绘。甚至正如控制理论早期最坚定的支持者之一所说,这从根本上说,是政治联盟,因此适合用契约协商的角度进行分析(Peltzman,1989)。在20世纪大部分时间里,电力行业被州政府监管,而州政府又被没有专业知识的政务官所左右。相对来说,增长和需求是可预测的,消费者由于费率降低而比较开心(Gormley,1983)。尽管经济条件与技术的外生性改变最终导致了各个州的价格差异,但之前维系自然垄断价格管制的政治联盟也发生了变化。[1] 作为一名经济学家,Matthew White(1996)对州政府放松电力管制进行了细致的实证研究,"注意到在放松管制的情况下,价格缺口必须足够大,这样既存价格与市场均衡价格对接的压力就不会被传递到制度监管的过程之中"(231)。价格缺口和成本差异改变了利益集团——消费者和新进入者,如独立发电厂——在州和当地公用事业委员会价格管制框架之外寻求救助的动机。对于被监管公司本身而言,经济条件的改变侵蚀了对公用事业的共识;从20世纪40年代到60年代,电价在实际值和绝对值两个方面下跌,但是到了20世纪70年代,燃料成本开始大幅度上升,当公司寻求重要的利率上升时,监管者越来越面临着来自消费者和环境组织重新达成公用事业共识的政治压力,从而导致公用事业部门和费率监管者之间日益严重的敌对关系,尤其是在州层面上的敌对关系(Sillin,2003)。

尽管州委员会基于服务成本所批准的费率不可能包含将来所有的情形,但这并不意味着在议价框架内,该费率一定不能充分提升效率或保护公众利益。随着时间的推移,在费率设定过程中与监管者签订合同的私人公司可能面临较强的夸大其资本支出的事前动机,并以该利率寻求构建这些成本的许可。如果获得批准,这种费率的提升将在维持其利润方面为公司提供实质性的缓冲空间,以抵抗将来预料之外的经济环境。进一步地,当技术改变时,将允许效率更高的工厂去完成之前批准的更加昂贵的设备,新的事态——合同当事人未预期的外部条件——将要求合同当事人重新评估交易的条款。不完全契约模型强调了在议价过程中合约一方或双方可能具有的事前动机,而且也认识到合同的完全或

---

[1] 意识形态在这些转变联盟中发挥了无可争议的重要作用。特立独行者如航空业中的Robert Crandall激起了改革派政治家和现任者的想象力;然而,放松管制不只是针对政治领域中某一派别的事情。

不完全将怎样影响这些动机。

公司的动机也许构成了议价的内生性条件,在一定程度上,这些动机是在缔约各方之间的交易框架内被理解的。与公众选择理论相一致,费率监管可能促进了一定数量的"战略不完全性"(Bernheim & Whinston,1998)。比如,当未来情景具有不确定性时,公司可能已经激励监管者作出不完善的决策,因而使得公司的灵活性以及影响监管者未来利率决策的能力都达到最大化。不完全性大概能为公司在利润最大化上提供更多的机会,但是在有关技术风险和未来市场条件方面,如果公司能够掌握比监管者更优的信息,那么就可以通过在监管过程的最终结果中保持某种程度的不完全性,来对冲公司押注未来的风险。在这种情况下,监管者的核实成本相对较高。改变议价条件,比如,迫使公司向监管机构披露关于技术或市场条件变化的信息,也许可以改善服务成本利率监管的能力,以保护公众利益。

然而,并非与议价有紧密关系的所有条件都是内生的。例如,缔约各方不能就通货膨胀率进行议价,因此,各方时常保持条约的开放性,因为他们只是处在费率协商领域之外。在签约时,尽管总是存在变化的可能,监管者和公司也都没有充分的信息去评估由技术或经济条件改变引发的风险。这些条件也许是外生于交易的不确定性。如果公司或监管部门没有构建未来风险评估的经验,外生因素作为议价条件将更可能盛行,这会增加议价双方总体的不确定性。然而,即使在条件外生的场合,其仍然与评价这些条件——例如技术、经济或政治变化——将如何影响缔约各方目前和将来的动机有关。

当内生性和外生性变化成为必要之时,费率监管过程形成了对于不完全议价事后评价的一些需求。的确,由于未来条件和交易成本的不确定,一些不完全性被理解为必要的,甚至是有效的,但并不是所有的不完全性都是战略性的。政府关系谈判的解释关注我们如何构建法律制度,以便在这种不完全情形下使得福利最大化,而不是关注法律制度在本质上如何不可能使福利达到最大化。随着时间的推移,政策制定者已经认真考虑了旨在使监管部门与公司一样得到同等质量信息的建议,以在条件变化的情况下更加规律地调节费率,并最小化或减少可以在费率调控过程中激励公司的利润动机;在多数司法管辖区里,已经施行了这样的改革。尽管如此,在费率监管过程中,可接受的管理成本和差错成本仍旧赶不上技术和经济条件快速改变的步伐。此外,费率监管过程并不直接作用于公司的经济架构,也无法解决在不同的技术和经济条件下,如何通过市场和其他制度性安排,更高效地提供与纵向一体化相关的默许合同。

如此理解,政府关系议价的解释彻底改变了我们对于由费率监管到放松管制这一变迁的阐述。即使一些公共选择理论认为费率管制有其固有的缺陷,在某种程度上它准许了那些利己公司的过度投资,而这些公司已经很大程度地影响了监管部门的议事日程,但是不完全契约方法却把重点放在了不同的问题上。如果存在错误,费率监管问题也不在于政府监管本身。反而,费率监管的不稳定性可以追溯至费率监管不完全的必要性,更具体地,这种不完全性是如何与现有的技术、行业变化、公司与监管者的未来激励相联系的。特别是,当监管过程中私人参与者的激励发生变化时,一些可能已经支持了特定制度安排的默许联盟也将会发生改变。可能支持一种制度安排的交易条件与激励措施并不是固定的,或是存有内在缺陷的,但是可以经由改良以提升事后社会福利。然而,议价的重新设定依赖于缔约各方有权使用能够克服监管惯性的信息,这是监管法律历史上所忽视的一项任务,但却是放松监管所引致的制度不稳定时代中可能要精心追求的一项任务。

II. 绘制放松管制的愿景

如同电信和许多其他行业一样,在电力行业,对费率监管过程持续失效的一种反应是在更为激烈的竞争环境中对该行业放松管制,或是进行重组。放松管制并不意味着监管的取消,而是使位于其中心的根本变化成为必须。尽管一些改革者已经指向了州和当地的费率管制,但许多(如果不是大多数)放松管制的改革经常是在国家层面改变公司自身和整个行业的结构。由于技术的进步和信息的获取,之前通过垂直整合所产生的与发电有关联的许多经济制度在市场上日益由私人决策来提供。然而,除了发电,监管还与电力的传输与分配保持了高度的相关性。因此,自1970年代末以来,在电力行业(在美国和其他地方)主宰了整个20世纪的垂直整合已经发生了实质性的改变。

政府关系协商方法合理地解释了在诸如电力等行业利益集团是如何支持放松监管的。行业中最初的共识很大程度上依赖于对具体公司的州政府监管。作为利益集团的政治学，共识或监管合同在自然垄断监管背后开始形成（Hirsh，1999）。大部分在州政府层面的议价表明，利益相关者越来越指望美国国会和联邦监管机构来寻求解决方案。为了应对 20 世纪 70 年代高燃油价格的情景，美国国会通过了 1978 年的公用事业监管政策法案（PURPA）。这个法案是 Carter 总统能源计划的一部分，它推动了电力产业新进入者的增加，这就是为人所知的热电联产措施。[①] 由于 PURPA 推动了大型独立发电部门的增长，因此这对现有市场上的发电企业构成了挑战。1992 年国会通过能源政策法案，再次努力扩张电力市场，并将联邦能源管理委员会（FERC）的权力拓展到对输电接口的控制。[②] FERC 开始探索把竞争引入整个电力市场的机制，并以 20 世纪 90 年代中期的第 888 号法令把这项工作推向顶峰，该法令授权整个电力供给市场进行电力传输。[③] 1992 年的能源政策法案和第 888 号法令进一步鼓励了独立发电公司的增长，并导致在全国范围内兴建发电厂和传输线路。

与此同时，在整个 1990 年代，许多州也开始尝试有选择地放松管制。在 20 世纪 80 年代，由于 PURPA 带来的激励机制和技术创新，私人发电厂在行业中激增。作为行业的新进入者，依靠政府来维持价格监管的局限性越来越明显。当电价下降时，服务成本的监管可能有效地保证了消费者的利益；然而，当成本上升时，客户就不再是单一的同质的利益群体，他们开始分散成不同的利益群体，主要是工业、商业和居民，并反映了其使用模式和替代品弹性。在一些放松管制的州，比如加利福尼亚，大型工业客户为了得到低成本的电力，不惜花大精力去游说政府，要求对国家传统的调整电价方法实施改革，但是居民通常反对解除管制。

州政府放松管制的实际经济后果被 20 世纪 90 年代中期各州所出现的价格差异恶化了。20 世纪 70 年代，燃料成本开始大幅上升。随着时间的推移，政府采取了不同的混合发电模式（从水力到天然气、煤炭以及昂贵的核电站），并作出一系列承诺批准利用不同规模和技术假定来建造工厂。到 20 世纪 90 年代初，发电成本在各个州差异巨大，从 0.2 $/kwh 到 0.8 $/kwh 不等。正如一位经济

[①] Public Law No.95-617, 92 Stat. 3117(1978) (codified as amended at 16 U.S.C. §§824a-1 to a-3, 824 i-k).

[②] Public Law No.102-486 (amending sections 211 and 212 of the Federal Power Act, 16 U.S.C. §824 j-k).

[③] 61 *Federal Register* 21, 540(1996) [codified at 18 C.F.R. parts 35 and 385 (1997)].

学家所描述的那样:

> 发电经济性的变化削弱了现有企业的成本结构,使得小规模厂商进入发电企业的成本远低于许多现有公用事业公司的平均成本。结果导致了法定进入壁垒的机会成本大幅提高,监管机构取消价差的政治压力增大。在高成本的国家,对消费者来说,价格差距的程度表明了迫切要求监管者进行改变的相当强烈的动机,因此,监管改革是自然的结果。①

价格差距不再仅仅是新进入者与现有厂商之间的差异。现有厂商通常有在电力批发市场中采购电力的能力,且成本只是它们在系统电源发电的一小部分,但现有厂商经常被长期合同锁定,即便不被锁定,也几乎没有以更具竞争性的成本采购电力的动机。因为这些厂商拥有自己的发电设施,坚持通过扩大自己的发电厂获利,而不是向新进入者开放电力传输获利。在价格管制的现有自然垄断方案中,价格差异和成本差异也对改变利益相关者的动机发挥作用。

新进入者肯定影响了公用事业达成的公开共识,但他们在改革过程中的权力由于同类公用事业公司的衰败而增强,这通常是在单一的政府管辖权下实现的。到了 1990 年,即使行业中现有的公用事业公司也不再是同质的了。由于行业内兼并,许多公用事业公司同时在多个州经营。虽然有些厂商经营自己的电力系统以使电力生产充当输电替代品的角色,但其他厂商却拥有过多的输电容量,并通过批发市场交易依赖离线发电系统。前者通常反对竞争性的改革,而后者则对此表示支持。

公用事业公司通过兼并日益增强其效率和市场地位,包括它们对电力传输的控制。公司将运营局限于一个州的监管范围之内,这种历史性的做法已不再是主流。州政府领导的管制放松不是整个美国的统一行动。经历了过高的价格和成本差异(连同一个大型工商业的基准费率)的州政府迅速放松了管制,但其他的州仍坚持价格监管的旧框架。在这种背景下,近来放松管制的一些州通过政治游说增强了相似的成本差异压力,由于这些压力,电力批发市场(受联邦政府层面监管)日益在联邦政府层面放松了管制。到 20 世纪 90 年代末,跨州监管

---

① White,1996:230.

解决方案的复杂范围在最终的监管方法方面造成了很大的不确定性。然而,有一件事是确定的:州和当地政府保留了建造工厂和传输线路的管辖权,但是除此之外,在 20 世纪的大部分时间里,形成行业稳定性的黏合剂已荡然无存。

没有服务义务的新进入者(如私人发电厂、商业设备商)、要求低成本电力的大型工业客户以及拥有过量传输能力的公用事业公司一起缔造了一个支持行业改革的非正式联盟。其努力的焦点涉及指望联邦监管机构制定统一的国家政策,从而克服以州为中心的自然垄断模型的平衡,并稳定各州之间不同管理方法的不均衡状态。除了单独的现有公用事业公司,只有居民和环境利益集团仍然倾向于传统的方法,这两者都从当地旧运行体系下的税收中获益。[①] 这个新的一致利益导致对许多新的监管方法的需求,包括联邦监管新系统的可能性。与此同时,那些已经开始依赖于逐个州地议定合同的公司,不会支持联邦价格监管;在一些地区,新的利益集团联盟,包括公用事业公司、工业客户和新进入者,被要求假装支持重组。在其他领域,拥有传输设备的独立公用事业公司坚决抵制改变。"放松管制"由改革联盟指派作为一揽子重组的不具威胁的方式,其中许多(与放松管制的分权化理念相反)都涉及增加联邦政府在电力行业中的权利。然而,支持放松电力管制的改革联盟至多是一个松散的组织。该联盟在影响 FERC(到 20 世纪 90 年代中期,已签字通过了其议程中大部分内容)方面取得了一定的成功,但从清除国会对于放松管制这一重要问题的作用上看,它并未获得足够的支持,比如 FERC 是否有权利要求输电网络的扩张。因此,尽管地方主义也许是不完美的,但在美国施行竞争性市场的过程中,州和地方监管成为其中不可或缺的组成部分。(见第七章和第八章)

放松管制也导致电力行业的公司和整个行业在结构上的实质性变化。传统的公用事业公司是垂直整合的自然垄断,一般法律认可其在地理上所限定的服务领域内作为垄断者来经营。20 世纪 80 年代开始的技术创新一直持续到整个 90 年代,然而,电力产业的生产部门日益被认为具有结构性的竞争力(乔斯科 & Schmalensee, 1983)。今天,单独一家公司提供电力不再被认为是经济有效的,大多数市场可以有效地维持两个或更多的公司发电。最近几年,电力公司增长

[①] 即便如此,基于当地的方法其效用仍被认为是有限的,它主要作为满足其他监管要求的融资工具,或是形成草根消费者或环境联盟的工具。例如,环保组织最早一批认识到,国家指令对于克服环境监管中州和当地的阻碍是必要的。

显著，并被认为具有竞争特性。新的公司，例如独立发电商以及商业工厂在很多市场中与现有公用事业企业进行激烈的争夺。在电力批发市场上（国家层面的监管），发电的费率调控在很大程度上已经被废弃，并且许多州也开始放松零售电价的调控。尽管美国已经很大程度上放松了对价格的管制，但许多州仍旧在发电厂的定位或选址方面积极监管其环境，并且在联邦和州层面依然严格管制污染物的排放。在美国较大的电力市场中，购买电力也许有数十种选择。但小的消费者就可能没有这样的选择，并达到了政府不对零售市场放松管制的程度，但公用事业单位却有这样的选择，而且对于大型的工业企业来说也越来越享有这样选择的权力。

相比之下，这个行业的输电和配电领域仍然被视为是自然垄断的，这对法律监管提出一个特殊挑战。以前，输电和配电经常（但不总是）由同一家垂直整合的公司来提供，但是今天它们更多是分开进行的。当地的配电企业经常为终端零售用户提供服务，而输电服务却经常由更大的州际公司所完成。输电和配电都受到了持续的严格管制。尽管有管辖权的重叠，但联邦政府通过 FERC 广泛地监管了输电价格，然而配电价格的管制就落到了州政府的肩上。输电和配电仍然被认为是经典的网络基础设施，是前往竞争蓬勃发展的必要的物理通道。FERC 可以调控许多传输通路和定价问题，但许多输电问题（包括是否建造和在哪里选址）以及几乎所有有关电力配送的问题依然完全处于州政府和当地监管部门的管辖范围之内。

在给定多种管辖权的情况下，当评估公共治理问题的议价环境时，伴随监管者的操作制定明确的横坐标与纵坐标是很重要的。监管横坐标通过政府相同的管辖层次如州监管者来描述监管。不完全议价的情况可能存在于横向水平上，并在一定程度上使得州政府不能以隐性或显性的方式采用协调规范来解决管辖权冲突。沿着监管的纵轴，不完全性也可能存在。例如，联邦和州监管机构之间的差异，某种程度上也造成不完全性的存在。进一步地，联邦和各州监管机构之间管辖权的重叠可能会引发议价问题，此时每一个拥有管辖权的权力机构均可能试图行使其监管权力，因而导致监管部门将溢出成本强加于另一个监管者而引起矛盾。管辖权的重叠也可能导致出现潜在的搭便车问题：如果每一监管部门都期望其他监管部门主动处理那些困难且复杂的监管问题，那么就会出现没有任何一个监管机构采取行动的均衡状态。

在美国,由于诸如电力和电信行业的放松管制,联邦政府和州政府之间管辖权的紧张关系被摆在了显要的地位。在电力背景下,联邦监管机构毫无掩饰地支持放松管制的政策,甚至对于电力传输也是如此,尽管电力传输具有网络化特征。州政府,比如加利福尼亚州,有时候支持放松管制的政策,但是今天对州政府(对于零售交易具有实质性的管辖权)所行方案的最佳描述可能是不同解决方法的一种混合。一些州放松了电力管制,允许每一个客户对供应商进行选择;一些州只是部分地实行了管制放松,允许一些客户作出选择;而其他州却强烈反对放松管制。在此之前,联邦政府和州政府(以及各州)之间监管的紧张关系大部分被隐藏,因为公司在给定的州管辖权的范围内运营,而州和联邦政府的政策是一致的。

这种部分"放松管制"的机制催生了对于协调供需平衡的新市场参与者的需求。除了发电部门全面大量的增长,在批发层面市场主导的情况下,经纪人和营销商在一段时间内发挥了积极作用。在各州中,根据零售业放松管制的程度,经纪人和营销商也发挥了重要作用。放松管制导致的管辖困难,使得许多州际联盟得以产生,如多州输电企业等一些商业联盟,而其他的联盟则在本质上更具有公共性,比如在公司之间协调州际输电服务的区域传输组织。

III. 监管法律新的阴影

随着放松管制产生的体制不稳定,监管法律将面临许多新的挑战。尽管自然垄断监管的陈旧规则准许以协调、自愿的方式解决公司和政府机构之间潜在的矛盾,但具有讽刺意味的是,在主要由政府裁定的背景下,管制放松展现了以公法来解决冲突的新的需求。这些公法解决方案大多不会涉及代理机构的裁定。随着放松管制和法律转型,独立公司和监管机构之间的协调规范不是既存的,因此,冲突协调方案的交易成本会更高。在更高的交易成本之下,放松管制增加了监管不完全的可能性。以公法在利益相关者和政府机构之间进行调解的需求也更大了。曾经暗淡的公法的影响现在又更明显地出现在政府关系议价方面。

服务成本监管,为相对统一的公用事业企业提供了一定程度的稳定性。与放松管制的市场中监管解决方案制定过程将会存在的状况相比,服务成本监管的费率制定过程促成了受监管公司与监管者之间在偏好方面更加趋同。在设定公司费率的过程中，某种程度上偏好未能趋同，公司能够在之后的费率制定中坚持有利的监管处理的承诺。随着时间的流逝，如果一个公司没有得到充分的费用补偿，那么费率制定过程则提供了追溯加息或退款的机会。

由于竞争政策自 20 世纪 70 年代末就已经开始演化，监管者日益将其注意力集中在网络接口问题上，这是一系列只能在国家层面上解决的问题。诸如电力传输和分配等实体网络，对于竞争性的电力供应来说充当起了下游的"瓶颈"。对于供应商而言，要想抢占市场，并在竞争激烈的上游市场中蓬勃发展，就必须突破来自实体和经济上的瓶颈。因此，在放松管制的情况下，监管机构日益将注意力集中在网络接口规则和输入调控权限方面，而不是价格管制或是产出方面（Spulber & Yoo，2003）。反垄断法原则，例如基础设施理论，在调控输入接口方面发挥了重要作用。因为像电力、电信等行业，没有放弃代理机构事前监管的强制实施，所以在公正地执行反垄断法和由代理机构强制执行监管标准之间进行平衡依然是一个颇具争议的话题，但是政府关系议价的视角有助于使之清晰化（详见第六章和第七章）。

当监管的实证方法发生这些转变的时候，放松管制也带来了监管过程中微观政治的实质性变化。一个主要的发展是失去了费率制订中自我校正的调节机制。在一定程度上，费率制定过程纠正了监管错误，因此，考虑到偏好的日益趋同，向调控网络通路进行转变并没有为将来提供同样的修正机会。监管机构越来越多地通过广泛的适用规则而不是重复的个性化案例为网络接口设置通用条款。因此，与在个性化的案例中设定费率相比，通过规则建立标准时公司面临更多的风险。在这种情况下，公司更可能以同监管者相背离的坚定偏好着手处理监管过程。即便做乐观估计，重复的参与效果也被大幅度削弱了。因此，比起监管环境中所出现的错误，在放松管制时代监管的不完全性也许更可能产生事后错误。

在竞争市场中，增加监管过程复杂性的另外一个因素便是新进入者数量和种类的激增。比如，在利率调控下，州监管者会考虑到在其管辖范围内少数投资者所拥有的公用事业公司的服务成本。每一个公用事业企业都有相对类似的结构——垂直一体化——并面临着类似的经营和经济问题。竞争会导致市场权力的削弱，在监管过程中竞争也对权力产生影响。随着竞争的引入，传统供应商之间集中的政治权力也开始分散开来。私人投资的庞大的公用事业公司也不再是与监管部门议价的典型的利益相关者。相反,监管部门面对着更多的利益相关者,几十个而不是少数,且更加多样化。比如,在电力产业中,电力供应商、输电公司、当地配电公司、商业工厂以及营销商和经纪商,已经积极地参与到诸如加利福尼亚等州的监管过程中。消费者集团不是一个同质性的利益组织,因为居民和工业消费者在公用事业定价方面也不再总是看法一致。

这方面的影响提高了监管议价过程相关条件的复杂性。在新进入者数量不断增加的情况下,机构监管者要在监管过程中预测监管对象会更加困难。私人利益相关者的多样化将会频繁地(但当然并非总是)对极端偏好进行核查,因为监管过程的参与者总是批评或反驳他人的立场。可以说,就监管者而言,专业技术不太有价值,因为监管机构越来越被视为政治妥协的代理人。当然,对监管者来说,要拥有专门技术也将会更为复杂,因为这些技术包括了利益相关者将会提出的所有系列的问题。因此,与法院判决相比,立法机构契约更加受到青睐,但是立法议价过程相比受管制行业的许多公司却不太有序,经常不太透明,也难以预测。

借用网络社会学的术语(Watts, 2003),从议价的私人和公共治理的角度看,"小世界假设"不太可能适用于放松管制的领域。在网络社会学家所称作的小世界假设里,行动者能够理解其行为后果并给出每一种自然状态的概率(Savage, 1972; Watts, 2003)。大量文献强调了代理商之间的沟通网络(少量议价代理人和沟通节点数量之间没有必然的关系),然而,小世界的条件与理想的低成本和完全信息的议价条件存在某种相似性。当议价发生在多个有限理性主体参与的复杂情况中时,小世界假设就更有问题了。正如 W. Bentley Macleod 所认为的,在小世界假设不能持续的情况下,完全契约如果不是完全不可能的,也将会更加困难(Macleod, 1996)。

尽管监管者的历史地位可以经由议价来理解,但是在放松管制的情境下,交易成本和有限理性更可能使得在私人和公共治理领域中的议价由于成本高而不完全。在原先受监管行业的新组建部门中,政治权力可能不太集中和统一,但是拥有权力的利益集团仍然可能会在导致放松管制及其实现的过程方面,以及在形成日益要求律师和法院关注的问题方面产生影响。在放松监管的年代,政府关系议价解释为公法带来了新的且令人兴奋的挑战,而这项挑战并不是一个法律学者或是法院可以全面应对的。

4 改善竞争性环境中零售服务的责任

传统的自然垄断范式可能将电力本身视为一项公共物品。然而,在竞争性市场中,先前与电力相关的公共产品未必是自行提供的。在竞争性市场下,评估这些公共物品将如何持续供给,对于放松监管的市场来说是一种挑战。本章运用议价的视角,来处理在放松监管的电力市场中重要的公共物品的供应问题,即零售电力的普遍接入。①

在放松管制的市场环境下,尽管日常工作中的私人利益要高于公共利益,但仍然会施行普遍的服务责任。按照这些原则,政府关系议价框架提出了在公共物品供给上的两个新的关注点。第一,它建议抵抗强制实行全面的事前服务责任,支持在放松监管市场中谨慎采纳并严格缩减服务指令;第二,服务责任的效率在一定程度上没有提升,在政治进程中,政府关系议价方法使得效率和其他目标之间的权衡更加清晰。从这个意义上说,相比于之前对于公共物品供给的考虑,政府关系议价方法更关心政治方面的问责。

在20世纪的时候,私营电力企业准许垄断经营,但也承担了一定的责任:一旦开始服务,就要服从价格监管和给付义务,在其服务地域范围内,将服务拓展至所有消费者,并提供持续性的服务(Haar & Fessler, 1986)。随着放松管制的到来,人们认为市场将在很大程度上取代价格管制,但是对于电力行业中放松管制在公用服务责任方面的影响,却很少有人关注。今天,电力公司卓越的服务责任,经常统称为"服务义务",面临着前所未有的挑战。

---

① 后面的章节将回到电力供应批发市场更为困难的信度问题。这个问题远比零售服务责任更为复杂,它依赖于传输容量,而这又需要解决其他监管方面的问题,比如,国家和当地监管部门的管辖权。

在电力产业,统一服务与零售竞争之间的潜在冲突,具有与诸如天然气和通信等其他行业类似的紧张局面。1992年,①FERC解除了对天然气产业的管制,当地天然气配送公司开始在许多州为众多消费者提供零售选择(Costello & Lemon,1996;Hall & Pierce,1997)。在纽约,最近天然气行业进入零售竞争模式,据称影响了许多纽约人采暖时天然气服务的质量,并导致消费者权益保护者对国家法律提出挑战(Norlander,1998)。② 虽然电力行业的竞争性改革滞后于天然气和电信行业,但是当放松对电力行业的管制时,尤其是在零售层面,预计也会出现类似的问题。许多改革者对竞争性零售服务市场的服务义务表示怀疑(Bouknight & Raskin,1987;Norton & Spivak,1985;Pace,1987),经常指出在电力市场零售竞争与服务义务之间存在冲突。③

公用事业放松管制所预想的活跃的零售竞争类型能够与电力等行业服务客户的卓越义务共存吗?如果是这样,其代价是什么?谁来承担这些成本?这些问题对于网络下的法律和经济学来说是极为重要的。当监管者和法院在包括电力等传统公用事业中推行竞争时,自然垄断范式被废弃或革新,这些问题也是最重要的。在竞争性零售框架中,电力配送公司运用卓越服务义务可以与提高零售市场的效率共存。与此同时,放弃自然垄断框架在严格缩减服务责任、明晰服务责任新的基本原理、设计支付的新方式等方面,都向监管部门提出了挑战。在放松监管的电力市场中,对电力配送征税很可能是补偿通用服务的最为有效的方式,但是通用服务可以通过凭单制度被低收入消费者获得,而不是向放松管制行业中的公司发出全面事前服务的指令。

---

① See Pipeline Service Obligations and Revisions to Regulations Governing Self-Implementing Transportation and Regulation of Natural Gas Pipelines After Partial Well-head Decontrol, 57 *Federal Register* 13, 267(1992), order on reh'g, 57 *Federal Register* 36, 128(1992), order on reh'g, 57 *Federal Register* 57, 911 (1992), reversed and remanded, *United Distribution Companies v. FERC*, 88F.3d 1105 (D.C. Cir. 1996), order on remand, 78 F.E.R.C. (CCH) ¶61, 186(1997). Order No.636 is codified at 18 C.F.R. Part 284 (1997).

② 消费者纳税人和消费者保护团体这样的非营利性组织带来了这个案例,消费者保护团体根据州财政法指控非法的公共财政支出,但是由于缺乏证据而未获支持。See Public Utility Law Project of New York, Inc. v. New York State Public Service Commission, 681 N.Y.S.2d 396 (App. Div. 3d Dep. 1998).

③ 在零售运作与服务义务不相融合方面,几乎没有什么异议。在不能保证收回与责任相联系的服务成本的情况下,公用事业企业不会在其服务领域内对满足潜在消费的能源需求负有责任。否则,就明显会导致经济失效。由于满足长期义务的成本和风险将由其他消费者或者股东来承担,这将引发进一步的不公平现象(Lesser & Ainspan, 1994)。

I. 电力中的零售运作与通用服务

电力市场上竞争的出现使得服务的普遍法律责任呈现紧张化态势,而该责任在历史上受到自然垄断规制保护(见第二章)。支持施行卓越服务责任的传统经济效率的观点,必须根据行业的结构改变而进行重新评价。当监管部门摒弃了自然垄断范式时(见第三章),需履行的零售服务责任则面临着威胁,这些威胁在20世纪对于零售行业来说是陌生的。

对于监管部门来说,提出在电力市场上公司有责任去关注其具有经验的其他市场,这是很有诱惑力的。例如,在电信行业,通用服务由于与零售竞争相一致而被广泛接受。然而,在电信行业通用服务主要的网络效率原理之一并不适用于实体能源网络市场,如电力和天然气等。在某种程度上,电力和天然气行业中的卓越服务责任自20世纪早期以来,就一直以相同的方式存在着,监管部门需要做出另外的解释证明其经济效率。或者,它们需要明确地接受经济效率之外的目标,例如公平性,以在竞争性环境中对维护公共物品提供支持。

A. 零售市场的紧张态势

在批发供应商中,大规模电力传输和竞争还没有对公共事业零售服务责任造成威胁,[①]但是,零售竞争的引入需要对传统零售服务责任在思想基础和实际运用方面进行重新评价。加利福尼亚公共事业委员会的第一项规则促成零售业选择法的采纳,并承认在客户开始购买电力的时候需要考虑这一问题:

> 允许符合条件的消费者不受限制地在公共服务管制价格与发电市场价

---

① 自从有FERC的第888号以来,批发的权利和供给竞争开始在FERC的开放存取制度下出现,这个政策要求在一定条件内,传输公司需要给消费者和供给者提供传输服务,与此同时,这个条件需要参照它给自己提供电力时的标准来划定。参见在公共事业和传输公司放开对于非歧视传输服务的权利时,批发业的竞争得到促进。61联邦公报21,539(1996年5月10日)[编纂C.F.R.第18部分35 & 385(1997)]。在过去,批发服务中的竞争可能对于服务义务存在潜在的不利影响,Bouknight和Raskin(1987)指出:"从某种程度上来看,现有的义务与系统中存在的自由公平的竞争是不相符的,国会和FERC框架必须解决该问题。"(239)

格之间作出选择,可能已严重削弱了公用事业部门为其他客户提供规划和可靠服务的能力。如果不修改合同中对于服务的传统责任,消费者也许能在选择时发现更具有经济吸引力的服务,但是这不利于有效配置社会资源方面的更宽泛的目标。①

这种可能存在的不经济旁路——它也许能使单一消费者的成本降低,然而却增加了其他消费者的平均成本②——使得有必要对传统服务责任成本进行考虑。尤其是在放松管制的情况下,允许电力供应商和消费者选择彼此商业关系的系统可能会让供应商或分销商选择决不为某类阶层的消费者服务,比如低收入居民,或是以他们希望的任何方法停止服务,并与零售电力销售合同保持一致。

当然,我们可以把看似互相排斥的目标中的一个简单地摒弃掉,从这个层面上来说,充满活力的零售竞争与客户使用公共物品之间的冲突是可以避免的。除非传统公用事业停止向零售竞争方向转变,在面对零售竞争和法律服务义务之间的紧张关系时,一种选择是摒弃竞争市场中的服务责任,将传统的公用事业服务作为竞争市场中的任何一种服务来对待。毕竟,当零售市场开放时,对于供应商和分销商来说,为最终用户提供多种水平服务的可能性也日益增加。如果没有服务义务,公用事业市场可能会像其他放松管制的市场那样运作,例如石油、货运和银行,这些行业依赖于合同义务和一般消费者保护法来确保服务的提供。例如,如果一个电力供应商拒绝为一个客户提供服务,那么这个客户就必须找到可替代的供应商,而发电市场的竞争很可能会为客户提供一系列不同质量的电力供给。③ 如果电力分配商(称为"DisCo")由于无利可图而拒绝延长或中断客户服务,客户可能也要试图找到其他替代性厂商。例如,大型、重负载的电力客户可能会找到替代性方式,如自行发电或是围绕 DisCo 运营,这在成本上

---

① 重新提出重组加利福尼亚州电力服务产业的手段并且改革监管方式,151 P.U.R. 4th 73, 92 (Cal. Pub. Util. Comm'n 1994)。

② 这条不经济性的旁路已经作为降低单一消费者成本的方法,但是它增加了平均网络的成本,进而增加了其他消费者的成本(MacAvoy, Spulber, & Stangle, 1989)。

③ 一些观点认为传统利率调节对于服务的质量存在不利影响。Carron 和 MacAvoy (1981)曾记录了 20 世纪 70 年代服务质量的下降。值得注意的是,英国通过 1991 年的私有化放松了对电力行业的管制,服务中断情况在管制放松的最初几年里下降了 95%(Costello & Graniere, 1997)。与利率监管相联系的任何服务质量的下降都与 Averch-Johnson 效应有着密切的关系,这与传统的垂直一体化公司在扩大发电量和输电量之间所做出的权衡是一样的(见第三章)。

是可行的。双边关系促进了市场的蓬勃发展,而服务义务则把单边责任强加于现有的公用事业单位。客户已经有了各种各样的保障措施,包括信贷融资和消费者保护法规,如美国统一商法典。①

然而,对于监管部门来说,为竞争性零售行业创建像卓越服务义务这样的公共产品,虽说是一个挑战,但并非是不可能完成的任务。许多行业的金融、保险、健康部门都具有根据国家政策来通过各种风险分担实现通用服务的经验。例如,1977 年的社区再投资法案要求银行必须为当地社区提供"便利和需要"的存款和信贷服务。② 财产保险行业已经引入了公平获取保险需求(FAIR)计划。③ 在医疗保健行业,医院为穷人服务是获取联邦建设资助的一项明确条件。④ 非营利性卫生保健提供者承担了贫困医疗保健的义务,在一定程度上作为享受政府某种资助的条件,如联邦、州或地方税收优惠(Simpson & Strum, 1991)。这些方法如何促进通用服务的形成,这是一个问题。但是它们的存在表明,如果我们愿意承担成本,服务义务是可以与零售竞争共存的。值得注意的是,在所有这些情况下,服务义务通常是依照国家立法而不是州法律来施行的。

B. 电信行业类比的局限性

卓越服务责任这种公共物品已经找到了有效的解释,在电信产业中该解释可以与竞争性市场相兼容。电信服务商提供的卓越义务服务已经被称为"通用

---

① 例如,明示和默示的担保保护在联邦法律和州法律两个层面都出现了。参见 U.C.C. § 2-313(明示的担保);§ 2-314(隐含的商品性能保证);§ 2-315(特定目的的适应性默示担保);§ 2-318(期望使用商品的第三方受益人的外延性担保);参见 15 U.S.C. §§ 2301-2312(Magnuson-Moss 担保法案,规范明示和默示担保)。此外,联邦法律禁止"不公平的竞争方法和不公平或欺骗性的行为或影响商业的实践性活动"[15 U.S.C. § 45(a)]。所有的州都有类似的法规来防止不公平贸易行为。联邦平等信用机会法案,事项 § 1691-1691e,以及公平信用报告法案,15 U.S.C. § 1681,在授予信贷和消费保障方面建立了防止歧视的最低标准。见 15 U.S.C. ch.41(消费信贷保护法案);15 U.S.C. §§ 1692-1692o(公平信用债法);15 U.S.C. § 1637(公平信用账单法案)。财务费用、信用证条款的州立法规以及联邦诚信贷款法案(TILA)15 U.S.C. § 1602(f)历史上都没有被运用到公用事业方面,因为这些法律对于获取交易的信用有着更为严格的定义,交易各方都有意拖延还款时间并把财务费用作为延长付款计划的一部分。尽管在竞争市场中,零售电力供应商和经销商可能制定了付款计划,类似于赊售交易或是电力销售的全程信用计划,但这样做可能会遭到 TILA 的披露并进入有争议的议案程序。

② Public Law No.95-128, 91 Stat. 1147 (codified as amended at 12 U.S.C. §§ 2901-2906).

③ FAIR 计划被增加到 1968 年创建的城市产权保护和再保险法案中,公法第 90-448 号,555 号法令第 82 条(分别编纂修订第 5,12,15 & 42 条中)。要讨论,请参见 Austin (1983)。

④ Hill-Burton 法案规定,医院需要建设资金的前提是,必须要为那些贫困的居民提供无偿的照顾。参见 42 U.S.C. § 291。此外,联邦法律要求在 1986 年开始运行的紧急医疗处理和积极劳工法中规定,凡是有参与医疗保险的医院应当检查和治疗所有急诊病人和临产女性。参见 42 U.S.C. § 1395dd。

服务",在1993年通过的电信法案中得到美国国会的支持。① 电信通用服务的基本原理不受费率监管结构自然垄断的支配,而过去却经常用于使电力服务义务合理化(见第二章)。

在电信基础设施背景下,通用服务的主要经济原理是,普遍使用权增加了所有消费者的网络系统收益(Lemley & McGowan,1998)。从根本上说,其理念是电信服务商提供者的服务义务将所有消费者的网络服务的价值提升到了一定程度,以至于消费者愿意为这项通用服务支付额外的费用。联邦通信委员会(FCC)在1997年的通用服务规则中认可了这种经济原理:

> 被设计为通过保持可接受费率来增加用户人数的通用服务支持机制,会使包括有能力承担基础服务的人在内的每一个人都可以受益。最起码通过增加电信网络所关联的人的数量可以使网络对于所有的使用者都更有价值。增加用户数量也可以使社会以无关于网络自身价值的方式受益。例如,我们所有人都受益于基本公共安全服务的普及,如911。②

因为电信服务会以更大程度的系统互联性增加客户,所以在电信公司和客户看来,通用服务是有经济价值的,甚至那些能负担得起市场定价服务的人也这么认为。换句话说,通用服务创建了正外部性,并通过普遍关联而有助于所有客户的收益。例如,访问互联网的普及度越高,互联网作为通信工具的价值越大,其他任何事情都是如此。③

这种原理虽然直观来看有吸引力,但也存在问题。首先,显然愿意为通用服务买单的普通消费者在数量方面具有局限性。在某些情况下,接入量提升的边

---

① 1996年电信法案,1996年§254公法第104-104号,56号法令第110条(1986年2月8日)要求FCC定义"通用服务",符合法律的原则。这一规定是联邦/州委员会和FCC于1977年联合审议并发布的主题。参见联邦-州通用服务联合董事会,FCC记事表第96-45号(1997年5月7日)。这些规则在重新审议的若干规则中得以阐明。比如,参见关于联邦-州通用服务联合董事会,FCC记事表第96-45号(1997年12月31日)。对于这项新法定条款的批评,请参阅Mueller(1997)。关于通用服务的更多的论文和评论可以通过Benton基金会网站查阅,网址是http://www.benton.org/publibrary/policy/uniserv/home.html。

② In re Federal-State Joint Bd. on Universal Serv., FCC Docket No.96-45, slip op. at p.8, ¶8 (May 7, 1997).

③ 因此,一旦一台传真机被分配给由网络联系在一起的多人使用,那么它将变得很有价值(Kelly,1997)。

际效益并不能证明额外成本是理所当然的。例如,最初由中产阶级客户买单的网络扩张到穷人,尤其是那些与中产阶级客户很少互动的穷人,这一扩张很可能不会提供一般中产阶级所愿意支付的那种利益。那些能够为自身接受服务支付费用的一般中产阶级消费者很可能不愿意为别人的进入而支付额外的费用,除非对于网络系统或服务价值存在可识别的利益。从经验上看,目前尚不清楚普通消费者愿意为通用服务支付多少补贴。显然,消费者为系统利益而支付的意愿存在限制,但是,由于没有实证研究,这一理论不能为限制扩张提供一个清晰的标准。例如,如果这种做法被推到极致,它不仅需要网络补贴,而且需要税收再分配来为无力支付计算机或其他电子设备的消费者买单。虽然这种税收从公平性或分配公正的角度来说似乎是令人满意的,但从经济效率方面看却几乎不是所需要的内容。

在电信产业中,这项原理在通用服务方面的第二个限制是,它没有考虑网络拥塞成本和网络退化的因素。如果基础设施已经处于以低增量成本供应额外客户的情况,那么正外部性原理就可以为客户接入量的增加提供有力的阐释。然而,在有限的基础设施下,如果随后出现了网络拥堵或者服务质量受到负面影响,那么额外的加入者实际上可能会引起现有客户服务价值的下降。正如 Amitai Aviram (2003) 所建议的,在网络退化的潜在性方面,网络呈现了一种独特的机会主义。例如,在互联网背景下,大规模访问系统网络造成拥堵瓶颈是显而易见的。

尽管争论存在局限性,但是通用服务的正外部性原理也许可以解释为什么在放松管制的市场中,一些消费者可能愿意为电信的通用服务支付交叉补贴。然而,对于支持天然气和电力行业中的服务义务而言,这至多是一种脆弱的论点。与通信服务不同,在传统的公用事业监管体制下,天然气和电力商品的消费不依赖于其价值方面的相互联系。额外增加的消费者可能会形成某些二级市场——如果消费者没有电路,零售商"电路城"也不会存在[①]——这可能会刺激电力或天然气的需求。此外,正如在第二章所讨论的,网络商客户数量的增加降低了与提供电力或天然气服务相联系的固定成本,也降低了每个消费者在费率监管环境下所支付的价格。然而,在完全隔离环境中,任何单个消费者都可以从使用电力或天然气设备中获得巨大的价值。例如,只要拥有足够的燃料,发电厂

[①] 幸亏 Larry Garvin 以这种方式向我解释。

就可以很容易地为家庭或办公室供电。因此，尽管可以识别出这些行业提供普及性服务的经济效益，但是它们主要是与网络服务的成本和供给相联系，而不涉及需求价值或消费者愿意为通用服务支付的金额。从这种程度上说，在自然垄断框架之外，当把正外部性运用到诸如电力和天然气这些商品中时，其对通用服务的解释是无力的，或者，至少在这种情况下，通用服务需要其他的经济解释。

II. 放松监管的电力市场中服务职责的效率

随着零售电力市场管制的放松，改革者们不愿意放弃对公共产品的监管，在历史上这些公共产品一直都是在自然垄断管制下被提供出来的。例如，大多数试图在电力市场施行零售竞争的州都认识到，如果服务的一般法律义务和竞争性的零售市场均不放弃各自目标的话，那么它们之间就存在着潜在的紧张状态。加利福尼亚州在其 1996 年的零售运转立法的序言中提到："这项立法的深层目的是继续开展资助低收入地方纳税人的援助项目，……采用分类定价的方式……维持 1996 年的低收入水平和通用服务支出。"[1]新罕布什尔州所考虑的类似的法规更为明确的表述是：

> 重组的电力行业应该提供适当的保障措施以确保通用服务。最低限度的住宅服务措施和保障要予以维持。使低收入家庭支付得起基本用电需求的程序和机制应该成为产业重组内容的一部分。[2]

在零售竞争时代，卓越服务责任的工作是具有挑战性的。但无论如何，这不会使州政府放弃考虑零售竞争的问题，也不必然导致对诸如卓越服务责任等公共物品的放任不管。正如第二章所述，在服务费用管制之下，即便没有明文规定，这些义务很多也是默认由公用事业公司承担的。某些州引入零售竞争可能

---

[1] Cal. A. B. No.1890 (Signed Sept. 23, 1996), at § 1(d).
[2] N.H. State Code § 374-F: 3 VI.

有助于在法律层面增进对消费者保护义务的支持，这或许是由于担心市场可能产生问题而促成的，并且也有助于这些保护条款在州法律层面更加明确。①

虽然适用于电信行业的原理在竞争性电力市场中并不适用，但是却有一些看似可信的经济效率原理支持在竞争性电力零售市场中延续服务义务。某些对竞争性电力市场运营框架的解读，是理解卓越服务责任如何在这种情况下运用的一种必要阐释。地方公用事业分销公司（或"DisCo"）通常被认为仍然是一种自然垄断。相比之下，诸如电力生产、供应、销售和中介等现在都被看作是竞争性行业（Fox-Penner，1997）。

由于电力行业的解除管制承认不同的企业具有不同的市场特征，那么履行服务责任的传统方式就需要重新评估。在竞争性零售市场中，对每一家提供电力公共服务的机构来说，事前服务责任的同等应用造成了巨大的经济成本，同时也可能阻碍了零售电力市场的发展。特别是从效率的角度看，来自很多消费者的建议认为，供应商和销售商承担的卓越服务责任（Alexander，1996；Colton，1997）是华而不实的，因为行业的形态已经不再呈现出自然垄断的特征。然而，这并不意味着服务责任没有任何的经济效率基础或者说它们不能在放松管制的市场中存在。至少，当前州零售转运计划需要行业内的配电企业承担一些卓越服务责任。在关于零售市场中与DisCo之间相互作用的各种市场机构是否也应当承担卓越服务责任的问题上，各州之间很少能达成共识。卓越服务责任能够促进能源供应领域的开放，同时不需要以牺牲效率为代价，但是监管部门需要谨慎评估竞争市场中服务责任的范围。

对于诸如家庭、小企业和单点办公室等小负荷客户而言，电力配送在大多数州的重组计划中仍然保留了垄断式服务。换句话说，单个公共事业公司（the DisCo）继续为大部分客户提供电力供应的配送服务。对于大多数较小的没有进入资本融资市场或者不具备建设配电线路优先权的客户，只要现有的DisCo自身拥有这些设施，那么复制建造配电线路的成本就不会过高。② 因此，即使在

---

① 举个例子，在俄亥俄州，对零售竞争模式的考虑已经提高了消费者保护的关注度，产生了美国历史上第一个针对消费者的关于最低电力服务标准的提案。*Ohio Regs Set Service Standards*，Electricity Daily，Feb. 9，1998；Alan Johnson，*State Board Sets Service Standards for Ohio's Electric. Companies*，Columbus Dispatch，Feb. 6，1998，at 4E.伊利诺伊州重组法案同时包含新的针对低收入消费者的条款。Cam Simpson，*Thousands Without Heat in Area*，Chicago Sun-Times，Dec. 9，1997，at 1.

② 就像Vernon Smith（1993）认为的，合资公司也许能够解决这个问题。

竞争性零售市场，对于小的住户和商户来说，DisCo 在最初都是垄断者，至少在横向的配电市场方面是这样。① 到目前为止，每个州效仿加利福尼亚州的做法，零售运转计划都以这种方式处理电力配送，即赋予配电法律上的垄断权利、服从传统方式的监管、有效规定电力配送的新监管合同。

不仅如此，迄今为止每一个认真考虑以零售竞争来从事电力销售的州，都已作出由 DisCo 提供"基本服务"选择权的决定，并向那些没有选择电力供应商的客户、被零售供应商拒绝服务的客户或是不在电力网络中的客户提供这些"基本服务"。② DisCo 是坚实的后盾。③ 在某些州，基本服务通过管制被控制在低于竞争市场的价格，从而使得搁置成本对于小居民用户的影响最小化。④

例如，依照 Vermont 的零售竞争重组秩序，"独家分销特许经营权"仍然是必要的。DisCo "将以确保向消费者提供安全、可靠服务的方式，来维持其策划、建立、运营当地配送系统的责任"⑤。Vermont 把基本服务供应定义为"由分销公司给予消费者但由零售服务供应商通过合同提供的服务"。这种服务"可能按即期市场浮动定价，也可能按长期基础固定定价"⑥。在度过零售竞争转型期之后，这种受限于 DisCo 特许经营客户的供应，"将在合同期限内获取"，也可以"通过零售服务供应商得到"⑦。

由于零售竞争模式设想公共事业服务在不同的市场中可以得以细分，从生产到运输、到分销，在每种市场环境下都需要评估服务义务的持续性影响。考虑到在州零售运行计划下电力分销的合法垄断地位，很容易看出，大多数州管制部门会首先把 DisCo 作为传统服务义务的担任者。然而，由于传统费率管制架构并不适于理解竞争市场结构的服务义务，加上利益的转移很可能产生新的服务责任，继续把

---

① Fox-Penner（1997）援引来自 FERC 和美国技术评估办公室的最新报道以及 Joskow 和 Schmalensee(1983)的结论。然而，不是每个人都赞同(Smith，1993)。

② 基本服务或标准报价不受某些州为低收入客户提供的"安全网"支配。和安全网不同，基础服务或标准报价是为提供稳定的电力服务而设计的，不受大的价格波动影响，为可用选择提供充足的信息，同时在零售竞争电力市场中刺激消费者的选择和兴趣。这种确保维修设施通道的做法近似于医疗改革推行的最低覆盖标准。

③ 在天然气行业，一个相似的模式正在形成(Merrill，1999)。

④ e.g., R. I. Gen Laws ch. 316, § 39-1-27.2(d) & (f); Re Electric Utility Industry Restructuring, Maine Pub. Util. Comm'n, Docket No. 95-462, July 19, 1996.

⑤ Restructuring of the Electric Utility Industry in Vermont, 174 P.U.R.4th 409, 434 (Vt. Pub. Serv. Bd. 1996).

⑥ Id. at 488.

⑦ Id. at 427.

卓越服务责任强加给现有公共事业公司的效率原理需要重新评估。在一定程度上,监管部门只是能够在合同框架内清晰表述服务义务的初步理由,低收入服务的显性税金和付款凭单可能成为推动自然垄断时代服务义务更新的最好途径。

首先考虑强加于服务责任之上的经济原理。由于 DisCo 在优先权和基本网络设备方面坚持了横向的垄断,绝大多数消费者将继续有配电的需求。与此同时,DisCo 将比供应商或其他公司在分散服务延伸成本方面处于更有利的位置,并将分销网络对消费者尤其是穷困者的影响减至最小。如果把资源花费在通用服务上,那么社会总效用将高于使 DisCo 收入最大化的情况;从概念上看,这会造成一种难以测量的加总问题,但是至少对一些消费者来说,中止服务的负效用将会超过全体消费者以更低的 DisCo 的费率所得到的总效用。所以即使在竞争性零售市场上,虽然不太可能进行经验上的量化,但要求 DisCo 将其分销网络至少拓展到某些客户背后的经济效率原理在某些情形下会继续发挥作用。应该指出的是,在解除管制的供电竞争的环境中,附加责任的施加和成本分担原理仅适用于分销服务环节,而不适用于竞争性的电力供应环节。换句话说,尽管经济原理要求 DisCo 承担一些配电服务附加责任,但经济分析并不要求 DisCo 也提供电力。因此,不对零售电力市场结构进行深入探讨,似乎就不会存在要求 DisCo 为了服务客户而建造发电设备或采购电源的强有力的经济原理。不过,在某种程度上,如果监管部门决定把基本的服务义务强加给竞争性电力市场中的某些机构,那么至少对于某些消费者来说,DisCo 也可能会在分担与基本服务相关的成本方面处于最有利的位置。

至于传统服务义务的第二义务即服务延续,该义务背后的经济效率原理也需要重新评估。施加卓越服务延续责任背后主要的经济效益原理之一,与公用事业单位相对于客户作为上级风险承担者的地位相关联(在第二章已讨论过)①。然而,在解除管制的电力市场中,支持对监管合同优先风险不记名分析进行应用的长期合同模拟方法失去了其主要作用,因为消费者自身可以按月度基础来选择电力供应商。

而且,在竞争性零售市场中,相同的原理却不能证明这一做法是合法的,即把以低于总成本的价格提供全方位服务的责任强加于私营公司,正如费率管制

---

① 当然,如果公共风险承担效果令人满意的话,这种成本分摊理论同样适用。

下经常应用的那样。在消费者能够支付电力供应和分销的可变成本的情形下，才会存在避免电力中断的某种持续性优势，这通常发生在费率管制中（见第二章）。然而，这种成本分摊的优势在竞争性市场中显著减少，该市场上电力供应商面对的是多样性选择的消费者；成本分摊适用于分销服务，这保留了自然垄断的特征；然而，由于缺乏向 DisCo 客户所承诺的超额生产能力，这种服务责任原理将不适用于竞争性电力供应市场。

尽管竞争性市场和传统受管制行业之间存在这些结构和监管方面的差异，在竞争性环境中，效率方面的观点或许支持了将某种服务延续义务强加给 DisCo 或其他供应商的做法。至于服务中止，功率流的物理特性会要求 DisCo 承担一些责任，特别是在其输电网还没有现代化的情况下。在没有将客户情况用电脑进行处理时，一旦将电能输送到配电网中，DisCo 就会自动成为零售用户最终的供应商；如果 DisCo 不强行断电，用户将会持续地接收电力供应。因此，在某些地区为了保证系统的稳定性，DisCo 的服务延续责任在技术上就成为必需。

另外一个施加服务延续责任的理由则是，零售电力市场可能为市场主体带来的信息贫乏，妨碍了消费者或其他主体分享市场管制放松的全部利益。假设消费者相比于 DisCo 对电力供应选择和电力供应销售合同条款有充分的信息，那么消费者将更加能够承担服务中断的风险。消费者可以购置提供预警的供电计划，或者如果必要，可以为财产或者断电导致的其他损害购买保险以补偿风险。然而，很多消费者可能不会拥有电力市场上足够的信息，从而对断电风险做出反应，特别是当电力中断是由于技术故障或紧急事件而导致的时候。此外，在竞争性电力市场上，当诸如购置能源保险或供电选择备份这样的反应有条不紊时，消费者不可能即刻拥有足够的知识和经验对这些信息做出反应。信息匮乏或消费者风险折现可能需要 DisCo 或供应商承担一些服务延续责任，即便是在竞争性电力供应市场上。当这些市场处于初期发展阶段以及监管者着手于消费者教育工作之时，这样做尤其正确。

进一步地，假定我们的市场经济中已经存在了一套福利体系，在竞争性电力供应市场中强加服务延续责任，就要考虑为了承担过度的信用风险而减缓对福利体系产品的激励。正如竞争性电力市场的演变，信贷融资计划很可能在与电力相近的其他领域也提供给消费者，例如汽车的购买。这种销售的报价人很可能提供创新的融资方案，通常为信用风险差的消费者提供高成本的融资方案。

如果这种风险在竞争性电力供给市场中反复出现在低收入消费者身上,增长了支付违约的发生率,尤其是因为公用事业单位不会像在费率监管情形下面临同样的刺激措施来通过接受分批付款来继续提供服务。当消费者们日益违约并失去电力服务等生活必需品时,随着时间的推移,这既会增加福利系统的成本,也会损害消除贫困的目标(Posner,1995)。通过这种方式,即便是在竞争性市场中,服务延续责任的强加也可能被视为减少其他公共福利计划成本的一种方式。

因此,虽然某些认真的重新评估是必要的,但在竞争性市场中继续提供诸如卓越服务义务等公共物品的经济效率的争论并不是完全不相关的。尽管在某种程度上存在经济争论,但它们不再基于垂直整合与费率管制;正如零售竞争模式,市场为许多交易提供了便利,而这些交易之前是由传统的公用事业单位在单一和纵向整合的公司内进行协调的。反之,在放松管制的环境下,服务责任的基本原理主要涉及横向整合,这样消费者们才有望拥有高质量信息。

除了竞争性电力市场中的这些通用服务的效率原理,大多数原理都致力于研究有效电力市场的结构性质。必须承认,伴随着管制放松,监管者将会在实现电力通用服务的目标中承担更高的监控成本。传统的管制结构是由单个的自然垄断公司向其服务范围内的所有消费者提供服务,与此形成对比,现在是多家公司将为这些消费者提供多样化的服务。除了 DisCo 以外,发电厂、电力供应公司、能源服务公司以及经纪人和营销商,都将进入电力市场。任何施加到 DisCo 之外的实体上的责任都将带来管制部门较高的监控成本。

在某种程度上,监管者继续坚持普通法责任的义务条款,他们要在政治领域内如公平性方面阐明无效理由,以在竞争性零售环境下支持服务义务,这也很可能面临挑战。从这个意义上说,与传统监管契约下的情况相比,零售竞争有可能引起更多有关卓越服务责任成本与收益的明确的政策讨论。例如,俄亥俄州对消费者服务保护的讨论在竞争开始阶段就已经公开表现了,然而先前的消费者保护通常在自愿基础上成为公用事业收费表中的一部分。①

一些消费者保护团体已经提议各州将服务责任延伸至供应商、营销商和经纪人,DisCo 则被要求通过强制招标标准或者准确反映市场力量的分配计划来获

---

① Alan Johnson, *State Board Sets Service Standards for Ohio's Electric Companies*, Columbus Dispatch, Feb. 6, 1998, at 4E.

取基本的电力服务。虽然在基本服务的条款中存在合理的关注点,但是 DisCo 可能更倾向于其所拥有的一些生产资源而不是竞争性供给的产品。从效率的角度看,除了 DisCo 之外,将公用事业责任延伸至电力供应商、销售商和经纪人都不具备合理性。

一直愿意要求完全纵向分离的州很少;然而,即使没有实现彻底的纵向分离,DisCo 电力营销和采购的分类计价也可以在财务上得以实现,即通过要求 DisCo 以发电量在电力交易市场投标,并用电力交易购买满足所有的基本电力需求。就像存在于加利福尼亚州管制放松体制下的电力交易,其价格完全是基于电力供需的现货市场。如果 DisCo 在向用户出售基本服务之前被强制要求在交易市场中报价,购买基本服务的用户会认识到这将比在竞争性报价的情况下获得更多的竞争收益,因为,在电力交易中强制报价会有利于 DisCo 将购买电力基本服务从电力营销中分离出来。在这种方式下,DisCo 有充足的动机在交易市场购买成本最低的电能,或者如果那些基本服务的用户选择参与到直接零售采购市场中的话,它就会面临这些用户转向其他供应商的风险。随着这样的体制改革,强加于 DisCo 服务义务,并通过系统利益费用资助,能同时发挥作用促进电力供应市场的有力发展,且能把市场新增效益传递给消费者而不牺牲其初始目标。现在,放松管制政策的一项声名狼藉的案例正在肆意上演,而加利福尼亚州并不是这种模式理想的实验场所,因为该州的重组计划阻止市场形成长期契约,并且使 DisCo 承受了零售价格上限的负担(Rossi, 2002)。然而,即使加利福尼亚州放宽管制试验的失败后果不存在,把服务义务强加给 DisCo 的方法仍旧不是一种完美的解决方案。监管者仍然必须解决一项问题,即基本的电力供给服务是如何由 DisCo 促成的。正如 20 世纪的大部分时间里公用事业单位所做的那样,如果不认真关注市场激励,DisCo 就可能继续将通用服务视为摆脱电力供给竞争的一种手段。

各州可能也会考虑在加利福尼亚州的电力交易方法之外进行创新,这主要是依靠严格的管制交易协议来解决有关服务责任的反竞争问题,通过确立显性税收来为有资质的消费者提供一项服务代金券计划。类似于系统福利费用,税收可以施加于 DisCo。不是直接要求 DisCo 提供原样的服务,州政府要保证低收入客户和其他根据透明条款有资格享受通用服务的群体都能获得电力代金券。代金券能让消费者在需要的时候购置电力,但是价格仍将由市场来决定。

在这种方式下，就不必将服务责任强加给 DisCo，因为来自代金券的收入将使得价格信号作为激励因素在服务供给方面发挥作用。供应商们会继续为通用服务的代金券客户而相互竞争，没有一个州会将服务责任强加给任何单个的市场主体，因为这样的主体会形成反竞争行为的风险，或者为了通用服务的目的而试图获取能源供应（冒着扭曲电力供应市场的风险）。

一项服务义务发展到在行业中持续运用的程度，不管依据什么理论，竞争性定价的零售电力市场都将努力使得历史上与卓越服务责任相联系的交叉补贴中的诸多价格扭曲最小化。在自然垄断框架下，公用事业服务责任通过交叉补贴得到支付，但是费率管制有助于使这种做法导致的市场失灵减到最小。只要能从客户那里弥补提供这些义务的成本，公共事业公司通常并不反对承担服务责任，尤其是在它们想要拓展客户基础的地方。由于零售竞争和以市场为基础定价的趋势，交叉补贴将继续存在，但是电力供应市场将要求 DisCos 将补贴对于客户的影响或者客户尤其是大客户流失的风险减到最小，或者将在 DisCo 系统中其他供应商的数量最小化。①

交叉补贴并非无可争议，但是与自然垄断价格管制经济学相结合的监管契约的制定，在过去的大约 100 年中掩饰了卓越公共事业服务责任的再分配的性质。在这种管制框架下，公共利益和私人利益在维护服务责任方面是一致的。（见第二章）

第二次世界大战之后，公共选择理论开始普遍质疑对政府管制的传统理解，尤其是公共事业管制，并为了在各种不同的行业中击垮监管契约而提供智力工具（Farber & Frickey，1991；Mashaw，1997）。其中公用事业管制发展最主要的一种解释是管制俘获理论，即公共事业公司和其他利益团体，比如消费者团体，通过赢得管制的政治程序来保障自身利益的安全（Becker，1983；Peltzman，1976；Stigler，1971）。举个例子，正如 Eli Noam（1997）指出的，在电信领域，1996 年的电信法案中对于通用服务责任的重新分配有着公共选择方面的解释。虽然俘获理论的论点夸大了事实（Quirk，1981）——尤其因为管制者们能够在行业之外获得来自公共物品供给的好处——但是，用户和公共事业公司很可能为了确

---

① 大多数公共事业公司并不愿意接受在没有补偿金保障的情况下承担服务责任。"对于公共事业公司来说，最危险的情况就是在市场不能有效提供服务的时候，充当消费者的支持提供者。这种情形差不多可以判定公共事业公司是否已经被说服在能源领域中从责任转移到服务上来。"（Pleatt，1998：44，48）

保通用服务需求的立法支持而成立一个松散的联盟;对于通过相互联结而更加普遍地接受服务的普通消费者来说,这是有好处的;它也能让公共事业公司受益,因为管制者通过保证最低的服务接入费用或费率而可以补偿通用服务的成本。这种解释如果适用于电信管制的国家立法,那么它在电力和天然气管制方面似乎更为可信。这些行业主要在州层面形成了服务责任,且很可能比美国国会更为积极地对州消费者及行业的偏好、意愿做出反应。在电力和天然气领域中,法律法规当下对于服务义务的支持,可能不是来自热心公益的管制契约,而是来自公共事业公司、消费者以及他们的代理商。它们形成了一个松散的联盟,以确保政治进程中的监管利益。

正如本章所述,在竞争性零售电信市场上,一旦重新评估监管契约以考虑通用服务的新兴市场经济效率原理,那么电力和天然气市场也将保持看似合理的状态。在大多数公共事业服务领域,例如电信、天然气以及电力,零售竞争已经深入人心。因此,自镀金时代以来我们为管制公共事业而使用的法律和管制理念也一直在改变。之前绑定在自然垄断公司服务中的公共物品,如同强加给公共事业公司的卓越服务责任那样,需要单独进行处理。在处理卓越服务责任的财务问题时,监管者要避免成为损害消费者的竞争性零售市场结构机制中的一部分,这将会变得很重要。正如笔者指出的,在受管制的公用事业市场最初的重组过程中,管制部门或者法院在某种程度上将服务责任延伸到现有分销商之外的供应商和销售商,这将导致新的低效现象。将严格缩减的基本服务责任强加给 DisCo,要通过电力供给的资源采购来实现,通过代金券或系统利益费用来融资,从而在竞争市场上将服务责任强加的无效现象减到最小。

尽管为了维持电力分销的法律垄断地位付出了很多努力,但是从长期来看,即便是在电力行业的这一环节,竞争也是无法避免的。分布式发电的可获得性对电力配送的需求日益产生威胁,因为有支付能力的消费者可以得到合适的替代品。由于分布式发电的发展,发电产业将来也许会按照类似于当下大型计算机行业这样来设置,而大型计算机行业已经被台式个人电脑业严重威胁。[1] 一

---

[1] Matthew Coralan and Raymond J. Keating, *Microturbines: The Engine of Deregulation*, Investor's Business Daily, Dec. 15, 1997, at A40; Laurence Zuckerman, *Tiny Turbine: The Next Generator?*; *Company Hopes Its Small Unit Will Dominate Power Market*, New York Times, Dec. 2, 1997, at D1.

些人甚至指出,配电产业将最终演变成一个竞争性或可竞争的行业。① 某种程度上产生这些发展时,单个 DisCo 通过区域收费系统补偿其履行卓越服务责任成本的能力将被大大削弱。

最后,在如银行业、保险业、健康服务业以及通讯业等其他行业中,全国性的服务授权将很可能成为最有效的解决方式。在竞争电力配送市场上,电力分销或供应的全国性销售税加上联邦代金券和保证最低服务质量的服务延伸拨款项目,与竞争性市场中本地融资的通用服务相比,能更有效率地提供服务(Rossi,1998a)。然而,只要电力市场的零售服务继续存在于州管制部门的管辖范围内,就有必要谨慎地构筑州和地方的财政机制。

由于电力行业的联邦管制仅仅触及批发交易,因此,消费者服务责任在可预见的未来将很可能仍是州法律层面的问题。在传统的受管制市场推动零售竞争并不意味着例如服务义务传统公用事业法律理念的终结。管制部门必须在理解其内涵并为市场新主体的卓越服务责任融资方面,大胆而富有创新,对尽可能减少其所造成的结构性低效率保持密切关注。当监管者将服务责任运用到竞争性零售行业时,对各种公用事业服务市场明显的经济和制度结构进行认真的研究和观察,是提供正确引导所必需的。对于这种分析的每一个步骤,管制者们不能仅仅纠结于是否能够获得效率。很显然效率是有的,但是监管部门所要面临的挑战是设计出将这些新的效率传递给一般消费者的方法。在管制放松的时代,服务责任的经济原理在某种程度上是缺乏的,那么在那些占主导地位的社会福利项目方面增强政治透明度就将是非常必要的。为低收入消费者服务的明确的代金券计划,通过州税收来资助 DisCo,在提升效率和监管政策责任方面要比通过管制对市场主体施加事前责任更为有效。

---

① 三十多年前,Harold Demsetz(1968:55,59)观察了公共事业公司以服务领域的竞争为特征的历史。当然,就一些客户转向私人发电可能使得电力分销变得多余的意义而言,分布式发电的实用性可能使得能源分销市场竞争白热化。因此,分销市场将与自发电的实用性开始竞争,它们已经为某些大的客户做这样的准备了。另外,一些经济学家指出,如果财产权被运用到合资公司的发展当中,那么能源分销网络能够以一种竞争的方式运转(Smith,1993)。

第Ⅱ部分　不完全议价监管、制度以及放松管制行业中司法审查的作用

5 放松管制征收和议价监管

法律管制从业者和学者们把很多精力都集中在法律转变上。自从 20 世纪 80 年代中期以来在公司证券和税法等改变的各种背景下，政府在监管变化所强加的私人损害方面未来担负的责任，吸引了权威学者的注意（Ahdieh，2004；Fisch，1997；Kaplow，1986；Symposium，2003；Van Alstine，2002）。十多年来，转变的话题已经主导了放松管制对于电力和电信等行业在法律影响方面的讨论。

在经济管制的背景下，现在很常见的是将转变问题设计为"放松管制征收"，它是用来描述含有潜在合法要求的新术语，这与政府要求的放松监管政策的财政责任相对立，这些政策扰乱了私人企业的既定预期。在该主题的重要文献《放松管制征收和监管契约》中，J. Gregory Sidak 和 Daniel F. Spulber（1997）（似乎是他们创立了"放松管制征收"这一术语）在放松管制征收与监管契约之间建立起明确的联系，以此支持政府在电力和电信领域为监管变化而进行的补助。如果从不完全契约框架的角度看，当法院在思量由监管转变带来的危害时，放松管制征收则为法院填补监管议价空白而评估默认规则提供了机会。然而，将监管理解为一项议价并不是委托或者限定法院扮演发现和强制执行隐性契约这样的角色。

I. 多数主义者与基于动机的不完全契约默认规则

依照监管契约来设计讨论框架，以探讨管制转变的法律意义，这是很常见的。在20世纪90年代电信和电力行业解除管制的高峰时期，Sidak和Spulber就撰文明确援用监管契约作为基本概念，在电信和电力领域对放松监管征收进行创新性解释。据其研究，企业和管制部门之间的监管契约是由相互的责任和利益所组成的：

> 受管制的公用事业单位要服从各种监管限制，包括价格管制、服务质量要求以及公共承运人规定。作为回报，受管制的公司在其服务范围内得到受保护的特权，并且其投资者被给予在投资报酬率约束下赚取收益的机会。如果没有赚取竞争性回报率的预期，投资者们就不会愿意承担建设和运营公用事业的费用……一旦公用事业公司投入了资金，电力和电信监管中代表性的长期折旧细则就会让公用事业公司在管制合同下履行其责任，主要是通过拒绝给予其在有效期前收回资金的机会来实现。①

Sidak和Spulber支持放松管制征收的理由代表了法律监管合同的现代应用（见第一章）。由于这个缘故，当管制转变违反了管制契约时，州政府则被推定为要承担法律责任。作为一项法律原则，政府在监管变化方面的责任可能会由于美国宪法征收条款或者针对州政府的违约索赔而产生（Sidak & Spulber，1997）。② 在效率方面，放松监管征用的支持者们把征用条款与合同法看作主要是为了保护监管承诺而设计的。诉讼的有效威胁和针对州行为人扰乱监管承诺的损害赔偿，旨在通过制止该州的掠夺行为来提高投资的确定性，这些行为会破坏投资者的期待并导致无效的低水平投资。

在合同法中，最近几十年最重要的一个学术争论都集中于默认规则——法院填补不完全契约漏洞所可能依据的经验法则。合同的不完全性产生了对司法漏洞补救措施的需求，包括对被认为是不合法行为的补救措施（Ayres & Gertner，1992）。当接受行为审查的主体是州政府时，不完全契约分析集中于处理公共治理基本问题的默认规则，包括改变游戏规则中州政府的责任。根据放松管制征

---

① Sidak & Spulber, 1997: 109.
② 除了金融负债和因为宪法收益或违反合同索赔的法律变迁的禁例之外，管制转变的法律约束也可能随着管制机构的政策决定的普通司法审查而产生（Pierce, 1991; Rossi, 1994）。这样的司法审查使得补救措施与（比较典型的是引起遣回机构候审的行政法审查）审查标准（比较典型的是赢得尊重的机构，虽然该机构可能有义务解释其决策背后的推理）存在着根本的不同。

收拥护者的暗中采取推定方式支持赔偿的人的观点,对管制转变进行审查的法院将采用反映大多数公司偏好的漏洞填补措施,而这些公司是为了获取法律转变的补偿与政府签订合约的。

从这个意义上说,放松管制征收的案例所预想的,在考虑与监管转变相联系的损害方面,法院援引的可能是合同法学者所指称的实质上的"多数主义"默认规则。多数主义者默认规则是在漏洞填补可选方案评估中,评价监管交易司法角色的自然出发点。合同法学者们把不完全交易的多数主义者默认规则视为漏洞填补措施,这些措施模仿了监管系统中多数参与者(消费者、公司等)的偏好行为(Posner,2003)。多数主义默认规则在交易过程中具有降低交易成本的优势。如果交易各方希望法院通过一个在交易过程中他们都认可的条款来补救漏洞,从而不需要在这个条款上讨价还价,私人交易成本就会较低。在大多数情况下,法院会通过选择有望降低交易成本的漏洞填补条款来最大限度地提高效率。在这个意义上,多数主义默认规则与有效的合同条款是一致的,虽然有效条款是特定情况,而多数主义条款应用于大量相似的案例中(Posner,2003:840)。在管制转变的背景下,一项违反管制协议的实质上的多数主义默认规则,可能将对扰乱投资者期望的监管变化进行补偿。这也正是放松管制征收所设想的结果。

大多数关于管制的讨论集中于实质性的多数主义默认规则。举例来说,规制经济学的主要论著强调在管制政策决定内容中实现实体公正和效率之间的平衡(Zajac,1995)。如果法院设想它们是以实质性的多数主义默认规则来填补漏洞的角色,那么它们的首要任务将是构建实体规则来促进在大多数情况下公平或者效率的最大化。然而,将管制看成一项协议不一定要让法院承担这样的角色。即便默认规则主要是为了照顾大多数利益相关者的偏好而有效设计的,多数主义默认规则也不需要回答每一个关于管制协议的实质性问题。例如,多数主义默认规则也许支持以非司法程序解决争端(比如私人协商),大多数合同当事人也都青睐于此。再如,在经济管制背景下,基于流程的多数主义默认规则,诸如遵从于监管机构司法的标准原则,在确保正确、合理的政策决定方面扮演了重要角色(Pierce,1991)。基于流程的多数主义默认规则可能更注重于以契约当事人偏好的制度来解决问题,而不是试图去辨别多数人所倾向的实质性结果。如果按这种方式来构建分析框架,其根本焦点就在于公共机构。法院、立法机关或者代理机构可能在处理由监管转变所带来的损害方面拥有明显的比较优势。在挑选实质性的多数主义默认规则要花费高昂错误成本时,接近默认规则的制度更为可靠,基于流程的方法更为可取(Pierce,1984)。

进一步来说,在很多管制的背景下,实质性的多数主义默认规则将花费巨大的相关成本(Chen,1999;Rossi,1998b)。不只是在私人协议背景下,在一个或更多利益相关者以政府机构形式存在的监管交易的环境中,在管制过程中(定义广泛,包括法院、立法机构以及联邦和州代理机构)对私人企业的事前激励能够产生对社会福利的事后影响。将监管交易看作是一种不完全契约使其他监管解释失去了并列地位,该视角阻止重新商议,贬低政治程序的作用,同时极大地忽视事前激励。公正地应用宪法、监管以及行政法的原则,形成了相互作用,但是很少有人认真注意到它们在放松管制环境中的作用。在面对传统管制行业的新环境中,放松管制提供机会评估公司与政府的相互作用同这些学说的相关性。当考虑到激励效应的时候,最理想的默认规则很可能与多数违约相背离。举例来说,明确的声明规则即把司法干预限定在专门的交易性语言,可能鼓励在公法领域有更多的负有政治责任的决策制定,同时也对协定过程的自愿本性表示尊重。

有时候,管制部门或法院强行"处罚"默认甚至是恰当的:选择交易一方或多方甚或大多数当事人未必青睐的条款以改进未来的交易流程(Posner,2003)。法学和经济学学者们把处罚默认看作是合意的原因有两个:第一,他们外化法院执行成本以阻止当事人议价;第二,他们不允许当事人相互之间或向执法人员机会主义地隐瞒信息(Ayres & Gertner,1992)。少数人违约,就像处罚违约规则那样,也能够在监管法律领域发挥重要作用。

根据推测,多数主义的规则是合意的,例如对放松管制征收拥护者所力主的补偿表示支持的推定。因为他们在合同缔约团体成员中拥有合法性和可预见性。然而,在放松管制征收理论第一次出现在文献中的十年后,已经没有一家法院在放松管制征收的背后明确地采纳这一理论。相反,在对监管交易变化中产生的冲突类型进行评估时,法院似乎没有预见到其作用在于采取以多数主义来弥补差距的措施。美国法院所创立的传统的宪法征收原理并没有为管制转变的政府职责提供稳定的基础。由于主要致力于保护投资者所支持的预期，支持补偿政策的宪法放松管制征收的论证借用了土地使用征收案例的解释。但是对于征收判例法的这种解读，在描述上是有瑕疵的。它的不可预测性使得对于实现既定的威慑目的及提高投资效率都是无能为力的。与土地使用管制环境形成对照，在基础设施领域——包括电力和电信公共设施管制——法院则采用了不同的方法。在基础设施领域，就其对于政府监管一贯顺从的立场来看，征收判例的效果是更加具有可预测性的。在经济管制背景下，法院通常听从于政府的管制部门，在很大程度上缺乏对公共决策中提升专业知识和政治问责的关心。

成为放松管制征收争议基础的契约观在处理监管变化问题的方式上过于形式主义。在极端情况下，它导致了政府关于管制转变的广泛的责任，包括过渡到竞争市场的职责。不完全契约的有利之处在于会考虑大量的多数主义默认规则，以在公司与政府监管部门之间构建一种更加和谐、精确和细致入微的关系。谈判方式也开启了一系列新的对监管法律的探究，这些探究在颂扬法律契约的文献中经常被忽视。对政府关系谈判进行集中研讨能够阐明强调多数主义默认规则之所以错位的原因，就像放松管制征收的支持者在这种背景下主张的那样。正如合同法学者所认识到的，合同规则的角色并不是要在每一种情况下都显示出多数主义者实质性的承诺。在谈判过程中，对于法院将施以援手的期望会带来逆向激励（Posner，2003）。在私法领域，多数主义者默认规则的成本可能很小，这是因为成本通常仅仅产生于合同当事人中。然而在公法领域，多数主义者默认规则使得政府政策僵化或者为监管机构（和国库）制造巨大的财政负债，从而在公共成本方面冒着巨大的风险。在公法领域，合法性和可预测性能够通过另外的默认规则类型来实现，即关注制度作用而不是实体效率，从而不会对激励和行为产生负面影响。

就像本章主张的，考虑到管制过程中的制度背景，依法实施清晰陈述规则比实质多数主义默认规则更符合法院在审查管制转变中政府职责时所采纳的描述性方法。放松管制征收的批判者们（Chen，1999；Hovenkamp，1999b；Rossi，1998b）表明了监管契约的观点，并与放松管制征收拥护者们所信奉的法律执行模型形成鲜明的对比。他们允许监管部门改变管制合同的条款和条件，而无视这样做可能会为现有企业带来成本。从这一观点来看，法院仅在交易条款明确或者对州政府的约束性承诺有清晰陈述时，才对执行监管合同进行干预。

II. 管制契约、搁置成本,以及支持放松管制征收的新论点

随着竞争重组和放松管制在原有受管制行业对既存企业造成新的压力,企业通常寄希望于法院在管制合同的基础上维持现状或者不要对它们造成伤害。例如,在电力和电信行业,公共事业公司通常宣称各种放松管制政策产生了"搁置成本"。搁置成本并没有确切的定义,因为对公共事业公司和政府而言,这一术语同时包含了法学和政治学的含义。的确,该术语本身的规范性内容阻碍了在政策制订过程中对问题的客观评价。那些支持补偿的人把成本称为"搁置的",意味着这些成本是"不可挽回的"。也就是说,投资者是政府行为所带来的灾难的无辜受害者。然而,政府行为是公司作为放松管制征收要求索赔的所有损失的源头,这种说法一点也不明确。

在经济上,搁置成本发生在现有企业的成本超过新进入者成本之时,而这起因于州政府的行为,并非由于技术的改变或其他外生的经济冲击。这些成本反映了这样的事实,即在放松管制的市场中,有些投资不能得到公平的回报率。然而,所有的共识止于此处。搁置成本回收的主要支持者 Sidak 和 Spulber(1997),以宽泛概念的方式将搁置成本界定为公用事业公司股东在保障其投资回报以及竞争性投资回报率方面的无能(27)。这个定义包括管制部门和资本投资要求的运营支出。在电力市场,经济学家们将搁置成本分成四个类型:(1) 比当今发电机更昂贵的电厂未贬值的投资;(2) 1978 年公用事业监管政策法案(PURPA)强制下几乎所有的长期合同;(3) 建设而未被使用的发电机,主要是核能发电;(4) 作为新工厂建设的替代,为生产方索要的与"需求方管理"(DSM)和其他保护计划相关的费用(Brennan & Boyd, 1997: 45)。其他关于搁置成本的实用性定义有更多的限制条件,主要集中于耐用固定资产支出,但不一定包括管制部门强制的或者允许的其他花费(Hovenkamp, 1999b; Rossi, 1998b)。

根据一份经常被引用的报告,十几年前,美国电力市场放松管制的搁置成本

大概在 340 亿美元到 2 100 亿美元之间。① 考虑到这个巨大的数字，监管部门为行业内企业即使提供部分成本而非全部成本的压力也是很明显的。能源信息管理局（1997）估计，如果监管部门不能解决搁置成本问题，那么将会导致行业中破产事件的增加。这一点也不奇怪，在 20 世纪 90 年代很多公用事业公司为了有利于收回全部或接近全部的搁置成本，在联邦和州监管部门之前就进行了很多有力的政策论证。在政治领域和机构管制过程中，企业在努力保障来自州立法者和州及联邦监管部门的补偿方面取得了很大的成功。例如，联邦能源管理委员会（FERC）在第 888 号法案中允许公用事业公司收回搁置成本，并在电力行业实施大规模的竞争。② 很多州的放松管制计划，例如加利福尼亚州、伊利诺伊州和得克萨斯州的竞争计划，都为全部或部分收回搁置成本做了准备。③ 但是到 20 世纪 90 年代末期，搁置成本的行业评估有了彻底的改变。1999 年穆迪投资服务公司的一项评估表示电力行业的搁置成本总共是 100 亿美元，这和它们在 1995 年估计的 1 300 亿美元相比有了实质性的调整。根据它们的估计，由于联邦和州政府的监管和立法救济，搁置成本一共减少了 1 020 亿美元。④

如果仅仅是一个政策或政治观点，收回搁置成本连同其他的管制救助一起

---

① 这些估计代表了为收回成本减少出资的税后贴现现值（Hirst & Baxter，1995，cited in Brennan & Boyd，1997）。

② 对 D.C.电路的上诉支持了联邦能源管理委员会的决定。*Transmission Access Policy Study Group v. FERC*，225 F.3d 667（D.C. Cir. 2000），aff'd in part sub nom，*New York v.FERC*，535 U.S. 1（2002）。

③ 2004 年，得州的一家电力公共事业公司声称对核能的投资导致了搁置成本超过 40 亿美元。Jane Elliott，*Electricity Power Squabble Powers Up*，Houston Chronicle，June 21, 2004, at 1（Business）（描述了 Center Point Energy 公司收回 44 亿美元搁置成本的请求）。

④ Andrew Taylor 总结了这项研究，*Debate on U.S. Deregulation Heats Up*，Financial Times，Survey: World Energy（LondonEd.），Dec. 8, 1999, at 1。某些州正在允许搁置成本的收回，即使它们并没有在电力市场推动零售竞争的发展。例如，佛罗里达州对电力公共事业的零售放松管制采取了一种观望的态度。见 *Electric Utility Restructuring: Before, During and After*，Public Utilities Fortnightly，Nov. 15, 1999, at 26（来自佛罗里达的公共服务委员会主席 Joe Garcia 的评论）。虽然解除管制的推迟分离了搁置成本和公众的政治议程，但管制部门秘密地允许公用事业公司加速折旧以及发电厂的回收。到佛罗里达州解除对该行业管制的时候，一些公共事业公司将收回它们的工厂成本，因此搁置成本问题可能并没有形成。举个例子，佛罗里达光电公司和州管制部门达成一致，它的工厂被允许在未来的 3 年里以每年 1 亿美元的费用加速折旧。见 *Rate Deal Brightens Outlook for FPL*；*Utility Has Better Deal Against Competition*，Sun-Sentinel，Mar. 28, 1999, at 1F（注意"佛罗里达光电公司已经能够通过一项和州管制部门签订的、即将在那年年底到期的特殊协议，加速上述费用的折旧。这个想法的背后是减少公司'搁置成本'的披露，或者当更激烈的竞争使得旧资产被淘汰的时候，花在无法收回成本的发电厂上面的资金不被披露"）；参见 *Florida P & L Dodges a Rate Case With a Deal to Cut Rates $ 1 Billion Over Three Years*，Electric Utility Week，Mar. 15, 1999, at 13。

可能会被忽略(如果不是被忘记),如联邦政府的行业储蓄和贷款补偿、铁路或者航空乘客补偿等。然而,在 20 世纪 90 年代末,受到对经济损失预测的推动,支持搁置成本回收的理由超出政治领域。它呈现于合法权利的华丽辞藻中,其中公司通常援用美国宪法的合同条款和收入条款作为实行所谓的管制承诺的基础。利率管制为公司和投资者提供了一个相对可预测的争论场所,与之形成对比的是,原先受管制的行业放松监管,竞争性市场就将在定价方面取代监管者,并在有关公司收入和利润方面产生很多不确定性。在这样的背景下,"放松管制征收"可能会出现并挑战以"投资支持的预期"(在评估监管征收中被法院认为是相关性因素之一)进行干预的主张。在 Sidak 和 Spulber(1997)的研究中,他们主张在美国收回搁置成本的合法权利:

> 当地电信和电力行业交易的竞争性改革提出了一个重要的问题,即管制部门是否应该给予公用事业公司一个收回搁置成本的机会。随着监管部门授权在当地的电信运营业务中对基本的网络单元进行分类或者授权电力行业进行批发和零售经营,它们引入竞争性规则,从而潜在地拒绝给予公共事业公司收回服务成本的机会。当竞争使得现有企业具有以新方式服务客户的机会时,公共事业公司常常将公共设施先前存在的现有企业的责任保持不变。这种监管行为威胁要没收私有财产——股东利益——是为了促进竞争,且没有公正的补偿。①

从这一观点上来看,服务成本管制代表了应该由法院来实施的一项管制承诺,正如法院为了其他合同的违约而提供的法律救济。

放松管制征收取决于管制作为契约而进行的解释。那些为了普遍赔偿的争论既要求政府和公共事业公司制定一项隐性(如果不是显性)合同,以保证其资本有一个可观的回报率,同时也要求政府引导公共事业公司对基础设施投资,并就那些条款达成长期契约承诺。如果放松管制降低了企业资产的期望价值,这些评论者们就会声称违背合同的情况已经出现,并对企业蒙受的损害按照合同和宪法采取补救措施。在某种程度上,监管是企业和州政府之间的一项合同,类

---

① Sidak & Spulber, 1997: 19.

似于其他具有法律效力的合同,这一立场的拥护者们认为强加经济损害的合同条款的改变可能导致违约救济。这既违反了宪法的合同条款,也可能实际上在财产征收方面不合法,从而在征用条款之下享有"公正补偿"的资格。

这种责任是放松管制行业中的一个特殊性问题,因为管制部门放弃或者更改了旧的监管结构,同时越来越多地以新的监管结构进行试验。监管结构越不稳定,企业就越可能抱怨管制转变并寻求解决办法。在极端情况下,不稳定性可能引发投资者们从基础设施行业中转移出他们的资源,并可能导致在一些重要的网络基础设施上投资不足。同时,大规模的负债,不管是实际上的还是即将会发生的,都对监管法律造成严重的问题,因为它可能把成本强加给管制部门从而导致现有管制方式的僵化。即使政府不需要对管制转变负责,监管征收诉讼的前景也可能对管制部门如何设定网络设施如电力输送或电信光缆的使用费用产生影响(Spulber & Yoo,2003)。放松管制征收的支持者们把"合理赔偿"看作是要求管制部门承担在成本定义的范围内涉及的所有的机会成本,包括现有垄断者的私人机会成本。举例来说,在电信领域,放松管制征收的支持者们主张,联邦通信委员会(FCC)在放松管制市场中设定入网费,其中不仅包括历史成本,还包括既有的所引起的机会成本(Sidak & Spluber,1997;Spulber & Yoo,2003)。

放松管制征收是一个新颖的合法要求,它基于一个巧妙的学术观点。"放松管制征收"的条款在1998年前后所有的联邦司法意见中都未曾出现过,该条款似乎仅以引用Sidak和Spulber论文的方式出现在判例法中(Chen,2000;931,n. 48)。然而,放松管制征收威胁要将监管模式转变为受法规或契约保护的权利,这里的权利是指允许个体企业从退出监管秩序中获益的财产权或契约依据。与监管相联系的新的财产权或契约权利可能已经对经济管制以及更广泛的监管产生深远的影响。像很多新的合法要求以及很多聪慧的法律观点一样,放松管制征收的观点需要仔细地评估和分析。

III. 土地使用征收的不可预见本质

美国宪法第五修正案规定,私有财产不能在没有公正补偿的情况下征为公用。① 正如 Hugo Black 法官的著名言论："第五修正案的保障是……阻止政府迫使某些人独自承担公共责任，平心而论，这些责任应由所有公众共同承担。"②在践行这一构想时，最高法院已经要求政府直接征用实物时给予补偿，但政府也经常在所有者仅遭受财产价值减损时拒绝赔偿。例如，如果政府建造的高速公路穿过农田而侵占了农民的土地，或者征用私人宅基地用以建造公共泳池，那么赔偿就是必需的。而当道路改向，从而改变了通往加油站的交通，或是对周边安静、隐蔽的户主带来了交通或噪声的干扰时，确定是否进行赔偿则要困难得多。

最近几年，最高法院已经有多次机会来解决土地使用方面的监管征收问题。在将征用条款运用于土地使用管制时，一些评论家意图在这些案例中找到一种模式。例如，Frank Michelman(1968，1988)认为，征收条款应该维持"投资支持的预期"，并在宾州中央运输公司诉纽约市的案例中找到了一些支持理由，其中，最高法院支持将"明显的投资支持的预期带来的干扰"作为监管征收特别评估的一个因素。③ 基于这种方式，征收法律应该是可预测的，如此个人就可以安心地把资源投入资本项目中。Sidak 和 Spulber 等评论家提出，这个观点也用作支持搁置成本回收的理论基础。

撰写法律和经济惯例的许多评论家如 Michelman 等认为，最高法院已经建立了征收法律体系的模式，该模式主要设计为提升投资者们的确定性，目的是阻止州政府对财产所有人的掠夺式行为。一旦出现"征收"现象，赔偿水平就以"公平市价"来设定，但是如果财产所有者对政府裁决表示异议，那么就由法院而不是市场来确定价格。④ 在一些案件中，强制救济或许是适当的。在某些情况下，对发生在监管过程中的掠夺性政府行为进行司法救济，可能有助于阻止国家过分干涉私人土地拥有者，从而提升确定性并吸引投资。

---

① "[N]或者私有财产应该被公共征用，而没有合理的补偿。"U.S.Const. amend. V. See *Dolan v. City of Tigard*，512 U.S. 374，383-84，n. 5 (1994) [citing *Chicago B & Q R .R . v. City of Chicago*，166 U.S. 226 (1897)] (收益条款扩展到全国)。在《第十四修正案》，该条款被联邦政府和州政府同时应用。

② *Armstrong v. United States*，364 U.S. 40，49 (1960)。

③ 438 U.S. 104，124 (1978)。除 Penn Central 之外，Michelman 的观念被最高法院采纳。*Kaiser Aetna v. United States*，444 U.S. 164，175(1979)；*Keystone Bituminous Coal Assn. v. DeBenedictis*，480 U.S. 470，493，499 (1987)。

④ See *United States v. Miller*，317 U.S. 369 (1943)。很多州背离了这种方法，允许财产所有者收回公共项目的增值部分。See, e.g., *Dep't of Transportation v. Nalven*，455 So.2d 301 (Fla. 1984)；*Calhoun v.State Highway Dep't*，153 S.E.2d 418 (Ga. 1987)。

然而,经过检查,土地使用征收判例法几乎不是一个确定性的模式。相反,它通常被描述为临时的、不可预测的(Rose-Ackerman,1988,1992;Rose-Ackerman & Rossi,2000)。自从最高法院在1978年宾州中央运输公司诉纽约市一案的判决之后,法院已将监管征收方法的特征描述为"本质上临时而真实的调查"[1]。在确定管制征收是否已经发生时,最高法院集中于平衡三个因素:"政府行为的特征";带有"明确的投资支持期望"的干扰程度;价值减损程度。[2] 根据一位评论家的观点,"很难在更为混杂的理论和概念中想象判例法的主体"(Peterson,1989:1304)。甚至Richard Epstein(1997b)这位对私有财产进行宪法保护的最强劲的倡导者之一,也认为征收法律体系是"缺乏思维连贯性的不规则发展的事务"(22)。

在最近监管征收的案例中,保持特别的平衡仍然是一种趋势。1992年,最高法院曾尝试在对卢卡斯诉南卡罗来纳州海岸委员会案的裁决中,将形式主义和可预见性带入征收法律体系[3]。这个裁决认为,存在一种假设是完全消除私有产权经济价值的监管行为是一种征收。然而,这并没有为不公平的监管征收案例提供一个清楚的本质原则,并为法院留下了一个必须要奋力裁定的灰色地带。即便在完全剥夺的案例中,卢卡斯案仍然主要会面临两大类型的免责条款:一是违反州法律"现有规则或协议"的私有财产的使用;[4]二是遵从政府行为以解决关键的公共健康安全和福利问题的"适用侵扰例外"[5]。有关"现有规则和协议"以及"侵扰"[6]界定的探讨,将导致当事人在地方法院面临巨大的不确定性,并使得地方法院会尽力在个案分析的基础上界定免责的范围。

1994年,最高法院宣布了对Tigard市多兰(Dolan)案的裁决,这是产权运动的另一个实质性胜利[7]。多兰案继续拓展了法院正当诉讼程序测试的应用,该测试将使得土地利用管制没有效力,"不能实质性地推进合法的政府利益"[8]。

---

[1] 438 104 (1978).
[2] Id. at 124.
[3] 505 U.S. 1003 (1992).
[4] Id. at 1027-28, 1030.
[5] Id. at 1027.
[6] 斯卡利亚法官为法院的建议中指出,相关因素评估包括:危害程度的公共土地和资源,或相邻的私有财产,申请人提出的活动,造成申请人的社会价值活动及其适用性的位置问题,通过政府采取的措施可以避免有害后果的措施(或相邻的土地拥有者)……(505 U.S. at 1030-31)。
[7] 512 U.S. 374 (1994).
[8] See Agins v. City of Tiburon, 447 U.S. 255, 260 (1980).

尽管早期的案例要求在财产奉献与合法国家利益之间存在"必要的联结",①但是,多兰案仅仅是在奉献与拟议裁决的影响之间要求"粗略的均衡"②。多兰案和卢卡斯案可以被共同视为法院对"好的形式主义"的回应(Rose-Ackerman,1988;1988),但是这些案例的应用是有限的,都留下大量问题以待裁决。因此,值得怀疑的是,法院的特定方法在 1987 年后的案件中是否已经有较多变化;它们最多代表了有限适用范围的象征性的形式主义(亚历山大,1996)。

通过支持财产权的法律地位以形成额外的征收要求③,最高法院已经保证其特定方法将继续下去。事实上,法院似乎对其征收观点的特定本质感到非常骄傲,并在最近的观点中重申对个案平衡的支持。例如,首席法官 Rehnquist 认为:"在公正补偿条款下产生的问题依赖于特定事实的调查,并必须由每个案件的事实和情况来决定。"④

一些学者认为,考虑到创造和修正产权的持续的社会过程(Poirier,2002),征收法律体系不可预测的特性是实用和恰当的。然而,尽管这种特定的平衡方法符合产权理论,但仍不能确定它是否可以保护投资者支持的预期或促进基础设施投资的效率。在基础设施投资的情况下,投资是长期和有特定目的的,此时,法律的确定性要比在其他情况下更重要。为了保护投资支持下的预期,征收法应当是可预测的,以使得个体能放心地把资源投入资本项目中。这在任何情况下都无须补偿,只是要求投资者能够预测可能或不可能发生什么。如果产权所有者预期可能会出现未得到补偿的政府行为,并且这种信念又反映到支付资产的价格上,就不可能依法提起索赔。根据 Holmes 法官的观点,财产价值"在隐含的限制条件下被享有,且必须屈服于警察权力"。⑤ 没有一个政府能够或应该保护投资者在商业历程中免受危害。

---

① Nollan v. California Coastal Comm'n, 483 U.S. 825, 837 (1987).

② Rehnquist 法官认为,多兰案已经超出了卢卡斯案的范畴,多兰案的关键集中在个人利益和社会利益的关系取舍(512 U.S. at 388)。

③ 多兰案中的表述是:"我们认为,作为权利法案的一部分,征收条款第 5 修正案没有理由被归入一种微不足道的状态……"(512 U.S. at 392)

④ 480U.S. at 508 (J. Rehnquist, dissenting).在 Andrus v. Allard 案中布伦南大法官的主流判决意见中有类似的表述,444 U.S. 51, 65(1979);"在征收条款之下,司法干预的适度性不存在一个抽象的或者固定的点。在每一种情况中都形成了许多计算公式和影响因素。然而,每个案例的解决最终既要应用逻辑,也要行使判断力。"

⑤ Pennsylvania Coal Co. v. Mahon, 260 U.S. 393, 413 (1922).

如果征收法律体系既是特定的又是事后的,就像土地使用征收案例所表现的那样,投资者则可能很难知道政府的某一种特别行动会不会被判定为一项征收。因此,即使了解政府可能的行动,也知道每项政策可能出台的概率,投资者也不能作出明智的选择,因为法院并没有给予他们清晰的标准来判断何时可以得到补偿。征收法律内容的转变将不确定性因素引介到投资者的选择中,而该选择与其基本经济情况并没有什么关系。这种不确定造成了两个问题:首先,投资者不知道损害是否能得到赔偿;第二,在没有赔付损害的情况下,投资者可能要承担不予保险的风险成本。在某种程度上,投资者厌恶风险,法律内容的不一致会产生无效的选择。

法院的事后决策使得判决产生的不确定性恶化了。如果没有人受到"实际"损害,联邦法官就不会愿意对案件作出裁决。他们不仅不愿阐明征收法律的一般原则,而且也不愿在依照单个法条下对州政府行动的状态作出总体裁决①。在监管征收领域,法律的未来方向并不清楚,在特定的法律是否能引起征收方面,经济主体并不能从法院获得可预期的裁定。在法令能被检测之前,他们必须要一直等到具体损害的发生。面对这种不确定性,投资者可能会遗漏有利可图的活动,现行法律也因此可能导致投资的低效。

投资者并非受到征收法律不一致与不可预期的负面影响的唯一主体。政府官员也可能受到影响,因为法条的模糊性会成为公职人员中的一股守旧的力量。风险规避型的官员们面临着针对其司法权的赔偿诉讼的可能性,他们可能仅仅因为厌恶不确定性从而限制自己的活动。正如史蒂文斯法官所指出的:"'毕竟,如果警察必须了解宪法,那么为什么土地规划者不需要了解呢?',这种问题并没有答案。首先,法院一再认识到,当监管变成一项征收时,它自身都不能建立任何客观的评估规则。那么,它怎么能要求土地规划者能做得

---

① 因此,史蒂文斯法官在《基本原则》中讨论宾夕法尼亚煤炭公司诉马洪案时,没有考虑霍姆斯法官对于宽泛性"顾问意见"所指法案的一般有效性分析(480 U.S. at 484)。史蒂文斯还认为,在《基本原则》中尚存争议的与宾夕法尼亚法相类似的法律不会形成征收,因为在诉讼时,实际上没有公司可以证明自己受到了损害。这些公司请求法院承认法规的一般合法性,而大多数公司是不会这样做的。持有不同意见的伦奎斯特也将会有这种请求。他认为,在宾夕法尼亚煤炭公司案中,法案的总体有效性"完全受到了质疑"(480 U.S. at 507)。类似地,彭内尔的一家房东协会被赋予了挑战圣荷西市租金管理条例部分内容的权力,但是他们采取征收举措的请求由于"不成熟"而被驳回,因为没有一家房东实际上遭受到有争议条款的损害[Pennell v. City of San Jose, 485 U.S. 1, 5-7 (1988)]。相比之下,这些既存的部分异议会在征收方面获取优势(Id. at 16-19)。

更好呢?"①

法院判决的临时性特征本身是令人不安的,且该特征不可能与保护投资者预期的重要性的信念相调和,尤其是在长久并有特定目的的基础设施投资方面。监管征收法律条文转变本身将不确定性因素引入投资者的选择中。如果投资者规避风险,法律内容的不一致会产生无效的选择。

IV. 基础设施行业的征收法律体系

土地利用和监管征收历经了支持产权所有者的变革,相比之下,征收法在基础设施监管尤其是公用事业单位受监管的情况下所面临的挑战,已经依据判例价值和推理形成了截然不同的观点。法院将这些情况与其他征收情况区分对待,因为大多数受管制的公用事业单位都受到政府价格管制的支配。自罗斯福新政以来,处理公用事业价格监管征收方面的案例要比在土地监管背景下处理征收的临时性思路更为清晰,而且基于制度方面的考量使其更具合理性。

19世纪末公用事业监管的早期阶段,最高法院批准了"公允价值"测试,由此法院使用该方法基于实体性正当程序评价公用事业费率。② 很像当前土地利用的大概情况,这些大部分决定于Lecher时代的早期费率厘定的案例(当时法院不支持政府对于经济活动的监管),③采取一种特别的方法来判定政府设定的利率是否符合宪法。对于公允价值的探究要求法院在决定是否提供公允价值的时候考虑一系列事实,法院也被托付着要在每一起案件中都尽可能公平和正义。④ 这一时期,费率厘定方面的争论大概是法院在拓展所有权和征收定义的运动中最为重要的案件(McUsic, 1996: 616)。该阶段的案件被描述为临时的和不可预测的,并导致"无休止的诉讼"和对法院在审查经济事务中所发挥作用的质疑

---

① 格兰岱尔市第一个英国福音路德教会诉洛杉矶案,482 U.S. 304, 341 n.17 (1987)(J. Stevens,持异议)。
② See Smyth v. Ames, 169 U.S. 466 (1898).
③ See Lochner v. New York, 198 U.S. 45(1905).
④ 169 U.S. at 546-47.

（陈，1999）。Brandeis 法官和 Holmes 法官一起，对公允价值的实质性司法调查提出了著名的批判，该调查要求法院在没有形成非常有用的经济费率结构的情况下，就将大量资源投入到公用事业费率的决策中。①

最后，听从 Brandeis 的建议，法院在 1940 年代否定了激进分子的立场，转而采纳了"最终结果"测试。在联邦电力委员会诉希望天然气公司的案件中，②法院表示它将关注结果而不是费率厘定的方法。根据 Douglas 法官的观点，"法院所依赖的并非理论而是费率规定的影响。如果费率规定的总效应不能说成是合理的，那么司法调查……也就走到了终点"③。这种方法与 Lochner 时代法院的拒绝以及在罗斯福新政时代法院对经济监管司法审查的一贯顺从是相一致的。

最高法院重申，自 1944 年以来所裁决的每一例案件中，对公用事业价格规制的审查都采取这种顺从的态度。在市场有轨电车诉铁路委员会一案中，当政府没有批准对过时技术带来的成本进行全面补偿时，法院也拒绝判决补偿。④之后，在二叠纪盆地费率案中，法院驳回了向联邦电力委员会设定费率范围的能力所提出的挑战，并推定不存在基于服务成本决定单独费率的宪法义务。⑤ 最高法院最近关注的费率厘定案件，即迪尤肯电力公司诉巴拉施公司案，⑥维持了下级法院关于不承认未"使用过且有用的"核能资产的判决，并明确重申了对希望天然气公司案的态度："今天，我们再次肯定从希望天然气公司案中所得到的教训。"⑦尽管法院经常审查由监管机构所使用的程序，但是仍然不愿评论涉及公用事业监管决策的经济推理。

有两个基本原理解释了法院对于公用事业费率厘定情况采取的顺从态度，尽管并不像在土地利用情景下那么显著。第一，费率厘定过程是自我修正的（见第二章）。监管机构可能低估了一年的资本成本，但在之后一年，通过条款修订，它们可以通过调整资本的成本纠正公用事业收益中的任何不足。因此，由司法

---

① 参见 Missouri ex rel. 西南贝尔电话公司诉公共服务通讯公司案，262 U.S. 276, 299-301 (1923) (J. Brandeis, 持异议)。
② 320 U.S. 591 (1944).
③ Id. at 602.
④ 324 U.S. 528, 557, 564-65 (1945).推迟监管者决策，不允许旧金山地面电车和公交路线的恢复由监管者来评估其价值，其价值将以历史的或再生产的成本来评估，而监管者对其的估价还不到上述成本的三分之一。
⑤ 390 U.S. 747 (1968).
⑥ 488 U.S. 299(1989).
⑦ Id. at 310.

审查获取更高的准确性的情况是很少出现的。

第二，政治进程为公用事业单位及其投资者提供了充分的保护。公用事业费率厘定和其他监管过程趋向于透明化和良好发展，并为监管者平衡投资者、公司、消费者和政府利益提供了公开讨论的平台。据 Richard Pierce 的表述(1989)：

> 费率厘定的详细的司法审查在约束政治进程方面，如果存在一些影响，也是微乎其微的。此外，司法审查过程还需要很高的误差成本和司法资源成本。因此，希望公司案例中宣布的"最终结果"测试可以被视为配置接近绝对权力的政府政治制度的一项决策，以在费率厘定背景下基于征收条款保护宪政价值。这是司法机关严重的制度缺陷所要求的，是保护这些价值的可行做法。①

在公用事业监管的争论中，法院将诸如在希望公司案、市场电车公司案、二叠纪盆地油田案和迪尤肯电力公司案等案例中的顺从的方法，用于更加积极地处理近期土地使用征收的案例中。Black 法官对于监管征收目的的清晰阐述，即"阻止政府强迫某些人独自承担公众责任，从公平正义的角度看，这些责任应由所有公众承担"，②这并不是公用事业监管所关注的重点。正如 Richard Goldsmith (1989)所指出的，"费率监管机构并非在一方'公众'和另一方'少数派'之间分配责任"，而是平衡"投资者和消费者大类之间的公共服务成本"。求助于征收保护以有利于投资者和公用事业将是一件特别奇怪的事情，因为此时(不同于土地利用的情况)，它们在信息、财富、政治权力方面具有压倒性优势，而且具有承担风险和减少意外紧急情况的损失的超级能力。不可预知性是经济属性，表明在其他所有实际的法律情形下强行施加责任是合法的(Chen, 1999：1558-1559)。事实上，考虑到在制定政治决策中制度上的缺陷，法院通常听从于监管者的意见，从而避免将自己过多牵涉到公用事业费率监管工作中(Pierce, 1989)。

这并不是建议征收条款对于公用事业价格监控没有任何应用。在迪尤肯电力公司的案件中，法院清楚地认识到在设定公用事业价格方面存在着法律限制：

---

① Pierce, 1989：2062.
② Armstrong v. United States, 364 U.S. 40, 49(1960).

如果监管者对公用事业单位的财政稳健性产生威胁,或者对当前的权益所有者在投资风险方面提供的补偿不充分,它们可能就实行征收。① 尽管下级法院偶尔表现出这方面的关注,②但是最高法院并没有在公用事业费率设定情况下运用这些限制。在过去 50 年的案例中,最高法院也并不主张在公用事业价格设定方面积极地进行评价。实际上,尽管迪尤肯电力公司期望合法地维护以监管者设定的价格为标准的征收赔偿,但是一些下级法院将这些案例解释为,允许以重大的公共利益为由为受监管的公共事业部门的财务风险进行合法辩护。③

在最近最高法院解决基础设施征收的案例中,法院更直接地与放松管制的征收索赔进行斗争。在审查联邦通信委员会(FCC)基于行政程序法的网络接入定价规则中,法院似乎明确地拒绝了被放松管制征收拥护者广泛批判的 FCC 的定价机制,这与宪法的征收行为相违背④。然而,即使在这项决策之后,放松管制征收支持者仍然主张,迪尤肯公司以及其他方面的案例在政府如何设定竞争政策方面,特别是在政府如何为基础网络设施定价方面都形成了限制。放松管制征收的支持者继续主张对现有企业竞争之前的期望进行宪法保护,认为这些期望必须由监管者在采取互连和网络接入定价机制中所使用的成本的测量来反映(Spulber & Yoo,2003)。

V. 不完全契约和放松管制征收

在某种程度上,监管被类比为契约,许多评论者已经注意到就政府角色而言

---

① Duquesne Light Co.v. Barasch,488 U.S. 299.正如最高院所陈述的:"没有论据表明这些费率的轻微降低,以运营资本不足或阻碍其提高预期资本能力的方式,损害了公司的财务稳健性。也没有证据表明,在修订的谨慎投资计划中,这些费率不足以弥补当前权益所有者与其投资相联系的风险。" 同上,见312-314。

② See, e.g., Jersey Central Power & Light c. v. FERC, 810 F.2d 1168,1181-82 (D.C. Cir.1987)(改变并重审联邦能源管理委员会对来自失败费率基准的未摊销投资的否决,以提供解释);同上,见1188 (Starr, concurrence)(认为投资者利益的"理性考虑"要求的不只是对规则的机械运用,而是在监管影响之下存在的对所期望内容的考虑)。

③ 参见 Gulf State Utils 有限责任公司诉路易斯安那州公共服务通讯公司案(La. 1991)(支持这种观点,即只有当州政府"未能以较高回报率考虑公共设施及其投资者的合法利益时,才会取得收入,并将那些利益与纳税人所同样关心的内容进行权衡);Ohio Edison 公司诉 Public Utils.通讯公司案(Ohio,1992)(特意主张"宪法不再为公共设施投资者提供任何特殊的保护")。

④ Verizon Communication, Inc. v. FCC, 525 U.S. 467(2002)。

这形成了必须遵守的法律责任。这些法律义务可能来自契约本身,而不是一些本质上受保护的财产权。① 一旦这项义务被认为是财产,放松管制征收的法律索赔就变成了保护它的明显方式,尤其是考虑到最近司法强烈保护私有财产的趋势。

虽然这个支持放松管制征收的理由具有直观吸引力,但它依赖于对合同过分简单化的理解并且反映了最高法院 150 多年前所驳斥的监管契约的观点。1836 年的经典判例查尔斯河桥梁案,首次为美国法院提供了详细说明监管契约法律含义的机会。法院在这个案件中驳斥了查尔斯河大桥的所有者有权获取马萨诸塞州补偿的要求。查尔斯河大桥的所有者被联邦授予收取过桥费的权利,但之后联邦又批准了其竞争对手沃伦桥梁公司修建桥梁,并且一旦该大桥的所有者收回投资,所建桥梁则依据法律义务成为免费桥。当沃伦大桥通车时,查尔斯河大桥失去了四分之三的通行费(Hovenkamp,1991),其所有者们起诉并要求弥补他们的一些损失。首席大法官 Taney 主要负责书写了驳回所有者补偿要求的判决书,其中说道:"在公共补助金方面,法律已有明确阐释。"②因为查尔斯河大桥特许状不包含准许垄断的特别和明示规定,更不用说如果大桥经营无利可图时承诺提供补偿的任何条款,所以联邦合同违约赔偿的诉求不予支持。

Taney 法官的主要观点反映了监管契约方面的意见,即监管契约对监管法律已经产生了影响,尽管可能只是微妙的影响。在 Taney 法官的观点中,公司和州政府之间的监管合同只有在其条款得到专门的协商时才可以施行。这种传统方法设想法院仅在条款明确的情况下执行监管合同,这是在现代争议中产生反响的公正的方法,这种争议即法院对于清晰的内容应当限制合同的执行,还是在复杂的监管案件中应当使用"清楚陈述规则"。③ 传统方法下法院的主要角色是在监管法律中实施清晰的陈述,但除此之外,Story 法官的监管契约并没有对监管过程中司法的角色做过多的设想。相比之下,明确的监管契约的方法在与州政府讨价还价方面产生了极大的自由裁量权,使得民营企业和其他利益相关者没有任何司法强制执行的补偿,除非它们已经议定了明

---

① 这些争论是密切关联在一起的,因为宪法征收的法律体系认为,契约责任在某些案例中形成了受美国宪法保护的产权。参见 Armstrong v. U.S., 364 U.S. 40(1960)(据观察,与政府相左的契约留置权产生了受宪法保护的产权利益);Lynch v. U.S., 292 U.S. 571(1974)(有效契约是在征收条款范畴内的所有权)。参见 Ruckelshaus v. Monsanto, 467 U.S. 986 (1984)(在无形贸易中寻求受宪法保护的产权利益)。
② 查尔斯河大桥所有人诉沃伦大桥所有人案,36 U.S. 420, 465 (1837)。
③ 该文献的参考可见 Eskridge 和 Frickey (1992)。

示条款(Hovenkamp，1991)。

在著名的针对查尔斯河大桥案的不同政见中，Story 法官提出了另一种观点。他借助对南部联邦经济损失以及随后美国宪法起草的回忆，提出了另一种监管解释的前提条件。Story 法官写道：

> 我主张，根据公共理性和法律解释的原则，目前的许可承载着必要的内涵，即立法机关不会采取破坏或者从本质上损害特许权的行动；(作为有学识的州法院法官之一所表达的)也存在一份隐含的协议，即州政府不会准许在波士顿和查尔斯顿之间另外建桥，且距离太近而改变从原有大桥通行的习惯；(正如另一位法官所表述的)还存在州政府的默示协议，准许大桥在不被干扰的情况下使用并收取通行费，只要尊重其自身的行为或是在其权威下行动的任何人……①

同时，与这一观念相一致，McLean 法官表示，由州政府授予的特许状没有理由"不应该用同一种管理个体间契约的规则进行解释……"。② 尽管可能源于 Story 法官的异议，也可能源于 McLean 法官的赞同，但是监管契约在美国法院已经维持了150多年的效力，正如放松管制征收的拥护者们所赖以阐述的合同那样。

然而，如同查尔斯河大桥案那样，放松管制征收并没有在补偿方面给出一个清楚的契约型案例，因为许多监管政策条款都遗漏了或是不清楚。例如，在政府监管机构与公司互动之初，很少会有监管机构明确承诺为将来规则的变化提供赔偿。从历史上看，由监管机构作出明确赔偿是很少见的；事实上，许多机构监管者可能没有立法授权而缺乏权威作出这样的承诺。相比之下，不完全契约解释认识到，类比于监管者和私人企业之间合同的监管法规，经常会无法解决这些类型的问题。因为监管法规有不断重新谈判的倾向，在契约明示规定之外的条款可能在将来被作为监管过程的一部分而重新协商。法院不一定是理想的完成合同条款的机构，因为未来的政治或监管过程可能只是最初交易的预期条件。出于这个原因，政治和监管过程方面的司法遵从对于监管法规的不完全契约解

---

① 36 U.S. at 646.
② 同上，见第 557 页(J. McLean，意见一致)。

释来说就是很重要的。

支持放松管制征收的论证所暗含的建议是,法院应该对于希望公司案、市场有轨电车公司案和迪尤肯电力公司案恭顺的评论敬而远之,并朝着近来在土地利用决策中所看到的更为严格的审查方向发展——如果不是完全返回到 Smyth 诉 Ames 案的 Lochner 时代的方法的话(陈,1999)。例如,Sidak 和 Spulber 的方法将投资支持的期望作为最重要的内容,而且它在宾州中央运输公司的特定问题中是可变的。据他们的观点,投资支持的期望承担了"监管征收案例中的所有繁重任务"(Sidak & Spulber,1997:224)。此外,为了支持他们的论点,Sidak 和 Spulber 引用了很多法院最近的土地使用征收方面的案件,包括 Lucas 案和 Dolan 案。从这个意义上说,放松管制征收的倡导者正在敦促基础设施行业征收法律体系方法的重大改变,即通常要求法院为监管法规的变化给予补偿,而不是采用它们当前所使用的恭顺的方法。

然而,处理这一问题的不完全契约方法不会常规性地要求为监管法规的改变进行补偿,不像是放松管制征收的倡导者所认为的是必要的。相反,如果有什么区别的话,不完全契约分析在大多数情况下都反对补偿,就像在基础设施征收案例中法律所建议的恭顺方法那样。政府的责任非常有限,然而也很可能处于这样的情况之中,即州政府已经明确地为其在监管法规变化引致的成本上赔付了私人公司。

A. 合同责任范围

放松管制征收倡导者对违约和由于监管法规变化而向政府要求的征收索赔进行了预想。公司与州政府已经达成了反对监管法规变化的明示协议并支持对修改进行补偿,从这个意义上来看,违反合同的民事责任诉讼具有很大的价值。美国宪法的合同条款规定:"任何州不得……通过任何……法律损害契约义务……"[①],尽管宪法的这一条款有时只适用于私人合同,但是相当多的判例法和学术评论都以一贯的方式将该条款运用在州政府和个人及公司之间的合同中(Epstein,1984;Sidak & Spulber,1997)。

例如,法律文献中该观点的最坚实的拥护者 Richard Epstein,把征收条款

---

① U.S. CONST. art. I, § 10, cl. 1.

与合同条款作为防止寻租和政治阴谋的方式。根据他的观点,如果政府要采取行动,就必须对损失者进行补偿,除非它可以正当地援引警察权(Epstein,1985)。这种自由主义的观点存在两个问题。首先,甚至在 Epstein 的措辞中也忽视了这种可能性,即原合同本身就可能是一个寻租交易的结果。也许具有强大的政治关系或愿意行贿的人可以从顺从的官员那里获得这样的合同。"白象"基础设施项目是政客和私人投资者寻租的典型案例。Epstein 的"警察权"异议也许旨在能够涵盖这种情况,但他并没有充分展开这一论点(Rose-Ackerman & Rossi,2000)。其次,Epstein 采取了合法政府过于狭隘的观点。他渴望大范围的补偿,并且抱怨一个重要的情况是"如果合同会遭受损害,而为了实现某个重大的公共目标这种损害又是'合理和必要'的,那么这种可能性的存在就会非常混乱"(Epstein,1984:720,注 45)。他对政府行为的怀疑态度使其相比于私人合同中的当事人更加注重保护与政府签订合同的私人当事人。

即便这些争论并没有得到法律上的承认,但是放松管制征收的倡导者认为,单纯的违约索赔可能也会针对州政府而提出。Kenneth Starr 法官同时也在华盛顿特区电路案中写道:

> 公用事业活动表现为各式各样的契约;在特定区域中,服务垄断(加上州政府授予的土地征用权)被赋予公用事业单位以作为集中管控体制的交换,包括价格管制,这与自由市场制度是很不相融的。在交易中,合同每一方的当事人都会获取一些价值。作为一般规则,公用事业投资者可以得到稳定的收益,而放松监管或适度监管部门却难以如此;反过来,地方税纳税人可以获得普遍和一视同仁的服务,并通过对经济型企业的政治控制而从垄断利润中得到保护。①

借用这个概念,Sidak 和 Spulber 不看好为了类似于行业性合同违约的搁置成本而对公用事业单位的补偿。根据他们的观点,"考虑到监管合同下公用事业承受的成本,如果不随附对现有责任免除进行补偿的话,公用事业面向竞争市场开

---

① 泽西中央电力与照明公司诉联邦能源管理委员会案,810 F.2d 1168,1189 (D.C. Cir. 1989) (J. Starr, J. 意见一致)。

放——也就是说,公用事业特许经营权的终止——就违反了合同的重要条款"(Sidak & Spulber,1997:179)。

合同会引起对政府的不合宪法的追偿,对于这一观点,除了 McLean 法官在查尔斯河大桥一案中表示赞同以外,支持这一立场的最有力的先例是 1996 年最高法院万事达案。① 在该案件中,最高法院允许储蓄和贷款业务违反合同约定,以抵制联邦政府不能根据之前承诺的救助方案提供补偿。私人企业和政府之间的每一份协议都明确包含了现存的会计规则。当这些规则改变时,对联邦政府的违约责任索赔就会被提出。

然而,在私人企业和州政府之间却很少存在这种明确的协议。在涉及电力和电信等受管制行业的大部分例子中,反对变化并支持补偿的协议都是隐性的而不是明示的。这些交易被更精准地描述为不完全的关系型契约,而政府不会因违约负有责任。在查尔斯河大桥案中②,特许状没有包含特定的准许以垄断免于竞争的明示规定(Hovenkamp,1991;Kutler,1971),也没有包含承诺大桥无利可图时提供补偿的规定。作为法律史学家,Herbert Hovenkamp 指出:"查尔斯河大桥案件的实际效果是给予企业家他们想要的东西"(Hovenkamp,1991:112)。查尔斯河大桥所有人在最高法院判决之前已经输了官司,因为用首席大法官 Taney 的话说,"在公众补助方面,没有什么是含蓄地获得许可的。"③

万事达案并没有改变这一点(Chen,2000),尽管 Souter 法官在案件中提出了一个有趣的(可以说是影响深远的)异于传统的防御政府合同违约的学说。除了 Souter 多元化的不被大多数人赞同的观点之外,万事达案并没有认可新的支持补偿的实体性规则。相反,仔细阅读案卷,5 票对 4 票的判决只是重申了传统学说,即政府对克制某些监管行为类型的承诺将被法院强制执行,只要这些承诺是以明确清晰的语言提出的,而原告承担举证的责任(Baumol & Merrill,1996)。④

---

① 美国诉万事达案,518 U.S. 839 (1996)。
② 36 U.S. 420 (1837)。
③ Id. at 546.
④ 很难说万事达代表了在此案件上的司法共识。尽管 Steven、O'Connor、Breyer 法官认同 Souter 法官多元化的部分观点,即承认在政府补偿协议方面对于明确的学说内容的一般例外(518 U.S. at 871-887),但仍有 5 位法官拒绝这一例外(并因此再次确认明确的防御措施)。法官 Kennedy 和 Thomas 赞同法官 Scalia 的观点(Id. at 920-924),而法官 Ginsburg 与首席法官 Rehnquist 的异议保持一致(Id. at 924-931)。对于万事达案的深入讨论及其对于政府合同防御措施的启示可参见 Gilliam (1997)、Malloy (1998)、Schwartz(1997)。

然而，自从查尔斯河大桥案件之后，法院始终认为存在着一种假设，即法规（和条例）中的一般术语"不是有意要创建私人合约或既定权利，而只是声明在立法机关另行规定之前要奉行的政策"①。

最终，在这一情境下不完全契约方法所支持的是反对为监管变化提供补偿的假定，在最初针对一家公司而不是整个行业的监管工具中，该补偿只需用条理清晰的陈述为证据就可以被拒绝了。在其他许多情境下对于提高透明度以及立法或选举责任具有重要价值的"清晰陈述规则"（Eskridge & Frickey，1992），在公司特有的政府责任的情境下可能是填补差距的重要工具。在违背契约方案的情况下，清晰而明确的协议，即某一种由监管者提出的清晰的陈述，作为裁定政府违约责任的术语是很必要的。如果法律制定过程被视为契约协商，那么仅给予私人当事人他们所要的东西具有某些重要的意义。如果为了执行而要求谈判契约明确，这会在法律制订过程中鼓励更高的透明度和责任。当一个行业为利益而与国家讨价还价时，这些契约内容就要在为突然出现的行业转变提供紧急财政救援之前，以每个人都能看到并理解的语言向公众透露（以及政府的其他机构）。此外，在这种情况下默认的清晰陈述规则将鼓励私人当事人在法律制订过程中更加负责任地参与。私人当事人总是通过寻租或从州政府寻求其他利益的方式力图促进其自身的利益，但那些本来可能与州政府进行秘密交易的当事人将被迫公开这样做。有关清晰陈述的规则受到严厉的批评，因此其并未要求清晰陈述，而是模糊了对实质价值的司法认可（Eskridge & Frickey，1992；Nagle，1995）；然而，当监管变化的责任仍存在争议时，对于法庭过分干涉风险较低的立法过程来说，针对政府责任的默认规则或有力推定是有效益的。

B. 作为填补差距措施的宪法征用问题

当不存在这样的协议时，宪法的征用条款或许可以用作填补差距的措施，其中州政府承担某些监管变化的责任。但是，征用条款并不只是一套默认规则，当事各方围绕它可以很容易地在缔约过程中讨价还价。这也是宪法强制执行的规定，即便当事各方可能已经清晰地表述了其倾向性，但并不承担责

---

① National R.R. Passenger Corp. v. Atchison Topeka & Sante Fe Ry. Co., 470 U.S. 451, 466 (1985), quoting Dodge v. Dept. of Educ., 302 U.S. 74, 79 (1937).

任。鉴于诉诸宪法补救措施的刚性,以及与支付"公平补偿"相联系的公众成本,这种强制性规则应该在监管法律中归为次要角色,只有在必要时作为最后的手段而被援用。

这种类推虽然并不十分恰当,但是借助作为监管过渡期赔偿的宪法征收原则,默认规则在交易视角下对该问题进行了阐释。即使我们将征收索赔视为一种默认规则,各方当事人可以围绕该规则订立合同,然而并不清楚支持监管变化责任的默认规则是不是最好的方法。不完全契约文献认为,由于交易成本的存在,关系的不完全性是不可避免的,尽管并非所有的不完全性都必然会出于交易成本而产生。不完全契约文献中的另外一个重要的洞见是,在许多情况下,不完全性的存在是出于战略原因。例如,如果缔约双方正在为合同条款而谈判,并且其中一方拥有合同绩效的信息(例如,制造商拥有工人罢工方面的信息,而该信息能够影响货物是否实际已生产并交付),这可能会影响此类条款是否在合同中得到处理。信息不对称可能会鼓励合同当事人一方或双方都进行战略性的保密行为。

进一步地,即便在合同执行时不完全性的存在是出于中立原因,即相关的交易成本,那么不完全性也可能导致缔约一方或双方的无效行为。如果一方当事人处于较优的地位,可以避免违约并能把伴生性损失降至最低,那么契约不完全性就会产生这种行为。例如,一旦制造商签订了商品销售合同,就很少再会有与工会真诚谈判的动机,这与招致罢工以及为了合同义务搜寻替代性供应商而支付赔偿的做法截然相反。同样,在为违约事件中的损失进行投保方面,一方当事人可能会比另一方处于更有利的地位。

由于存在这种战略上的不公开,对该问题的不完全契约分析需要调查不完全议价监管的原因。在监管过程中一方当事人拥有信息优势时,信息强制的默认规则可能就会被建构起来,以在交易过程中要求该方当事人透露这些信息(Posner, 2003)。同样地,当一方当事人处于有利地位,可以将损失降至最低,并能坚持通过履约时不完全性所提供的灵活性而获利,那么损失规避的默认规则可能就是比较恰当的。在合同法中,不完全性现象产生了旨在解决交易过程中的缺陷的默认规则,它鼓励未来更有效的交易,并尽量减少一方或双方当事人与战略行为相关的损失。

在放松管制征收的背景下,这一观点对我们如何确定赔偿是否适当和赔偿的水平具有重要意义。不完全契约的解释不承认征收条款唯一专注于保护产权和反对多数主义的侵扰(Epstein,1985)。此外,不完全契约的解释也不承认这样的观点,即征收法律体系是专有地甚或是首要地关注于通过保护投资者支持的预期来阻止政府的掠夺(Michelman,1968,1988)。事实上,有理由相信,威慑在这种情况下不是很有效。对于威慑的集中讨论假定民主化进程为政府官员的预算管理提供了强有力的问责(约束主要决策者解释所有的不道德行为),但委托代理问题使之并不切合实际,政府官员在决策中往往更多地受到政治因素而不是货币因素的影响(Levinson,2000)。相反,考虑到不完全契约方法对未来缔约行为的影响,建议在援用政府责任之前需谨慎处理。特别是,法律责任应尽可能地让私人投资者在政府和其他潜在的财产购买者之间保持中立。在使用法律补偿时,不完全契约方法会建议法院重点关注私人投资决策,特别是在私人决策很可能对于政府补偿的可能性和水平产生反响(或弹性)的情境中。补偿对于监管过程中未来的私人行为会产生一些严重的不良影响。即使在补偿尚未合法时,不完全契约解释也会对我们如何在放松监管环境中对网络接入设置收费标准产生重要影响。

自从罗斯福新政以来,征收法律体系还没有发现基础设施行业中监管行为要求赔偿的现象。虽然程序保障和政治问责是充分的,但那些迫切要求放松管制征收的观点也认为这些方面还需要改革。赋予补偿法律权利的支持者们将放松监管征收的情况安排到传统的如希望公司案、市场有轨电车案、二叠纪盆地案以及 Duquesne 案中的恭顺方式之外,以类似于最高法院处理土地使用征收案件的方式来对待它们。然而,对于经济监管转变中的补偿来说,土地使用案是一个薄弱的判例,这有两方面原因。首先,尚不清楚监管合同是否导致了受宪法保护的财产权。正如 Holmes 法官曾经提到过的异议:"当不受版权保护的文字组合得以出版时,不存在禁止其他人重复这些文字的一般权利。换言之,在这些文字的组合或者所表达的思想或事实中,不存在所有权。法律所创造的所有权并不产生于价值,尽管事实上所有权是可交换的。许多可交换的价值可能在没有补偿的情况下被有意地破坏了。"[①]换句话说,所有权并不存在于抽象的、独立于政府的行为中。法院需要仔细评估,合同谈判是否产生了类似于所有权的东西,

---

① 国际新闻服务公司诉美联社案,248 U.S. 215,246(1918)(J. Holmes,持异议)。

而所有权并不会先于监管法律而存在。其次,与私人财产所有者不同,公用事业投资者似乎在政治和监管过程中得到了充分的保护,并在这一过程中通常与州政府签订契约。放松管制没有对这一基本原理提出挑战,正如放松管制一样,公司与政府间重要的持续性关系还在继续。征用条款不应该被用来保护那些有机会影响政策的人,或是那些能够预计未来的政策变化并在就其投资成本与行为进行缔约时而将这些变化考虑其中的人。

很少有明确的合同来保证受监管的企业获得一定的资产回报率,或者承诺在未来的政策变化时为这些企业提供补偿(Hovenkamp,1999;Rossi,1998)。通常情况下,企业会将其进行投资选择时的风险内部化。在费率厘定情况中,最高法院意见的恭顺方法一般要求公共设施所有者接受在与州政府缔约时投资失败的风险。相反,当投资者非常多元化并且了解风险时,赔偿就可能降低他们自保的动机。例如,在上海电力诉美国案中,一家美国公司丧失了就其上海电厂的赔偿金而对中国的索赔,并寻求美国政府的补偿。[①] 发生实际的没收事件后,在制订重建与中国关系的外交政策中,卡特总统偿清了所有对中国的未决索赔,上海电厂得到了 2 000 万美元,远低于公司 1.44 亿美元的赔付要求。美国索赔法院发现征用并不存在:尽管公司在短期内会有一个不成比例的损失,但是 Kozinsk 法官援引了公司在其他方面投资和收益多样化的长期动机作为反对补偿的理由。同样,反对为监管变化提供补偿的默认规则,形成公司多元化和自我保护的激励以免受监管变化影响。

一些评论家认为,公用事业单位并没有被热切的监管者诱导去投资,反而是推动了监管部门允许高水平投资的存在(Hovenkamp,1999;Rossi,1998)。如果公司不顾竞争性环境而期望其成本得以偿还,他们就有过度投资的动机。确定的补偿影响了内化于受监管公司和监管机构官员之间关系的战略行为的刺激措施(Williamson,1996b)。不利的结果可能会夸大阿弗奇-约翰逊效应,在此效应下,企业会选择无效率的高的资本-劳动比(Averch & Johnson,1962;Michaels,1996;Williamson,1996b;参见第三章)。

迄今为止,没有一家法院受理行业所主张的放松管制征收的争议。当合同违约索赔提高的时候,法院就会一致要求清晰和明确的合同作为保护搁置成本

[①] 4 Cl. Ct. 237(1983).

回收的基础。① 在案例之外涉及网络线路接入的物理性侵入时②,征收索赔也被法院所拒绝。③ 尽管法院通常都会拒绝放松管制征收索赔,但是放松管制征收诉讼的威胁已经促成了许多和解协议。例如,在宾夕法尼亚州,一项和解的结果花费了消费者数十亿的转变附加费(Isser & Mitnick,1998)。并且它在联邦和州政府层面上影响了监管者与立法者对于消费者附加费和接入使用费的采用(Chen,1999)。公用事业公司能够成功地在联邦和州两个层面让自身的利益得到认可,就是一个反对适用宪法征收条款要求赔偿的有力证据。虽然公用事业

---

① 在纽约能源协会诉纽约公共服务通讯公司案中,法院驳回了公用事业单位的观点,即"无法保证搁置成本的完全收回构成了违约"[653 N.Y.S.2d 502,513-14(1996)]。反之,法院支持"公正与合理的费率是不必要的……使公用事业单位免于竞争的结果"(同上)。因此,只有那些为了垄断而明确缔约的公用事业单位才可能具有那种得到承认和强制执行的垄断。也参见 Hovenkamp,1999b;811[引自《关于宾厄姆顿大桥》,70 U.S. (3 Wall.) 51,82(1865)]("在公司章程中强制执行显性垄断条款")。在另一案例中,新罕布什尔州公共服务公司(PSCH)得到州政府承诺,可以在破产程序中重获其23亿美元的特定投资。PSCH 公司成功获得了对无法保证该项投资成本收回的新罕布什尔州重建计划的禁令。在回顾这项地方法院禁令时,考虑到公用事业单位与州及联邦监管者之间的特定协议,美国第一巡回上诉法院断定这一案件具有胜诉的可能性。法院也注意到了由于发布临时禁令造成破产而带来的不可挽回的损失的可能性。参见新罕布什尔州公共服务公司诉帕奇案(1998)。然而,第一巡回法院认为,在反对新罕布什尔州对于州内所有公用事业单位计划的实施方面,地方法院的决策并不正确:

地方法院延长禁令期限以保护所有其他新罕布什尔州的电力事业部门是更为棘手的事情。尽管其他事业单位已经加入对类似于由 PSNH 造成的那些最终方案的抨击中,但是并不清楚它们是否能维护合同条款或者坚持破产重组的观点,这些观点使得地方法院对 PSNH 的案例非常感兴趣。公用事业单位在本质上不会遭受损失的情况也并不明显,这方面的损失仅仅是由于引入竞争的利率监管方面的变化造成的。

也可参见新罕布什尔公共服务公司诉帕奇案,167 F.3d 29(第1巡回法庭,1998)(基于备案费率规则驳回联邦抢占索赔,认为向联邦能源管理委员会登记备案的关税阻止新罕布什尔州拒绝搁置成本收回,拒绝公用事业单位的禁令要求,这些要求缺乏从之前的破产重组中恢复的清晰的合同保障。)

② Notions of physical invasion hold a grip on the definition of what constitutes a taking in the American legal mind. In *Loretto v. Teleprompter Corp.*, 458 U.S. 419 (1982), the Supreme Court found that the use of a few square inches of property on the outside of a building for a cable television cable connection constituted a taking. The smallest physical invasion, according to *Loretto*, can constitute a taking. Thus, mandated open access of network facilities, such as power transmission lines, without compensation may be held to be a taking. In the context of a physical occupation, courts have not had the same reluctance they seem to have in finding a taking for failure to compensate stranded costs. See *Gulf Power Co. v. United States*, 998 F. Supp. 1386, 1394-95 (N.D. Fla. 1998) (relying on Sidak and Spulber to support the proposition that a permanent physical occupation of property constitutes a per se taking); *GTE Southwest, Inc. v. Public Utility Commission of Texas*, No.03-97-00148-CV (Ct. of App., Austin, July 15, 1999) (finding a taking based on *Loretto* where the Commission ordered GTE to revise its tariff to ensure reasonable, nondiscriminatory bases for decisions affecting access to customers by alternate service providers, including "the relocation of multiple demarcation points to a single point of demarcation on multi-unit premises").

③ See, e.g., *In the Matter of Energy Association of New York State v. Public Service Commission*, 653 N.Y.S.2d 502, 515 (Sup. Crt., Albany Cty. 1996) (rejecting deregulatory takings argument against stranded cost recovery, stating "The rule of *Smyth v. Ames* ... does not prevail today.").

公司并不总能赢得所有它们想要的补偿,但它们显然在国家政治方面是一支重要的力量,能够很好地在既存的制度和程序范围内提升它们的关注点。与基础设施情况下恭顺的做法相一致,美国最高法院最近驳回了一项放松管制征收诉讼。该诉讼向联邦通信委员会(FCC)的一条规则提出了挑战,该规则设置了决定接入费用的一般公式。法院为未来对特别接入费用提出挑战留下了可能性,因为"征用没收是如此不公正"以致在某种程度上威胁到了在职者的"财务稳健",但拒绝重读征收基础设施案,因为在这类土地使用案件中,法院采取了类似的严格审查。①

虽然监管的不完全契约解释建议对征收和违约法律索赔采取恭顺的方法,但是它对于监管者如何更普遍地接入网络也会产生影响。Daniel Spulber 和 Christopher Yoo 认为,最高法院的征收审判规程要求监管机构基于市场而非成本因素设定准入价格(Spulber & Yoo, 2003)。在进行征收时,某种程度上——可能很像最高法院实物占有案的情况,此时,强行接入要求互联或是需要接入电信系统或电力输送以及配电线路②——监管机构必须确定如何设置价格,以避免受到"公正补偿"的挑战。对于拥有网络设施以扩产满足需求的公司来说,基于成本定价(仅基于历史上的成本厘定)就政策来讲,可能并不总能够为其提供充分的激励。相比之下,以市场为基础定价的一般假设可以提供重要的信号,并有希望在网络设施方面为投资者创造激励。在许多情况下,如在电力传输的情况下,设施扩张的正确的经济信号对于避免瓶颈以及允许放松管制市场的成功是很关键的。

虽然经济刺激措施对网络产业是重要的,但是它在补偿成本中计入所有个人机会成本的做法却并不是有效的。放松管制征收的拥护者认为,新进入者应当为基于现有企业的垄断利润的互联和网络使用付出代价,包括其个体机会成本。不过,这却将私人和公共的机会成本混在了一起。正如 Nicholas Economides 的解释:

---

① *Verizon Communications, Inc. v. FCC*, 535 U.S. 467, 523-24 (2002) (citing Duquesne Light Company, 487 U.S. at 307, 312).

② Even this, however, is not necessarily an unconstitutional taking for which just compensation is constitutionally necessary. As other have noted, common carrier interconnection does not always constitute a physical invasion of private property under takings jurisprudence, especially given the rich tradition of regulatory intervention in this context (Candeub, 2004; Chen, 2004).

假设有两家公司 X 与 Y，它们正在为争取顾客 C 而竞争，对每家公司来说其竞争获取的价值为 C 美元。又假设在服务顾客 C 方面，X 与 Y 具有同样的成本效率。如果顾客 C 过去通常是从 X 公司购买服务，而现在是从 Y 公司购买，那么 X 公司的个体机会成本就是 C 美元。然而，顾客 C 从 X 转换到 Y 的社会机会成本却完全是零，因为社会并没有从顾客 C 的转变中获取或失去什么。从本质上看，因为公司 X 的所失即公司 Y 的所得，个体机会成本及收益相互抵消，所以顾客 C 转换的社会成本即为零。①

Jim Chen(2000)也注意到，这样的定价机制存在严重的代际成本。虽然以市场为基础定价的经验法则在竞争性行业中是无懈可击的(Candeub, 2004)，但是它不应该被援引以作为弥补现存企业个体机会成本的不正当方式来向公众征税。对于监管的不完全契约的解释，当然不能使得违宪征收自动浮出水面，但是如果发现了引发责任的违约现象，就应当运用基于市场定价的有限假设（不包括基于旧的监管体制的个体机会成本）。市场价格最好的测量方式是应该反映当前竞争性行业的情况，而不是与旧的监管架构相联系的特殊的预期。

* * *

总而言之，尽管放松管制征收有着较强的以权利为导向的说法，但是在放松监管和其他政策转变的背景下，契约概念在作为政府责任基础方面却几乎没有市场。这并没有使得谈判成为监管法律分析中没有价值的领域，而只是限制了其在司法审查中的实际应用，即作为对不利的政府决策进行补偿的一种机制。如果我们能够超越放松管制征收拥护者所依赖的法律强制执行模型，那么理解监管的谈判方法就会对监管法律具有更为广泛的影响。对于监管来说，以谈判为中心的方法明确将集中谈判作为一项活动，探究监管法律的有价值的领域，而不必使法院充当强制执行契约的角色。议价分析不是以契约为一种责任机制，而是要设计出监管法律如何处理机构监管问题的方法，例如法院应当在评审变化中将评审标准应用于监管规则以及行为与激励标准的内涵中。

---

① Economides, 2003: 142-43.

6 不完全费率监管和司法强制执行

通过议价的方法分析放松管制征收并没有使法院在放松管制的市场上承担积极的角色。相反,放松管制征收的不完全交易评价表明,在大多数情况下,法院将通过听从于监管机构的决策来最优化地改善问责制、透明度和可预测性。如果有什么区别的话,清晰的陈述规则对法院来说是合适的默认机制,因为法院可以援引该规则评估政府回避监管承诺而提供补偿的可获得性。由于在补偿承诺方面缺乏代表政治体制的明确而讨价还价性的陈述,法院不会干预监管的转变。相反,尊重一个原本合法的政治进程则是合适的。正如在其他机构监管的背景下,司法尊重是一种常态。在某种程度上,与法院相比,在处理复杂的经济监管事务方面,政治进程和具有专业知识的机构监管显得更有能力。对于法院来说,在放松监管时代评估政治体制决策方面,司法尊重是最为可取的初始立场。

不过,在放松管制环境下评估公共法律方面的问题时,法院也并不局限于清晰的陈述和顺从原则。更确切地说,通过议价的方式来处理监管问题,为更加细致入微地解释法院在市场转变中的角色提供了基础。虽然放松管制征收在监管承诺的程度方面解决了不完全性问题,但是,监管过程也展现了其他的不完全性类型,形成对于司法反馈的需求,以适应即将出现的体制性问题。对于不完全性和议价的最佳的体制性回应是各不相同的,这主要取决于未来监管谈判中对私人当事人的激励。并非所有的议价都是在同样的条件下发生的,在未来的监管过程中也不会对个人行为带来相似的激励。

举例来说,监管机构承认,经常性地检查以及不时地批准私人公司,文件公司活动可能易受到机构权力的影响,也许比在经济监管中的任何其他活动都多得多。通常情况下，这些文件都是不完全的。不完全性可能是由私人文档范围方面的明显限制而造成的（例如，如果一家申报费率表的公司却未能解决申报方面的问题）。不管怎样，私人费率申报单往往会产生一个普遍性的问题，但却有一定的模糊性。例如，在某种程度上，私人费率申报单取决于公司自愿性信息披露的情况，虽然费率经常预设公司通用的行为类型（例如，传输接入条款和某种特定方式的定价），但是机构可能缺乏必要的执法机制，以强制执行费率或阻止违法行为。例如，联邦能源监管委员会可能缺乏法定授权以对传输进行强制性拓展，从而只能要求事后遵守接入费的相关规定——竞争对手在能力受限的情况下被市场机会拒之门外之后——这对确保市场竞争性来说可能是不够的。简单地说，在为了使监管机构做好本职工作方面，费率不一定能反映出监管者所需要了解的内容，也未必能授予其充分的监管权力。在向其他公司披露促进竞争所必要的信息方面，私自申报费率自身也可能是不充分的。

在长期存在的"费率申报原则"下，尽管私人公司监管费率申报单有着广泛公认的缺陷，法院却经常为费率申报单提供法律效力，并据以推定允许费率来确定监管执行的体制性机制。费率申报原则阻止法院对索赔进行裁定，例如反垄断诉讼、侵权或者合同案例中的索赔，如果这会导致与机构费率相矛盾的司法强加的判罚金额的话（Rossi, 2003）。虽然这一原则为法院呈现了与包括尊重机构监管者等在内的许多总体性目标相一致的简单规则，但是它也向私人公司展现了在费率方面进行战略性申报并提供信息的机会，特别是在费率表从未被审阅或由政府监管者批准的情况下。从这个意义上来说，私有公司的费率申报单决策会在监管执行中影响机构层面的看法。在其他情境下，例如医疗事故或侵权责任方面，尽管也存在对于将信息披露的战略性操控最小化的保障性需求，但是风险披露已经被证明是预防未来诉讼的有效策略[见 Berg(2003)关于医疗事故的知情同意和 Simons(2002)关于侵权的风险假设]。在监管的环境下，费率申报单的私人披露具有同样的效果，但是经济监管方面的文献却完全忽视了保障措施的需求。交易观阐释了在放松管制环境下由费率申报原则所呈现的问题，建议法院在考虑针对已经与监管机构形成私人费率申报的公司进行反垄断、侵权以及合同索赔时，扮演更加精准的角色。

I. 费率申报原则和服务成本环境中的费率征收

整个 20 世纪,法院都是援引费率申报原则作为拒绝或允许对机构监管者所批准的税率进行修改的独立的法律依据。法院已经将此原则扩展,不仅应用于费率方面,而且还应用于由监管者批准的条款和条件中,例如包括在关税表中的服务质量条款。该原则的最初目标主要是保护消费者,尤其是保护消费者在服务定价方面免受不公正的歧视("不公正的歧视"链)。与此同时,联邦制的体制性关注("联邦强制收购"链)以及对监管者的尊重("尊重"链),有助于证明其合法性。随着时间的推移,这个在起初被作为消费者保护利剑的原则逐渐演化为一种让受监管的公司对法律诉讼极具免疫力的盾牌,而该盾牌旨在保护消费者和竞争。

A. 费率申报原则的基础知识

费率申报原则为特定公司费率的合同权利提供了其他机构规则的全部法律效力。例如,1951 年,最高法院提出所有费率表都提交给联邦能源管理委员会的前身联邦电力委员会,并被其接受,这对于联邦法院具有约束力。法院的理由是,合同一方当事人"可以要求将无费率作为不同于费率申报的法定权利,无论这是固定的还是仅仅由委员会承认即可,而甚至连法院都不能在商业中以其他条款批准商贸行为"①。Thomas Merrill 和 Henry Smith 如下描述这一学说:

> 在这一原则下,公用事业单位和公共承运人必须在被称为费率表的标准合约中建立自己的费率和服务,对于所有的消费者来说,这些都必须可以平等和无歧视性地获取。费率申报表不允许出现偏差,但是相关的监管机构有权审查和调整条款,以确保这些条款对受到影响的客户来说是"公正与合理的"。实际上,单一的服务提供商建立了一个涉及人的权利,该权利对

---

① *Mont.-Dakota Utils. Co. v. Northwestern & Pub. Serv. Co.*, 341 U.S. 246, 251-52 (1951).

于众多类型的客户来说都是可以获取的,而客户(对于费率表的细节保持理性地忽视)也继而免受供应商通过机构监督进行的剥削。①

基于对所提供服务的成本进行评估来设定费率的传统费率监管过程,在被批准的费率表方面为保护公众利益提供了充分的机会。

从历史上看,非歧视原则是法院为了遵守已备案的、公布的费率所援引的主要理由。早在1907年最高法院就提出,基于承运人费率被宣称为不合理的州际商业法案(ICA)寻求损害赔偿的托运人,必须通过州际商业委员会(ICC)而非法院采取行动,因为只有该机构"被最初赋予权力来处理由于预先计划的改变而带来的诉讼"②。尽管在某些情况下遵守费率申报可能造成一些困难,但是最高法院已经阐明,这一原则的意图"体现了在州际商业监管中已经由国会所采纳的政策,其目的是禁止不公正的歧视"③。因此,在最初的设计中,该原则的意图是防止垄断价格歧视的低效率——例如铁路对于各州不同的客户收取不同的费率,向与之竞争的航运公司收取过高的价格,或者提供回扣或赠品以吸引客户——而没有基于客户服务成本提供的任何理由。

不像别的排他行为,价格歧视不一定改变垄断者的产出水平(尽管它可能不完善);然而,这种做法通常由于在某种程度上最大化了垄断者的利润而受到谴责(利润表现为从消费者到垄断者的转移),这种做法同时也鼓励垄断者在维持其主导地位的过程中浪费资源。对于价格管制行业,如电力或电信公用事业,价格歧视可以产生一个更加具体的问题。不受管制的价格歧视可以导致产能过剩和资源无效利用。由于缺乏对价格歧视的禁止,某公用事业单位可能优先向一些客户,也许是那些拥有可替代公用事业服务的客户(例如大型市政或工业用户)以低于向其提供服务的平均成本的价格索取费用。在某种程度上,公用事业单位确实如此行动,费率调控允许公用事业单位通过提高向其他客户索要的费率,来弥补向优先客户提供服务的成本。举例来说,假设一家电力事业公司有3个市政客户。该公司建设一个工厂向三个客户提供服务的总成本是每年 660 000 美元,每个客户则花费了同样 220 000 美元的平均服务成本。假设其中的客户 X 也拥有一家水力发电

---

① Merrill & Smith,2002:808,n.112.
② *Texas & Pac. Ry. v. Abilene Cotton Oil Co.*,204 U.S. 426,448 (1907).
③ *Louisville & Nashville R. R. v. Maxwell*,237 U.S. 94,97 (1915).

厂,其可以替代该公司电力需求的运营成本是每年200 000美元,则可以在向该公司购买电力方面每年节省20 000美元。该公司则可以弥补其总成本,并通过采取歧视性费率来使其客户基础最优化。也就是说,该公司每年向客户X收取190 000美元的费用,而向其他每个客户每年收取235 000美元的费用。

然而,这种做法是低效的。这样一来,低成本电厂就不会被建设,反之电力事业公司则会在自有资本设施方面过度投资,并利用价格歧视作为阻止竞争对手使用更高效替代方案(如水力发电厂)的一种策略。因为价格歧视很难激励电力事业公司避免过度的资本投资,这有可能导致行业中高于最优水平的资本劳动比(Averch & Johnson, 1962;也可参见第三章中讨论)。相比之下,禁止价格歧视则将鼓励电力事业公司更加谨慎地根据向每个客户提供服务的成本,拓展其服务单个客户的资本,并提高利用资本资源的效率。①

与此同时,由于完美价格歧视允许垄断者将输出扩展至若不如此就被挤出市场的消费者身上,因此这个反对费率非歧视的原则作为经济学理论是很难没有争议的。拉姆塞定价(Ramsey pricing)或者根据消费者需求弹性反比例地提高价格,提供了基于价值的定价理论,可以将价格歧视有关的无谓损失降到最小化(Brown & Sibley, 1986)。因此,在服务成本管制下,拉姆塞定价为缓和阿弗奇-约翰逊效应的低效性提供了一种监管机制。此外,芝加哥学派的理论将价格歧视视为将垄断性市场引向竞争性市场的一种方法,并因而减少了"垄断的错误配置效应"(Hovenkamp, 1999a;Posner, 1979)。

费率申报原则背后的价格歧视原理不是无懈可击的。然而在20世纪,法院拓展了费率申报原则的影响,该影响远远超出了费率的范畴,从本质上包括了被批准的费率表中所有的条款和条件。② 因为费率表通常不仅调控服务价格,而且还调控其条款和条件,费率申报原则的范围将最终扩展到允许整个调整过程产生决策,这些决策具有合同效力,甚至对法院也有约束力。

B. 体制环境

消费者保护的进步论调中充满了费率申报原则的不公正价格歧视链的内

---

① 在反托拉斯规制中对价格歧视相关而更为普遍的批评是,它鼓励垄断者利用初级市场进入次级市场(Kaplow 1985;Sullinvan, 1992)。

② 参见 N.Natural Gas Co. v. State Corp. Comm'n, 372 U.S. 84, 90-91(1963)("我们的调查并没有结束,因为订单并没有依据价格和采购量进行交易")。

容。然而,在美国给定的经济调控体制背景下,费率申报原则包括另外两个部分。在应用该原则的过程中,法院允许经济管制的双重联邦式执行结构,以避免国家政府和州监管机构(联邦先占权方面)之间存在潜在冲突,并提升对机构监管者(尊重方面)的司法尊重。

1. 联邦先占权方面

考虑到费率申报表保护是作为联邦法院的原则进行演化的,那么联邦司法机关运用该原则将国家监管或普通法的主张排除在联邦法院的考量范围之外就不足为奇了。类似于联邦法规可能优于州立习惯法的要求(McGreal,1995)或者海商法可能优于州立习惯法侵权索赔(Young,1999),费率申报原则在总体上具有排斥任何州立法权力要求的效果,因为这些要求有可能允许对费率申报原则的背离。由于成功的州诉讼案允许服务费率和条件随着司法管辖范围而改变,因此费率申报原则的排除效应在费率、条款和条件方面促进了全国范围的统一。

该原则连同费率中歧视的普遍禁止一道,已经扩大到给予费率表超越州立法律索赔的优先效应,甚至当它们在其明示条款中不限制责任的时候也是如此。1906 年,最高法院将这个原则应用于公共承运人方面,阻止托运人在国际商会(ICC)诉讼程序之外寻求损害赔偿。① 甚至当客户已经把费用谈到费率表价格以下的时候,费率申报原则仍被拿出来阻止折扣优惠。在一个案例中,虽然公布的路线费用是 78.65 美元,但是一位乘客已经与铁路部门谈好了 49.50 美元的车票价格。② 发现这个过失后,铁路部门就以差别待遇起诉了这名乘客,而最高法院支持了针对这名乘客的裁决,即使同意遵守国家合同法的原则,也不允许任何对于费率申报原则的背离。

最近,在 AT&T 诉电话公司中心局的案件中,最高法院提出,仿照国际通信机构(ICA)的非歧视条款,联邦通信法案(FCA)的费率申报条款要求司法强制执行申报费率。③ AT&T 公司已经签订了向中间商出售长途服务的合同,给予中间商获取客户的充分保证,但是 AT&T 公司之后在网络方面遇到了一些问题,其中包括账单延迟和账单错误。当中间商不能够满足 AT&T 公司的使用承

---

① See *Texas & Pac. Ry.*, *v. Abilene Cotton Oil Co.*, 204 U.S. 426, 448(1907).
② See *Louisville & Nashville Railroad Co. v. Maxwell*, 237 U.S. 94, 96(1915).
③ *AT&T v. Cent. Office Tel. Co.*, 524 U.S. 214, 227-28(1998).

诺时，AT&T 公司就在合同到期的 18 个月前终止了合同。中间商根据州立法律起诉 AT&T 公司违约并反复干扰合约。AT&T 公司错误地为中间商客户开具账单，给中间商造成了巨大的损失，但是 AT&T 公司与联邦通信委员会（FCC）一同进行费率申报，专门处理了费用折扣的一些同类项目。为了使大多数人明白，Scalia 法官解释称："不管承运商的动机如何——无论是力图有利于还是有损于特定的客户——当位置相似的客户为同样的服务支付不同费用的时候，承运商就违反了非歧视性费率政策。反歧视政策是通信法案中涉及普通承运商部分的核心。"①因为 FCA 的 203(a)部分需要每个普通承运商都与 FCC 进行费率表申报，法院就不得不强制实施这些费率政策，并且"费率表所界定的权利不能由合同或承运人的侵权行为而改变或扩大"。②

继 AT&T 案件中法院应用费率申报表保护之后，远程服务的大规模客户面临着严重的补救措施方面的损失，在竞争市场上，长途营运商很少提供防止不法行为的威慑。例如，假定运营商签订合同承诺在国内转换终端方面以每分钟 5 美分的费率提供给分销商。③ 作为这一费率的回报，分销商承担在未来三年内每个月购买 100 万分钟的服务。然后，分销商与第三方达成协议以每分钟 6 美分的价格转售服务。然而，由于运营商的疏忽或者欺骗性的意图，运营商的费率申报表包括的是一个 10 美分的费用而不是所承诺的 5 美分。根据法律，运营商需要收取分销商 10 美分的费用，即便这将要求分销商以低于成本的价格卖给第三方。如果分销商对运营商仍然负有整整三年的合同义务，其损失将是巨大的。

该原则不仅限制了州立习惯法的请求权，而且还缩小了州立机构监管者的管辖范围。比如，在 Nantahala 电力与电灯公司诉 Thornburg 案中[一个处理联邦能源监管委员会（FERC）权力范围以调节批发费率的案例]，最高法院指出：

---

① See id. at 223 [quoting *MCI Telecommunications Corp. v. American Telephone & Telegraph Co.*, 512 U.S. 218, 229 (1994)].

② Id. at 227 [Keogh v. Chicago & Northwestern R.R., 260 U.S. 156, 163 (1922)].

③ See Neil S. Ende, *Unholy Contract: The Legacy and Abuse of the Filed Rate Doctrine*, Phone + (May 1999), available at http://www.phoneplusmag.com/articles/951feat3.html(last visited Sept. 14, 2003).

FERC 对于 Nantahala 的州际批发类客户的费用具有专属管辖权。一旦 FERC 设定了这种费率,州政府在设定零售费率时可能无法断定 FERC 所批准的批发费率是不合理的。州政府必须落实国会的意愿,给予 FERC 在州际批发费率方面充分的权力,并保证州政府不会干涉此项权力。①

例如,该原则避免州政府陷入"俘获"成本,即通过运用其"对于零售费用真正的管辖权来阻止作为卖者的批发商补偿支付给 FERC 核准费用的成本"②。除了已付的费用之外,如果特定的采购被认为是轻率的,那么以 Pike 县例外而著称的一则警告则允许州政府拒绝为公用事业机构提供弥补成本的机会。③ 尽管美国最高法院从来没有直接认为这种轻率行为可以规避费率申报原则,但是许多巡回法院和地方法院④以及 FERC⑤ 都认可这一例外。

2. 机构服从方面

即使联邦法律,例如各种反垄断法律原则,可能为评估受管制企业的行为提供了可行的法律标准,法院也可以援引费率申报原则阻止对索赔请求的审判。同样地,费率申报原则可以发挥类似于 Chevron 尊重原则的服务功能:⑥ 出于对监管机构及其专业知识的尊重,法院有时会拒绝受理有关机构费率的法

---

① 476 U.S. 953,970(1986).
② Id. at 970.
③ *Pike County Light & Power Co. v. Pa. Pub. Util. Comm'n*, 465 A.2d 735, 737 – 38 (Pa. Commw. Ct. 1983).
④ *See Public Service Co. of New Hampshire v. Patch*, 167 F.3d 29, 35 (1st Cir. 1998)[citing *Mississippi Power & Light v. FERC*, 487 U.S. 354, 373-74 (1988) and *Nantahala*, 476 U.S. at 972]; *Ky. W. Va. Gas Co. v. Pa. Pub. Util. Comm'n*, 837 F.2d 600, 609 (3d Cir. 1988) ("Regarding the states' traditional power to consider the prudence of a retailer's purchasing decision in setting retail rates, we find no reason why utilities must be permitted to recover costs that are imprudently incurred."); however, see *Pacific Gas & Elec. Co. v. Lynch*, 216 F.Supp.2d 1016, 1049-50 (N.D. Cal. 2002) (declining to apply the exception because a decision on the permissibility of a prudence review was not "meaningful" at the time of the decision).
⑤ See *Palisades Generating Co.*, 48 FERC ¶61, 144, at 61, 574 n.10 (1989)[citing *Pennsylvania Power & Light Co.*, 23 FERC 61, 325, at 61, 716(1983) and *Monongahela Power Co.*, 39 FERC 61, 350, at 62, 095-96 (1987)](noting that FERC's action in accepting a tariff filing does not preempt or otherwise effect state jurisdiction to review for prudence).
⑥ *Chevron U.S.A., Inc. v. Natural Res. Def. Council, Inc.*, 467 U.S. 837, 844 (1985) (finding that "considerable weight should be accorded to an executive department's construction of a statutory scheme it is entrusted to administer").

律纠纷。

尽管最高法院已声明，对于监管机构批准的交易，董事会没有普遍的反垄断豁免权，①但是长期以来，对于受管制的费率和其他条款与条件的直接反垄断抨击都受到费率申报原则的限制。② 这个议题上的经典案例即 Keogh 诉芝加哥 & 西北铁路公司案，该案形成的观点认为，私人原告不能基于承运人向 ICC 提交的费率是垄断的说法，从承运商那里获得三倍的补偿。③ 在法院方面，Brandeis 法官强调了反歧视原则，但是也出于对持续的机构监管过程的尊重，为其决定提供依据。正如他所注意到的，考虑到 ICA 的第八部分在非法费率的实际损失以及律师酬金方面对承运商利益的损害，反垄断补偿的需求是有问题的。此外，由于反垄断损失的裁定取决于实际支付的费率超过在竞争性市场上被普遍接受的费率的证据（当然，假设如此），这种假设的费率也应当已被 ICC 批准；于是，Brandeis 法官认为，行政机关本来会批准的是一个最好由行政机关而不是法院进行决策的问题。④

在这样的背景下，服从有其局限性，因为机构监管者经常具有有限的管辖权。认识到这些限制性，法院就不会在所有的费率事务方面全部服从于监管者。例如，在反垄断价格挤压案例中，法院会仔细检查监管者管辖权的范围。在典型的价格挤压案例中，垄断者被告以批发价供应原告（出于转售目的），却在零售层面与原告展开竞争。典型的索赔情况是，被告从事了非法行为，即通过抬高给予原告的批发价格而同时人为压低给予共同客户的零售价格的手段，着手损害原告的利益。垄断供应商在批发层面而不是零售层面受联邦管制，在此背景下，一些法院驳回了费率申报原则的抗辩，因为联邦监管部门不

---

① See *California. v. Federal Power Comm'n*, 369 U.S. 482, 490(1962) (holding that the Federal Power Commission could not approve a merger application when an antitrust suit was pending in court regarding the same merger).

② See *Square D Co. v. Niagara Frontier Tariff Bureau, Inc.*, 476 U.S. 409, 423-24 (1986) (upholding the *Keogh* rule that a private shipper cannot recover treble damages under the Sherman Act in connection with filed tariffs); *Mississippi Power & Light Co. v. Mississippi*, 487 U.S. 354, 375 (1988) (finding "the reasonableness of rates and agreements regulated by FERC may not be collaterally attacked in state or federal court"); *Nantahala Power & Light Co. v. Thornburg*, 476 U.S. 953, 966 (1986) (holding that "a State may not conclude in setting retail rates that FERC-approved wholesale rates are unreasonable").

③ *Keogh v. Chicago & Northwestern Railway Co.*, 260 U.S. 156, 163-65 (1922).

④ Id. at 163-64.

必为评估零售费率负责。① 正如一位评论家解释的那样,消除所有有害价格挤压的最有效方法是把零售和批发服务的管辖都放在一个机构中进行。

双重监管不只是要为监管不一致所造成的价格挤压直接负责,也要为公共事业部门故意的行为所引起的挤压负间接责任。从本质上说,由于公共事业部门有可能操控监管程序,因此后一种情况是可能出现的。②

然而,当联邦机构在调控本书所讨论的两种费率时,法院会更加一致性地援引费率申报原则,用于禁止消费者反垄断主张下的价格挤压。③ 出于类似原因,当机构缺少禁令权时,法院拒绝将费率申报原则应用于强制救济的索赔请求。

服从方面也受到该原则首要和最初目的的限制,即保护消费者免遭价格歧视。例如,法院通常拒绝将费率申报原则运用到由竞争者提起的诉讼中,因为没有实际的消费者要保护(Areeda & Hovenkamp, 2000)。例如,在獭尾电力公司诉美国案中,美国最高法院拒绝运用费率申报原则阻止竞争者在基本设施方面的诉求,因为法院意识到,在电力传输方面该公司与 FERC 的权力只是存在"潜在的矛盾"。④ 第九巡回上诉法院更明确地认识到,对于涉及竞争者的案件来说,该原则是个例外。⑤

与该原则非歧视方面的内容相一致,尽管费率申报原则主要运用于联邦法

---

① See *City of Kirkwood v. Union Elec. Co.*, 671. F.2d 1173, 1179 (8th Cir. 1982) (finding that "courts may consider a price-squeeze claim without infringing on the regulatory jurisdiction of the FERC and PSC, because the questions is not whether the rates themselves are anti-competitive, but whether defendant utility acted illegally in proposing a certain anti-competitive combination of rates"); *City of Mishawaka v. Ind. & Mich. Elec. Co.*, 560 F.2d 1314, 1321-22 (7th Cir. 1977) (holding that the Federal Power Commission does not have exclusive or primary jurisdiction over an antitrust claim). However, see *Town of Concord v. Boston Edison Co.*, 915 F.2d 17 (1st Cir. 1990) (reaching the same result as the filed rate doctrine based on an analysis similar to assessment of state action immunity at the state level).

② Lopatka, 1984: 638-39.

③ See *Town of Norwood v. New England Power Co.*, 202 F.3d 408, 419-20 (1st Cir. 2000) (recognizing the controversial nature of a filed rate bar and applying it to an antitrust claim).

④ 410 U.S. 376, 377 (1973).

⑤ See *Cost Mgmt. Serv. v. Wash. Natural Gas*, 99 F.3d 937, 944-45 (9th Cir. 1996); *Barnes v. Arden Mayfair*, 759 F.2d 676, 684 (9th Cir. 1985). In practice, it is often difficult to distinguish between a competitor and a consumer. For example, wholesale customers of utilities are frequently also competitors. The competitor exception is ambiguous about how courts should treat claims by a competitor who is also a consumer. A Sixth Circuit case rejects the competitor exception to the filed tariff doctrine. See *Pinney Dock & Transp. Co. v. Penn. Cent. Corp.*, 838 F.2d 1445, 1455-57 (6th Cir. 1988).

院,但是一些州已经采用了等同于联邦费率申报保护的州立法。在有些州,费率申报原则对消费者、民事侵权行为、欺诈,甚至反垄断法,都具有防范效果。① 然而,一些州的行政辖区并没有将这种原则视为纯粹的州层面的法律问题。② 类似于联邦费率申报原则的顺从链条,以费率申报原则来解决其内部法庭与代理机构间纠纷的州政府,主要是出于对州代理监管机构的尊重而接受该原则。③

C. Friendly 法官的批判

当没有明确地指望强制执行费率标准的时候,费率申报原则通过推定性地赋予机构监管者所有的执行权填补了有关体制强制执行的空白。尽管立法机构和监管机构没有明确地排除司法执行程序,但是为了追求非歧视、先占权和服从的目标,法院就依赖于假定对法律规范的司法强制执行不满意的默认规则。多年来,许多法官都对这一默认规则持怀疑态度。例如,Friendly 法官注意到,费率申报原则并不一定能实现其宣称的任何目标。这是来自法官的对于费率申报原则激烈的批判之一。

允许侵权行为和合同索赔一直处于损害赔偿的阶段,并不必然导致针对违反非歧视原则费率的折扣或调整。现代民事诉讼程序(特别是集体诉讼的有效性)使得统一救济的可能性增大。在第二巡回法庭对美商实快电力的判决中,Friendly 法官注意到,因为消费者可以(而且如果诉讼成功,可以给予更低的净

---

① See, e.g., *Satellite Sys., Inc. v. Birch Telecom, Inc.*, 51 P.3d 585, 587-88 (Ok. 2002) (adopting filed rate doctrine as a matter of state law, but recognizing an exception for fraud); *Southwestern Elec. Power Corp. v. Grant*, 73 S.W.3d 211, 216-17 (Tex. 2002) (invoking filed rate doctrine to bar negligence claim against utility); *N.C. Steel, Inc. v. Nat'l Council on Compensation Ins.*, 496 S.E.2d 369, 372-73 (N.C. 1998) (adopting filed rate under North Carolina law to preclude judicial consideration of complaint that insurers withheld information from regulators, thus forcing plaintiffs to pay more for insurance); *Prentice v. Title Ins. Co.*, 500 N.W.2d 658, 661-63 (Wis. 1993) (applying filed rate doctrine under state law); *Teleconnect Co. v. U.S.W. Communications*, 508 N.W.2d 644, 648-49 (Iowa 1993) (invoking state-created filed rate doctrine).

② *Cellular Plus, Inc. v. Superior Court*, 18 Cal. Rptr. 2d 308, 317-18 (Ct. App. 1993) (declining to apply a state equivalent of the filed tariff doctrine under the California Cartwright Act).

③ See *Satellite Sys., Inc*, 51 P.3d at 588 (recognizing purposes behind Oklahoma's adoption of doctrine as "to prevent discriminatory rates and to vest an agency with authority to set reasonable rates"); *Amundson & Assocs. Art Studio v. Nat'l Council on Compensation Ins.*, 988 P.2d 1208, 1213 (Kan. Ct. App. 1999)("The filed rate doctrine stands for the proposition that because an administrative agency is vested with the authority to determine what rate is just and reasonable, courts should not adjudicate what a reasonable rate might be in a collateral lawsuit.").

费率)联合起来对违约、侵权或者欺诈进行集体诉讼(某种程度上,他们也是这么做的),与 20 世纪初的情况相比,当今集体的统一救济更有可能发生。① 如果结构合适,集体诉讼有希望减少垄断在定价上的滥用,从而消除对费率申报原则的任何需求,以避免价格歧视或取代州法律索赔。

此外,Friendly 法官认为,费率申报原则的服从方面是以宽泛的假设为前提的。在美商实快电力案件中,Friendly 法官不愿意援引该原则阻止反垄断诉求,并意识到反垄断损失的裁定(正如普通法索赔中的货币损失)并不一定能迫使例如国际商会(ICC)这样的机构给出特定的费率。② 相反,即使法庭支持了原告,机构对于认可还是拒绝将此作为与该活动相联系的合理成本仍要保持谨慎的态度。在之后的费率案件中,调整成为必要的做法,但这既不是机构的决策,也不是法院的判决。因此,即便在消费者集体诉讼普遍出现之前,法院强制执行下的货币损失威胁对于阻止公用事业单位的不当行为仍具有影响,同时这样也不必冒犯监管者。如果判决公共事业单位对其非法行为进行赔偿,那么公共事业单位自身就需要作出决定,是承担损失还是把损失传递给股东,或者是通过管制费率把损失传递给消费者。然而,通过评估货币损失,法院没有把这一决定强加给监管者。相反,在服务成本管制下,只有当联邦监管机构在司法程序中发现导致损害的行为时,公用事业单位才被准许收回与该行为相关联的成本。在监管机构而非法院的专业判断中,审慎依然是不受约束的一种情况,监管机构在调整受管制公司未来费率方面保持了彻底的权威,正如合理需求那样。在美商实快电力案中,Friendly 法官也注意到,很多情况下三倍损害赔偿是允许的,甚至在可以获取监管补救情况下也是如此,③而且司法程序规则已经发展到可以等待机构程序的结果。④ 因为监管机构没有被法院强制接受费率的改变,并且法院可以支配其他工具来考虑服从问题,所以费率申报原则没有必要保护机构的自由

---

① *Square D. Co. v. Niagara Frontier Tariff Bureau, Inc.*, 760 F.2d 1347, 1352 (2d Cir. 1985), aff'd, 476 U.S. 409 (1986).

② Id. at 1352-53.

③ See id. at 1354 (noting "[t]he Court has subsequently found that activity could be challenged under the antitrust laws despite the existence of an administrative agency with authority to regulate the activity.").

④ See id. at 1353 (contrasting "the many later cases in which the Supreme Court has directed the suspension of judicial proceedings pending the referral of similar issues to the ICC" with *Keogh's* concern about the need for the ICC to determine rates).

裁量权。

在 Friendly 法官就美商实快电力的决定向最高法院进行申诉方面，Stevens 法官承认，就大多数而言，这个案例不同于 Keogh 的案例，因为争议中的费率表不受制于生效之前的 ICC 听证会，相反它只是向机构进行了申报。① 然而，注意到久已存在的费率申报原则的"导向标"，最高法院对费率申报壁垒也表示支持。② 根据 Stevens 法官的观点，Friendly 法官提到的各种发展状况"似乎破坏了 Brandeis 法官在 Keogh 案件中的一些推理观点"。尽管如此，在美商实快电力案例中，法院依照 Keogh 案的做法，指出 Friendly 法官的推理虽是"典型富有思想又深刻的观点"，但并没有"战胜遵守法规司法解释的持续有效的强假设"。③

II. 放松管制和费率申报原则的司法应对

正如在电力和通信等放松管制的行业那样，法院持续性地坚持费率申报原则，拒绝处理针对放松管制公司的许多合同、侵权和反垄断方面的诉求。国会没有明确的信号表明费率没有法律效力，而法院也不愿放弃这一原则。

能够展现放松管制行业中费率申报原则这一宽泛领域的案例之一，是马萨诸塞州市政公用事业单位诉新英格兰电力公司的压价索赔案，该案件宣称被告作为诺伍德市客户的市附属机构提供了优惠待遇。④ 该索赔是基于两项税费的综合效应，一是对市政客户征收的合同终止费；二是扩展到市政附属机构而非市政府自身的批发标准费用。联邦能源委员会（FERC）批准这些条款作为新英格兰电力公司"公正而合理"的重组计划，其中包括基于市场的费率。因为两种费率在联邦能源监管委员会都有申报，美国第一巡回上诉法院援引费率申报原则作为对价格挤压索赔的完全禁止。法院注意到"任何关于价格挤压的有意义的救济都需要费率表的修改——而且不只是费率表受到监管，实际上是费率表被 FERC 不断反复地审核……"。⑤ 在第一巡回法院看来，因为"费率申报原则的

---

① *Square D. Co. v. Niagara Frontier Tariff Bureau, Inc.*, 476 U.S. 409, 417 (1986).
② Id. at 423.
③ Id. at 423-24.
④ See *Town of Norwood v. New England Power Co.*, 202 F.3d 408, 418 (1st Cir. 2000).
⑤ Id. at 420 (emphasis in original).

基本原理是保护机构接受或挑战这种税费的专有权,①所以这不是一个要求重新审视费率申报原则或努力开拓免责条款的案例……"。②

事实上,第一巡回法院明确拒绝了根据新兴的放松管制电力批发市场来重新讨论这一原则,并陈述:

> 当然,如果新英格兰电力公司的费用真正地交由市场决定,并且完全没有申报要求或是 FERC 的监管,那么费率申报原则将会由于自身的条款而不再发挥作用。但是并不像其他的监管机构,FERC 依然对确保"公正合理的"费率负责。为了达到这个目的,电力批发费率继续需要申报并受到机构的检查。③

第一巡回法院不愿意依据放松管制而放弃该原则,这已经在联邦司法部得到了回应,因为法院日益被要求干预争议。联邦法院持续有力地支持费率申报保护,使得竞争者和消费者的申诉几乎完全脱离州监管者和联邦法院的掌控。

例如,美国第九巡回上诉法院运用费率申报原则暗示加利福尼亚州长努力保护消费者不受电力市场战略操控的联邦优先权。为了回应加利福尼亚电力管制放松的危机,2001 年 1 月,加州州长戴维斯宣布了紧急状态,发现:"广泛且持久的电力中断带来的紧迫威胁……造成了人身安全和州内财产安全的极端危险。"④根据该声明,州获得了反对加州电力交易(CalPX)的暂时性禁令,该交易管理市场在 2001 年年底的整段时期都阻碍输电的远期合同,包括杜克能源、批发供应商以及公共事业单位之间的合同,例如南加州爱迪生公司、太平洋天然气与电力公司。之后,据称,杜克能源和其他供应商和卖家,如安然公司,战略性地操纵市场以收取丰厚的利润。⑤当州禁令失效时,戴维斯州长依照加州应急服务法案发布了两项行政命令,其意图是"征用"成批的远期合同"以受到加州的控

---

① Id. [citing *Arkansas-Louisiana Gas Co. v. Hall*, 453 U.S. 571, 577-78 (1981)].
② Id. at 421.
③ Id. at 419 (citations omitted).
④ *Duke Energy Trading & Mktg.*, *L.L.C. v. Davis*, 267 F.3d 1042, 1047 (9th Cir. 2001).
⑤ See FERC's *Final Report on Price Manipulation in Western Markets*, 54-55, Docket No. PA02-2-000 (March 2003). In August 2003, however, the FERC's staff cleared Duke Energy of any wrongdoing in manipulating the market. See Staff's *Initial Report on Physical Withholding by Generators Selling into the California Market and Notification to Companies* (August 2003), online at http://www.ferc.gov/industries/electric/indus-act/wem/2003/Withholding Report 8-1-03.pdf.

制和协调"。①

杜克能源公司向戴维斯州长申请强制救济,声称其征用命令被联邦法律取代了。因为这个案例是寻求强制救济,而不是货币赔偿,所以还根本不清楚费率申报原则如何保护消费者免受不公正的歧视。然而,在作出不应以主权豁免权为由驳回该案件的决定后,②第九巡回法院陪审员运用费率申报原则,引导法院达成优先占有的推断。以法院的视角看,"于 FERC 申报的州际电力费率必须"由州监管机构"给予约束效果",甚至是受到州司法管辖权监管的领域也是如此。因此,法院以彻底的自信陈述道:"FERC 批准的费率预先制止了由各州所采纳的冲突的规章制度。"③

尽管在费率申报原则如何形成加州州长戴维斯征用令的联邦优先购买的推断方面,该案例具有宽泛的权利要求,但是该观点中的分析是严重不足的。第九巡回法院认为:"通过阻止电力交易所清算债务的远期头寸以弥补在电力交易市场中的亏空,戴维斯州长的征用令有效地调整了原油储存基地(CTS)的费率表条款(由FERC批准),剥夺了批发供应商如杜克抵押担保和减轻损失的权利。"④因为 FERC 之前拒绝允许加州电力交易费用调整到低于市场参与者短期信用等级的水平,并且因为戴维斯州长的征用命令是要剥夺批发供应商的财产保护,所以法院得出结论,即州长的行为与联邦法律有冲突,但法院却没有为支持这一结论进行分析。

在与加州放松管制危机相关的另一则案例中,该州试图进行输电增容的市政公用事业单位起诉了包括联邦机构博纳维尔电力管理局在内的几家区域型单位,为违约、侵权、非法侵入、损害以及某案例中的欺诈行为谋取资金赔偿。⑤ 其基本主张是,通过运作另外一个由 FERC 批准并由被告建立和经营的连锁电力网,地区公用事业单位与之前同原告一起构建和操作两个大型电力网络互联的协议相矛盾,而原告正是该网络互联的当事人。第九巡回法院注意到 FERC 对于大规模输电具有专属的管辖权,由此得出结论,认为原告"不能获得州法律的货币损害赔偿,据称这些损害产生于由 FERC 明确批准的州际连锁电力网的运营,而其经营方式

---

① 267 F.3d at 1047.
② The court held that the case did not fall within the exception to *Ex Parte Young* carved out in *Idaho v. Coeur d'Alene Tribe*, 521 U.S. 261 (1997). See *Duke Energy*, 267 F.3d at 1052-55.
③ Id. at 1056 [citing *Nantahala*, 476 U.S. 953, 962, 966 (1986)].
④ Id. at 1056-57.
⑤ *Transmission Agency v. Sierra Pac. Power Co.*, 295 F.3d 918, 928 (9th Cir. 2002).

在批准时得到了深入的考虑"。① 按照宽泛性的陈述以及其他法院援引该原则的特征,第九巡回法院类推认为:"允许 TANC 依照州法律对据称由 FERC 批准的互联州际系统在其传输系统方面引起的损害提起赔偿诉讼,这类似于允许一家航空公司根据州法律对由另一家航空公司的联邦航空局(FAA)批准的计划所引起的经济损害提起诉讼。"② 基于联邦所批准的飞行计划的事实,法院不会一直声称航空公司以某种方式对所有州法律都具有豁免权,包括玩忽职守;相反,法院所建议的似乎是,联邦对飞行计划的批准替代了之前任何航空公司之间的私人合约,而这些合约与该计划是相冲突的。然而,法院没有解释为什么会有这样的结果,尤其是因为该规则的效力是鼓励被监管企业去游说监管者间接地让合同作废,在放松监管的环境下这是特别令人不安的做法。更麻烦的是,正如在杜克能源案中,法院未能解释为什么侵权、欺诈以及其他产权主张被作为一种隐含的或矛盾的强制收购法律体系而取代。③ 尽管第九巡回法院广泛运用了费率申报原则,它仍特意提到最近美国最高法院的一个案例,该案例澄清了 FERC 假定的管辖范围,并利用它潜在地缩小了在未来案件中费率申报原则的运用范围。④

与第九巡回法院的这些案例中所包含的广泛的费率申报原则相一致,加州联邦地区法院最近援引了该原则来禁止州监管者限制公用事业机构收回在放松管制的批发市场中的电力成本的能力。加利福尼亚电力机构一直宣称,在州放松管制危机期间,加州公共事业委员会拒绝在电力购买批发价格飙升的情况下提升零售费率,这在费率申报原则下是不合法的,因为 FERC 已经基于放松管制的市场条件批准了批发价格。⑤ 在太平洋天然气及电力公司(PG & E)诉

---

① Id. at 929.
② Id.
③ 指出"最高法院还未解决机构欺诈的诉讼被备案费率教义取代的问题",第九巡回法院与其他两个巡回法院有同样见解,发现在这种情况下备案费率的取代问题。
④ 正如法院陈述的那样:尽管 FERC 在输电容量方面具有独立的权威性,但是我们为备案税费原则奠定了基础,因为还没有哪一家法院在针对其自身的规则是否不会影响 FERC 所控制的税费方面做出过决策,而法院承担了对权力进行推断性配置的任务。然而,我们注意到,正如最高法院最近解释的,FERC 电力传输管辖权不像其销售管辖权(例如费率)那样可以影响州内的传输。因此,对于联邦法律是否有优先诉讼权的问题,我们有解决之道,即尽管 FERC 缺乏在州内销售电力的权力,但是这种优先权承担了推定州内电力传输量配置的任务。
⑤ In one context, the issue was settled (allowing the utility to recover $3.3 billion of its $6.3 billion claimed loss), but the utility's argument, if successful, would have prevented the state of California from limiting recovery in retail rates costs incurred in accordance with the FERC-approved tariffs. See *S. Cal. Edison Co. v. Lynch*, 307 F.3d 794, 801 (9th Cir. 2002).

Lynch 公司案中，联邦地方法院同意，认为费率申报原则阻碍了加州设定低于 FERC 批准的批发费率的零售费率，并禁止对损失进行补偿，且安排有关 PG＆E 补偿诉求的听证会。像在放松管制环境下应用费率申报原则的第九巡回法院的其他案例那样，在 Lynch 案中法院接受了先占性分析，而不是在 Keogh 反垄断诉讼中的分析。同样，像第九巡回法院的其他案例那样，在 Lynch 案中联邦地区法院关于费率申报保护的范围作出了粗略的论述。例如，法院陈述道："费率申报原则附属于所有受管制的行业，它已经得到严格地应用，而不考虑实际运用的公正性。"①尽管在 Lynch 案件中可以清楚地看到，法院正在运用的是费率申报案例中的联邦优先权，而不是可以追溯至 Keogh 案件中的代理人顺从，但是有人指出，"将竞争引入受管制行业使得持续运用费率申报原则产生问题"的争论，已经"在产生这些争论的监管背景下被法院统一驳回了"。②

在最近涉及电信行业的诉讼中，费率申报原则也扮演了重要的角色。在经过长期但最终成功的请求后，FCC 采用了在涉及长途运输的大多数背景下放弃费率申报原则的规定。然而，在为 FCC 提供访问争端审查的 1996 年的电信法案中，第七巡回法庭在实际案例中将反垄断豁免权融入联邦法规中进行解读并引起了争议，而在这些案例中，并没有依据法规适宜地为相应的主张进行辩护。③但是，最高法院最终坚持，费率申报原则不是在 1996 年的电信法案中作为自动禁止反垄断诉讼而产生并提供服务的。④

III. 战略性费率申报和激进的管制放松

尽管 Friendly 法官对于费率申报原则的批判有许多可以称道之处，但是政府关系契约协商的视角以重新考虑该原则提供了不同的逻辑依据，因为通信和电力行业是放松管制的。如果费率和其他监管价目表被作为不完全交易的一种

---

① See *Pac. Gas & Elec. v. Lynch*, 216 F. Supp. 2d 1016, 1038-40, 1049 (N.D. Cal. 2002).
② Id. at 1039.
③ *Goldwasser v. Ameritech Corp.*, 222 F.3d 390 (7th Cir. 2000) (refusing antitrust jurisdiction where the FCC has enforcement authority under the 1996 Telecom Act).
④ *Verizon v. Law Offices of Curtis V. Trinko*, L.L.P., 124 S.Ct. 872 (2004) (exercising jurisdiction over essential facilities claim but rejecting the claim on its merits).

类型来理解,法院应当在完全无须对反垄断、侵权与合同诉讼的利弊进行考虑之前,极为谨慎地着手处理不完全性。这种不完全性可能是战略上的,在某种程度上私企力图避免在监管价目表中执行监管事项。即便费率申报自身的不完全性不是有意为之的产物——例如,也许是由于在未来监管问题方面的信息不完全性造成的——但是,诸如费率申报原则所规定的针对司法干预的默认规则,可能会支持旨在阻止对重要的反垄断、契约和侵权原则进行司法强制执行的战略性文件。

如此一来,费率保护不仅影响立法进程,而且也影响私人公司和机构在实际诉讼开始之前的监管过程中挑选法院的行为。在制度上,代理机构和法院在将费率作为择地行诉策略进行监控方面从来没有表现出高效性。考虑到作为保护公共价值提供服务的例常监管过程,上述情况可能是服务成本监管方面的稳定状态。然而,随着原来受管制行业以及其他监管转变中竞争机制的引入,市场规范正在兴起,并揭示了监管机构在遏制私企违规行为方面存在的能力上的差距。在一定程度上,费率申报原则鼓励了旨在阻止司法执行的定价过程的战略性操控,这会扩大这种差距,与国会或代理机构所想要的没有基本的反垄断、合同和侵权保护的市场相比,甚至可能会导致更为激进的放松管制行为。

A. 法律原则对行为与制度选择的影响

在评估费率申报原则的影响时,关注私企、监管者和法院的行为很重要。为了将该原则的基本效果概念化,一些有关这些主体行为方面的简要性观察依次包括:私人公司是否在避免由于其市场决策(连同利润最大化等其他目标)而带来实质性惩罚的能力方面受到激励;代理机构是否在维护和拓展其司法管辖权(甚至在其他目标中还包括调节公共利益)方面受到激励;复审法院是否关心维护其独立性和制度立场(连同其他目标,甚至可能包括促进政府其他部门的合理监管,并将此作为对强化机构力量的遵从)。

在这些不同角色的背景下,新制度学派经济学家和政治学家认识到,监管问题可以通过机构选择行为的视角来进行评估(Furubotn & Richter, 1998; Williamson, 1996a)。将与联邦制度(在第七章和第八章中有深入讨论)有关的问题搁置一边,当管理诸如电力或通信行业时,有三个主要的体制性的机制可用于引导私人选择。第一,在 20 世纪最流行的是,监管机构(联邦的或者州的)可以为行业中的企业设定价格、结构、服务条款和条件。第二,法院通过法定标准的运用,如反垄断法、普通法律原则(包括欺诈法和合同法),可以管制行业中的结构、服务条款和条件。第三,市场的自发秩序可以调控行业中的价格、结构、服务条款和条件。当然,在多数行业中,这些机制选择的组合调控了私企的行为。例如,大部分行业中,第二和第三选择的组合调控了私人行为。价格是通过市场决定的,但是法院也在竞争性市场中运用反垄断法律和普通法系条款提升了总体的社会福利。

相比之下,在20世纪自然垄断规制的背景下,行业治理将其大多数承诺的实现都寄希望于监管机构的制度性选择。除了监管改革的一些工具,如价格上限限制、避免成本定价以及基于市场的价格表之外,其他方法——尤其是法院和竞争市场——大都被忽视了。在具有自然垄断特征的公用事业行业中,法院服从于监管机构,竞争市场被普遍认为是不可行的。公共选择理论家(Becker,1983;Peltzman,1976;Stigler,1971)及其他经济学家(Tirole,2002)专注于监管机构如何影响私企行为,已经记载了这种方法的潜在问题,以及处理监管方面的问题。然而,这方面大多数的文献都嘲讽性地把监管过程的任何损害福利结果都归咎于监管本身(Mashaw,1997;Noll,1971)。

文献中公认的是特定的法律规则,如费率申报原则对于监管成败有影响。然而,近来政治学家和经济学家已经开始分析包括被监管企业等在内的利益集团,如何在各种监管、国会、机构或司法部的不同类型资源的配置方面作出决策(de Figueiredo & de Figueiredo,2002;Rubin et al.,2001)。作为有价值的类似的分析备选方案,费率申报原则对于被监管企业的行为已经产生了重大而独特的影响。由于该原则只有在公用事业单位向联邦监管机构提交费率表的情况下才会有广泛的应用基础,因此,该原则对私人公司如受管制的公用事业单位等形成强烈的事前激励,使其在游说监管机构承认或批准费率表方面倾注更多。通过从事这种事前行为,私企可以避免事后司法程序中的不确定性,而在该程序中,法院会强制执行反垄断法、侵权法或合同法。因此,该原则对择地行诉的类型表示支持,并主要受私人决策的影响而在监管过程中提供信息。如果私企希望得到费率申报原则的保护,即对其市场行为具有反垄断和州普通法诉讼的豁免权,它就有很强的动机事前向监管者泄露信息(尤其是模棱两可的信息),并预期这些信息将包含在公开的费率表中,还会使得不可预测的事后司法干预降至最低水平。

监管理论几乎总是把附加信息作为有利于监管过程的积极因素。对于监管者来说,当他们决定监控服务成本费率和相关条款与条件时,额外信息已经被证明是有用的。费率申报原则与监管者基于行业主动监测的观点是一致的。对监管者来说,信息对于他完成所分配到的任务而言是有效的必需品。更多的信息在某种程度上改善了监管环境,它允许监管机构通过事件和问题进行分类,同时在某种程度上也将代理机构作为一种制衡(Kalt & Zupan,1984;Rossi,1997)。

然而,与此同时,费率申报保护鼓励被监管企业战略性地透露与监管者所预期的监管行为不相关的模糊信息。在没有对监管过程信息的精确性、清晰性及信息关联性审查的情况下,对监管进行操纵的机会——尤其是体制性选择——都是存在的。① 在某种程度上,受监管的企业从事战略性的事前行为,很可能导致监管机构的制度性偏见,并远离法院和市场。战略性过度透露信息的前景,以及当企业游说监管机构在费率表中加入与预期监管行为无关的模棱两可的条款和条件时更多积极的寻租行为,表明针对信息条款激励的潜在要平衡的成本,这些激励是由费率申报原则导致的。

Eric Talley(2001)已经注意到在合同谈判中未证实信息的非对称信息披露的背景下,存在对司法监管或核查的需求。其他法律文本把保护措施放在合适的位置,以保护公共利益免受事前信息过度披露、事后操控执行的不利影响。具有代表性的是,在披露与进行监管的体制性决策之间所进行的平衡,是受到有能力保护公共利益的第三方监管的。例如,在侵权诉讼、安全监管以及刑事诉讼证人豁免的情形下,其中每一种情形都利用信息披露影响监管决策,第三方监管在监督信息披露以确保该选择提升福利方面起了重要的作用。

在医疗事故和其他侵权案例中,信息披露可以产生防护措施,包括风险的承担(Berg,2003;Simons,2002)。然而,如果告知风险只是预防诉讼,这就会鼓励制造商和其他潜在的被告人提供更多与产品或服务有关的信息,并超出消费者能够处理或理解的范围。或许,制造商和其他潜在被告已经这么做了。然而,在允许信息对执行产生法律影响之前,法院须仔细评估披露信息的性质,以决定受害的原告是否已经知晓和理解沟通的风险。

证券监管提供了另一个案例。证券交易委员会(SEC)在其规章中要求公司

---

① 评论员使用更正式的模型,发出在其他信息披露情况下的类似行为的警告,比如知识产权(Lichtman et al.,2000)或者药品批准及合并应用(Lewis & Poitevin,1997)。

披露与投资有关的风险,但是不允许风险的披露妨碍对公司司法执行的诉讼。[1]实际上,信息的披露可能会刺激 SEC 针对这些公司采取执法行动。在 SEC 的规定下,代理机构的规则对代理机构自身以及法院在监控这些信息披露行为以确保不会产生严重误导(或不顾后果)的做法进行了设想,从而不会对证券市场操作产生负面影响(Horwich,2000)。因此,机构对披露的恰当性进行评估以保证市场的影响不是负面的。

在刑事诉讼方面,被监管的披露在影响制度选择方面也起了重要的作用。检察官通过豁免权交换信息披露,常规性地激励证人披露信息。然而,当联邦检察官以豁免权交换信息时,检察官必须确定豁免权是"为了公共利益",而且法官必须批准授予豁免权(Sosnov,2000:183-184)。检察官对公共利益发挥作用,连同法官的独立性认可,这些特定决策充当了第三方监管的角色,有利于确保受披露影响的制度选择不会阻碍社会福利。

然而,在许多价格管制行业,第三方对战略性披露进行监管是无效的。在公用事业中,第三方对信息披露的监管将取决于监管者的行为(如在 SEC 的环境中),或者取决于法院的行为(如在刑事豁免的环境中)。然而,就费率申报保护的应用来说,在对事前平衡进行监管以确保在公用事业监管背景下这种应用无害于事后社会福利方面,监管者和法院一直都是无效的。

监管机构几乎不会反对从其监管的企业中获得新信息,尤其是因为费率申报条款和条件的提交形成机构未来会扩大司法管辖权的预期。机构通常默许而不是拒绝费率表的提交。事实上,随着时间的推移,通常是已提交的费率申报表通过法律的实施已变得有效,机构很少或不会对其进行审查。因此,费率申报豁免权与私企和监管者的激励措施相匹配,以在费率表中尽可能多地包括条款和条件的内容,即使就机构往往缺乏严肃执行的权利而言,这些条款和条件是虚假的。这不是服务成本监管的问题,其中费率表需要服从于听证会的宣判,但是如果费率不受这些程序性保护措施的操控,这种操控的可能性也是存在的。[2]

---

[1] Under SEC Rule 10b-5, 17 C.F.R. § 240.10b-5 (2003), private causes of action are available against companies where "in connection with the purchase or sale of securities, the misstatement or omission of a material fact, made with scienter, upon which the plaintiff justifiably relied and which proximately caused the plaintiff's injury." See In re: *Comshare, Inc.*, 183 F.3d 542, 548 (6th Cir. 1999).

[2] 如前所示,在许多情况下,对于监管机构管辖范围的法定限制,进一步限定了监管机构评估费率以服务于私人费率披露效果保护的能力。

在监管与费率申报豁免权有关的成本方面，法院也同样是无效的。因为在延伸性费率方面，监管者与公司的利益通常是一致的，即便有过上诉，法院也很少关注费率表中信息内容的适当性。当费率表以其他理由诉诸裁决时，法院高度倾向于在服从机构监管者的总体原则下支持费率表（Goldsmith，1989；Kearney & Merrill，1998；Pierce，1989）。的确，考虑到20世纪末服从机构监管者的原则，在监控费率制定和对于费率申报保护的关系方面，司法机关没有发挥作用。由于监管机构和企业利益的趋同，法院没有制度上的能力去监管交易和费率方面反映的信息，也不具备有效的保障措施防止战略性地运用监管过程来进行择地行诉。

B. 新费率环境下的执行缺口

如果联邦监管机构在批准费率表之前对其进行全面评估，并具有司法权和资源来充分地阻止市场滥用，那么，代理监管者指导下的私人择地行诉偏见不会表现出执行层面的问题。例如，在服务成本背景下，监管机构定期对费率事项举办听证会。然而，在监管方法上，伴随放松管制的费率定价的转变，连同机构司法权的法定限制和资源匮乏，这些因素可能会大幅削弱机构监管者阻碍市场滥用的能力。因此，与国会或其他机构所希望的相比，费率申报原则择地行诉的偏见可能会导致更加彻底的管制放松，即市场缺失甚至是反垄断或普通法的施行。如果法院推定性地允许费率申报原则禁止对私人行为进行司法考虑，就呈现出一种特别的风险。然而，鉴于费率的变化，针对司法考虑的假定必须基于竞争性市场而被重新评估。

随着电力和其他传统被管制行业的管制放松，像价格制定这样的费率制定，不再是一个费率批准强加于公司特定条款的过程。相反地，费率表日益成为一种监管工具，它坚持让公司在有关行业结构下尤其是在网络接入方面符合市场预期，并向竞争者和消费者提供信息。费率表连同规则一起，日益为竞争性市场的运作设定总体标准。它与服务成本管制形成对比：

> 根据新的范式，监管者扮演着一个更加受限的角色。监管者不是那种为了保护最终消费者而对一个行业进行全方位的监管，其主要功能是在竞争性的供应商中使得竞争最大化，并期待竞争为最终消费者提供所有必要的保护。[1]

---

[1] Kearney & Merrill，1998：1361.

根据最近放松管制市场中出现的较多的问题,尤其是电力行业放松管制的问题,上述描述似乎美化了关于竞争的许诺。然而,它恰如其分地描述了联邦监管机构在重整公用事业行业如电力和通信行业的方法。就如 FERC 的一位前委员所说的那样:

> 关于披露的新的主流理论是,在竞争性行业中,消费者由于可行的市场进程的结果而得到更好的服务。因此,监管报告和信息披露义务的重点应该从设定基于成本的费率的需要转变到维护竞争性市场和阻碍个体竞争者行使市场权力的需要。①

监管机构越来越多通过一般适用规则宣布它们的方法,而不是针对企业的税费表。在某种程度上,监管机构继续以费率表来处理企业特定的信息,它们主要关注行业结构和市场信息披露,而不是保护消费者免受在公司特定费率设定方面的价格歧视。

注意到这些问题,美国第九巡回上诉法院于 2004 年驳回了如下推定,即费率申报原则将在市场税费下阻止个人行为的司法考虑。Lockyer 诉 FERC 案中,法院认为,费率申报原则可以应用到 FERC 的市场费率中,但前提是在接受费率申报方面,FERC 要比草率裁决做出更多。② FERC 也需要运用补救权力更加积极地监管市场费率的滥用情况。如果 FERC 没有做到这些,第九巡回法院陪审团暗示:"费率申报原则的意图就被逐渐破坏了",并且"费率表就会与 FPA 相冲突"。③

在电力放松管制的背景下,除了采用市场利率之外,监管机构已经显著修正了费率申报要求的范围。FERC 第 888 号法令对大型电力市场放松管制,要求每家公用事业单位提出形式上开放取用的输电费用以提升电力供给的竞争性,并接受 FERC 的批准。④ FERC 的管辖权限定在大型交易范围内,因此这些费率主要是治理公用事业单位与其他机构以及大型供应商之间的关系,而不是公

---

① Santa,2000:2.
② 383 F.3d 1006 (9th Cir. 2004).
③ Id. at 1016.
④ See *Promoting Wholesale Competition Through Open Access Non-Discriminatory Transmission Services by Public Utilities*,61 Federal Register 21,540 (1996).

用事业机构与零售商之间的关系。① 每个公用事业机构都需要提交自己的标准运输服务费率。② 对一些自愿将运输网络管理变成独立运营机构的单位而言，FERC 试图免除其费率申报的要求，代之允许独立服务运营商为了其成员的利益而申报传输费率。但是华盛顿特区法院却与此相反地认为，《联邦电力法案》第 205 条规定 FERC 允许每一个单独管辖的公用事业单位备案费率表。③ 因此，目前 FERC 继续要求个体公用事业单位提交运输费率表，并受制于行业范围的开放取用政策。④

与此同时，FERC 对于电力行业中公用事业单位的监管权力远不充分。⑤ 尽管 FERC 也许希望为运输通道和定价执行统一的国家政策，但 FERC 在运输方面的法令权力范围是受到限制的：FERC 有权监管大型销售商，但是没有法定的司法权来干预零售运输的销售。⑥ 也没有任何司法权要求企业扩大输电设备。这些限制造成潜在的管辖权差距，受监管的公用事业单位或许可以通过向 FERC 提交不能强制执行的和模棱两可的企业特定费率的方式力图填补这一差距。例如，公用事业单位可以向 FERC 提交公开取用费率表，利用费率申报详

---

① The scope of the FERC's authority to regulate electricity markets was more recently addressed by the U.S. Supreme Court in *New York v. FERC*, 535 U.S. 1, 6-7 (2002) (noting the FERC's jurisdiction over wholesale sales under section 201 of the Federal Power Act).

② 61 Federal Register 21,540 (rule requiring all jurisdictional utilities to file open access transmission tariffs).

③ See *Atl. City Elec. Co. v. FERC*, 295 F.3d 1 (D.C. Cir. 2002). *Atlantic City* does not address the filed tariff doctrine, but instead focuses on a regulated utility's procedural right to agency review and consideration of its tariff changes. See Id. at 9-10. Even though the court held that the FERC could not dispense with these procedures, it also acknowledged that "FERC plays 'an essentially passive and reactive' role under Section 205." Id. at 10 [citing *City of Winnfield v. FERC*, 744 F.2d 871, 876 (D.C. Cir. 1984) (J. Scalia)].

④ 目前还不清楚非歧视在开放式背景下是否以及如何有权使用瓶颈设施。在通信背景下，Jean-Jacques Laffont and Jean Tirole (2000)认为，最佳获取瓶颈机构的价格是歧视性的，因为它们是以用途为基准的。

⑤ In the electric power context, state regulators can set rates only for intrastate transactions, and these transactions also are largely off limits to federal regulators. See *Federal Power Comm'n v. Conway Corp.*, 426 U.S. 271, 271 (1976) (allowing the Federal Power Commission to consider evidence of retail rates in reviewing a nondiscrimination challenge to federally set wholesale rates, but also noting that "[t]he Commission has no power to prescribe the rates for retail sales of power companies"); *Northern States Power Co. v. FERC*, 176 F.3d 1090, 1096 (8th Cir. 1999) (holding that the FERC does not have the authority to regulate transmission for retail customers in its efforts to develop competitive wholesale power markets).

⑥ *New York v. FERC*, 535 U.S. at 22-23 (noting that states retain jurisdiction over retail sales, which are outside the FERC's jurisdiction).

细说明它将如何在制定传输决策方面对待零售客户;这种零售客户的待遇于是就属于费率申报原则的范围之内。因为 FERC 在零售方面没有司法权,所以在许多案例中零售服务都逃脱了 FERC 规则与反垄断法两方面的审查。FERC 已经显著地远离了传输和大规模电力供给方面的服务成本费率监管;①然而,即使在这种情况下,FERC 的管辖范围也不包括零售业务。与大规模传输和电力供给销售形成对比,在 FERC 的监管下,公用事业单位和零售客户之间的关系大都是在州层面上进行调控。许多州继续要求费率的申报与批准制度,用来治理电力的传输和配送。结果是,在联邦层面出现了大规模的竞争,并在州层面上(此时州法律消费者保护变得最为相关)放松管制的各种不同的有时是矛盾的方法已经在电力行业中引起了强烈的竞争。

像 FERC 一样,许多其他监管机构在目前放松监管的环境下保持了申报要求,但是现在这些主要服务于一般的市场结构、信息和评估的职能,而不是针对企业的权利创造。作为 20 世纪费率监管的中心,非歧视已经演变成体现消费者保护法的一般性规范,包括可比性的观点。② 然而,与传统的不公平差别待遇——在公司特有的情况下进行裁决——相比,这是一个更为一般性的标准,旨在界定网络接入和行业结构。简单地说,在被监管行业中,监管者不再作为监管公司特定成本的角色,以保证每一个客户都有同样的费用(Laffont & Tirole,2000)。FERC 行使管辖权例证进一步说明,随着管制的放松,许多机构已取消了部分或全部与缺乏市场权力相关的实体组织司法备案的要求。

与此相对立,利用费率申报保护在放松管制的电信或电力服务背景下禁止消费者保护诉讼是有问题的。正如竞争性市场在电信行业所做的那样,该市场将会为服务提供商在向客户提供折扣和回扣方面带来机会。作为经济原则,定价的灵活性是竞争市场运作的关键。这允许监管机构在执行竞争政策时具有更大的自由度。更重要的是,在竞争市场环境下,这允许民营企业在定价和服务方面具有灵活性。没有灵活性,企业就会缺少对市场环境,包括供应和需要变化的

---

① 例如,联邦能源监管委员会已经将其电力供应的法权从服务成本费率制定演变为所谓的"基于市场的费率"制定,为此 FERC 完全放弃了特定的备案要求。

② 例如,在联邦能源监管委员会的比较标准下,"并非过度歧视或反竞争的开放取用费率,应当在相同或类似基础上提供第三方使用权,根据相同或相似条款和条件,作为运输供应商对其[自身]系统的应用"[引用传输价格声明,59 Fed. Reg. 55,031, at 55,034 (Nov. 3, 1994) (codified at 18 C.F.R. pt. 2)]。

反应能力。然而,当法院习惯上应用费率申报原则时,价格的灵活性是不允许出现的,除非它被之前批准的费率明确地进行了预设。

在费率表对定价灵活性进行的设想方面,费率申报原则会呈现出一些问题,就像是在竞争性行业中通常以市场为基础的费率一样。因为在费率申报原则下,服务提供商没有受到已经与消费者所签订的合同条款的束缚(以任何司法强制的方式),除非特定合同已经被监管者批准。在试图保护消费者中,供应商没有面临从事不实陈述甚或欺诈合同的不利诱因。此外,根据反垄断法,消费者的诉讼旨在保护和鼓励竞争,但不可以延伸至供应商的行为达到与批准的价目表相一致的程度。例如,人们普遍怀疑拥有市场实力的西部大型能源供应商,在加利福尼亚州的放松管制危机中,密谋抑制供应并推动价格上涨(Martin,2003)。然而,费率申报原则可以用来禁止这些宣称。

在 20 世纪服务成本占主导地位的环境下,由受监管企业操控的费率申报保护没有产生什么危害,在某种程度上竞争不是规范的,但监管者积极运用费率制订过程来保护消费者不受损害。在当前环境下,竞争市场已经取代了传统的费率调节,费率申报保护的调用引起了更严重的危害和风险。在批准和监控费率表的过程中,如果监管者愿意并能够监控违约、欺诈、其他侵权行为以及反垄断的不当行为,那么该原则将会是相对无害的。然而,联邦监管机构监督和制裁这些行为的愿望和能力是非常有限的,因为联邦监管机构不具有充分的权力,通过提交过于宽泛的费率表,受监管企业也许能够逃脱在必备设施如电力运输设备等方面的检查。[①] 例如,FERC 没有监管零售运输销售(如,公用事业单位如何将运输成本分摊给零售客户),但是企业可能仍在寻求 FERC 对其零售成本分摊方面的默许,并因而请求法院应用费率申报保护来对有关的零售定价进行引导。

即使监管机构在最初批准的费率表方面具有清晰的司法权,它也不太可能有机会充分评估每个潜在违反公众利益的事件。通常地,就如 FERC 第 888 条规定的那样,联邦监管机构只是对费率表条款与条件进行了宽泛的评审,并经常出台大批标准的费率表。此外,一旦受监管企业违反了费率表条款,如果申诉提

---

① A good example is a filing PG&E Corp. made with the FERC, shielding millions of dollars in unregulated assets from creditors when PG&E declared bankruptcy. California ex rel. *Lockyer v. FERC*, 329 F.3d 700 (9th Cir. 2003); see also *9th Circuit Court of Appeals Upholds FERC Order Blessing Reorganization of PG&E Corp. to Create Corporate Shield for Credit-Hungry National Energy Group*, Foster Natural Gas Report, May 22, 2003, at 7.

交,与法院相比,在决定是否进行调查和起诉涉嫌的违法行为方面监管机构有更广泛的自由裁量权;这个自由裁量权受到资金不足的强制执行预算额和竞争中优先权的影响。许多宣称的违法行为从未被调查、追诉或听证。

最终,由于缺乏特定的权力授予,诸如 FERC 和 FCC 这样的机构,不像现已不存在的 ICC(其权力在 Keogh 案中存在争议),没有重要的权力去评估和对违法犯罪者实施处罚。在放松监管的市场中,强制补救不当行为对阻止欺诈和其他类型的策略性市场操纵是非常重要的。然而,实施放松管制政策的机构本身往往缺乏权力去寻求或利用这种补救。例如,FERC 的补救权力仅限于退款权和全国营业执照的吊销权。在 FERC 最初关于西部电力和天然气价格潜在操控的报告中,FERC 的工作人员集中在与加州放松管制相联系的不端行为,并建议退款。此外,FERC 的工作人员提示其通过价费的监管和停止资格予以处罚的可能性。① 像安然这样的公司涉嫌从事加州市场的策略性操纵(委员会工作人员指称,在安然公司案例中出现了"欺诈包括虚假信息的提交"),因此须进行退款,可能还会面临失去参与放松管制市场资格的威胁。②

然而,在放松监管的市场中,这些权力在阻止不当行为方面都是不充分的。退款权限不足以阻止超出违约补偿的不当行为,甚至它仅仅只是类似于补偿救济的一种威慑。③ 在阻止不当行为时,在全国范围内吊销执照也不是一个非常有效的机制。联邦监管机构通常缺少直接作出处罚决定的权力,因此,它们必须依赖许可和授权的权力,试图间接地做一些它们不能直接去做的事。正如 FERC 职员在其报告中所说的,FERC 没有直接施加处罚的权力。④ 另外,没有机构可以

---

① See FERC, *Initial Report on Company-Specific Separate Proceedings and Generic Reevaluations*; *Published Natural Gas Price Data*; *and Enron Trading Strategies* 3-6, Docket No. PA02-2-000 (August 2002) (hereinafter FERC *Enron Report*).

② Id. at 3-5.

③ A restitution remedy might deter misconduct adequately if courts were concerned with inducing efficient behavior in plaintiffs, but the main deterrence concern in this context is the defendant. Cohen (1994) advocates a fault-based economic theory of contract damages in place of strict liability principles in order to provide the correct incentives to contracting parties. Automatic restitution would underdeter wrongdoing where the defendant's conduct is at issue. Choice of a remedy is best evaluated under contract law or other legal principles that the filed tariff shield completely forecloses.

④ "Staff is aware that Congress is considering expanding the Commission's currently very limited civil penalty authority, and we strongly endorse expanded civil penalty authority that applies to jurisdictional companies that violate the Commission's orders and regulations, as a means to deter the types of conduct we have encountered in this investigation." FERC Enron Report, supra, at 6.

在事前制定每个市场细则。机构往往也缺乏对市场中每个参与者的管辖权。

当机构放弃监管要求时,司法权方面的差距就更为显著,这种差距就像 FERC 经常做的那样,鼓励了竞争。当"所有基因市场的费率价目表都要包括标准条款,以便于委员会可以超越简单的利润返还并对违规者进行强行惩罚"的建议被提出时,FERC 的工作人员承认该问题具有重要性。① 显然,在 FERC 最初批准基于市场的价目表时,没有预料到市场滥用会逐步演化。这方面做法的失败使得 FERC 不能对违法犯罪者造成的后果进行补救。即使 FERC 在其许可权下确实能够合法行使补救措施,但吊销执照仍然要遇到困难的门槛。就此来说,FERC 可以确立撤销的理由,而补救措施是非常苛刻的:在全国范围(因此在其后果上过于严厉)内,对于消费者来说在某种程度上过度阻碍是有害的,而对监管者来说是昂贵的。在前期调整执照的批准或许显得更为简单,但是一旦企业的活动被许可,除了其他公司之外,再强加一些新的条件而又不会面临持久的法律挑战就会变得很困难。

事实上,在许多情况下,FERC 可能没有对于放松监管市场的实体主张管辖权的能力,即使这些实体不能按照费率申报表行事,因此,有时候对放松管制的电力市场中的滥用问题,FERC 可能根本没有补救措施。这样看来,加州当时的州长戴维斯(在 FERC 发布报告时,他自己面临年度的决胜局竞选)对 FERC 的报告发布激烈的批判就不足为奇了,他称其为"粉饰,纯粹而简单"。戴维斯州长严厉谴责 FERC,是因为 FERC"并没有制裁任何人,它没有退还给我们任何东西,也没有阻止每个人都认为发生在加州的操控行为"。②

费率申报原则可能说明了执行方面的差距,得克萨斯州地方法院最近的一个判决就妨碍了在放松管制的得州电力批发市场中对能源供应商的反垄断索赔,并在没有任何法律或行政补偿的情况下让人们受到市场滥用的损害。2004 年 6 月,美国得克萨斯州南区的地方法院 Corpus Christi 专区法院,将费率申报原则应用于阻止放松管制的电力批发市场中非法行为的反垄断索赔,而该市场主要是针对众多的电力供应公司和得克萨斯州电力委员会(ERCOT)。③ 该案例提供一个明显

---

① Id.
② See Richard A. Oppel, Jr., Energy Pricing Suspicious, Report Says, *N. Y. Times*, Aug. 14, 2002, at C1.
③ *Texas Commercial Energy v. TXU Energy, Inc.*, 2004-2 Trade Cases . 74,497 (S.D. Tex., Corpus Christi 2004), 2004 WL 1777597.

的例证,解释了为什么联邦法院要在放松监管环境下重新审视费率申报原则。

由得州商业能源(TCE)提出的索赔请求声称,依据州法律,24 名被告的反竞争市场滥用行为违反了联邦和州的反垄断法并涉嫌欺诈、失实陈述、违反合同、诽谤、商业毁谤、民事共谋、恶意中伤以及有意/不能容忍的行为,这 24 名被告包括得州公用能源公司、美国电力公司和其他在 ERCOT 中的能源营销商。TCE 声称,这些违法行为导致平衡能源服务市场(BES)上价格的大幅上升(BES 是一个基于竞价的短期电力市场),迫使 TCE 在 BES 市场中支付更高的价格,还迫使它从双边合作伙伴中撤出以信用为基础的抵押品。作为涉及费率申报原则的大多数案例中的典型,得州地方法院驳回了 TCE 的诉讼,并且没有对市场滥用的是非进行实质性说明。尽管 FERC 对得州电力市场没有任何权威,但法院认为,费率申报原则旨在让市场在州监管机构所批准的规则下运作。法院拒绝考虑联邦反垄断的主张,并认为由国家立法机关掌管的监督得州电力市场的机构,即得州公用事业委员会(TPUC)具有"解决 BES 市场上费率厘定问题的制度能力,这也是费率申报原则中的一项内容"[①]。法院发现法律要求 TPUC 必须保证"电力定价的安全、可靠和合理",包括在 BES 市场上的定价。[②] 例如,法院指出,在 2001 年 8 月 TPUC 的市场监管部门命令市场参与者返还因在 BES 市场上的滥用行为和调度不当行为所获得的 3 000 万美元非法利润。此外,BES 市场上的费率被控制在 1 000 美元/兆瓦时内。法院在适用费率申报原则阻止联邦和州反垄断诉讼之后,也决定用它来禁止违约和其他主张。法院的这一决定其实是许多其他联邦法院处理方法的表现,即常常推定性地运用费率申报原则来拒绝考虑市场滥用行为的诉讼,这也暴露了在放松管制环境下这一法律原则的实质性缺陷。

最明显的是,法院所预先提出得州公用事业委员会(TPUC)的"制度能力"会妨碍对于索赔考虑的前提,将完全无法应对代理机构利用权威弥补损害的表述问题。监管机构如果有权力采取行动的话,也只是具备制度能力。然而,对于受损失的用户来说,得州没有明示或默示的权力,并且 TPUC 也缺乏要求被告退款或者赔偿损失的权力。而地方法院指出,之前在得克萨斯州的 3 000 万美元的和解费可以作为 TPUC 权力的证据,但这完全取决于 TPUC 自愿性地承担

---

① Id. at 10 (slip opinion).
② Tex. Util. Code. § 39.101(a)(1).

和解协议代理人的角色,并说服公司交出它们所获得的一些不正当收入。虽然TPUC可能在和解中运用了政治权力,但却没有让在BES市场中的受害者获得正式的投诉权和合理的赔偿。甚至在某种程度上存在着赔偿的申诉与裁决过程,而费率申报原则妨碍了反垄断索赔,这种赔偿在数量上可以达到原来的三倍,从而发挥更有意义的威慑作用。如果监管机构能监管和处罚100%的市场滥用行为,那么三倍的赔偿金可能是不必要的(因为三倍赔偿金背后主要的政策原因是,被起诉的可能性非常低,因此罚金就必须高),但是监管机构缺乏权威或资源来保证要求对每个市场滥用行为造成的后果进行赔偿。赔偿以及有意义的罚款的缺失意味着,得州这种在执行方面的缺口会出现在得州电力供应委员会(ERCOT)放松管制的批发市场上。①

像在得克萨斯州这样,当机构监管缺乏力度时,即使管辖权有限或资源不足,补救措施的司法执行都将提供很多帮助。在许多情况下,法院在界定标准和阻止违反市场规范方面,较之其他机构具有明显的制度优势。不像大多数监管机构那样,法院并不受国会赋权或以更为具体的法规进行授权的约束。而且,司法系统为复杂的案件提供了许多法庭经常不能给到的好处:更广阔的发现,更宽泛的补偿权力以及更大的政治独立。

普通法和反垄断补救措施在发挥威慑力方面并不完美,但没有迹象表明监管的目的是为了优先于或者取缔这些措施,这些补救措施在竞争服务市场中发挥着重要的威慑机制作用。简而言之,在某种程度上,普通法和垄断救济措施是针对服务提供商的,在没有一个全面的监管方案的前提下,法院就成了消费者寻求保护的基本途径,尤其是在放松管制的背景下。② 除非国会扩大联邦机构的

---

① Moreover, in discussing the filed rate doctrine the district court in Texas completely confused federal and state law. The *Keogh* case, on which the court relied extensively, involved the application of the filed rate doctrine as a matter of federal law to suspend application of federal antitrust laws to activities regulated by a federal agency. Here, no federal agency had regulatory authority — only a Texas state agency had any claim to regulatory authority. To the extent the doctrine involves state regulation, the tariff should be treated as a matter of state law or under state action immunity — the appropriate federalism defense to the antitrust laws (see Chapter 7). The district court, however, did not reference a single Texas case involving the file rate doctrine, and failed completely to evaluate whether state regulation of the BES market gives rise to state action immunity (Rossi, 2004).

② Although deregulation may make the problem more salient, the enforcement gap arguably existed under cost-of-service regulation as well. Hale and Hale (1962), for example, argued that antitrust exemptions are an appropriate exception to antitrust exemptions "when the regulatory burden is so great that effective control cannot be achieved" (58-59).

权力,使其能够在放松管制的市场上直接实施对违法者的惩罚,否则考虑到法院推定的应用程序,费率申报原则将会导致监管程序方面更严重的战略性滥用,并妨碍对市场不正当行为的有效震慑。如果任其发展,它就会导致国会或机构都无法预想的更加彻底的管制放松。

IV. 界定机构执法的替代品

假定在某种程度上费率申报原则将执行决策权交由私人公司,而不是监管机构或法院,公众利益则需要在实施决策中得到保护。法院不应该佯称模糊不清的立法机制必定反映国会有意取代缺乏监管者认真监督的州层面的法律主张,法院也不应该只是基于费率表的申报暗示反垄断豁免权。反之,法院必须评估联邦优先权是否受到担保,对反垄断诉讼来说继续对抗监管的背景是否合适。既存的原则如联邦优先权分析以及优先管辖权原则足以达到这个目的,并且比费率申报原则更可能在执行市场规范方面保护公众利益。如果费率申报原则没有被完全放弃,那么它就应该以与这些原则相一致的方式被应用。

A. 垂直管辖背景下费率申报保护对联邦优先权的替代分析

如果在特定的联邦审批和监督行动的背景下进行明确和仔细的分析,那么联邦优先原则就很有希望制止违反市场规范的行为,并为消费者和竞争提供保障。美国《宪法》第六章第 2 条指出:"宪法和据其制定的美国法律……将是这块土地上的最高法律。"作为重要法条,联邦优先的法律体系得以较好地建立。当然,国会可以通过明确的法律来专门取代州或地方法律。法院也常常推断优先具有一种或两种方式:第一,联邦监管的领域没有给州留有补充规制的余地;第二,州或地方法律与联邦法律有实际上的冲突。[①] 虽然联邦优先分析被明确为重要的法条,但仍然备受争议,并经常导致司法判决上的分歧。尽管最高法院在

---

① *Capital Cities Cable, Inc. v. Crisp*, 467 U.S. 691, 699 (1984); *English v. Gen. Elec. Co.*, 496 U.S. 72, 78-79 (1990). For criticism of the development of federal preemption jurisprudence, see Nelson, 2000: 290-91; Garbaum, 1994: 809-10.

"州治安权法规的优先权推定"①方面有总体阐述,但在许多情况下是具有把案例法描述成支持对联邦优先权进行裁决的强烈偏见,也许这并不奇怪(Davis,2002;Spence & Murray,1999)。

如果谨慎处理,联邦优先分析可以提供一个有用的框架,以评估利用费率申报作为达成优先权的情况。例如,在电信和电力行业,国会已经构想了一个允许联邦和州监管并存的双重监管结构。鉴于此,联邦政府批准的费率很少会在该领域出现,以避免州法规无法执行的情况。因此,将费率案件看作"领域侵占"型隐性优先案是不合适的。相反,如果有什么区别的话,费率案件是以妨碍性为最佳特征的,据称州法规阻碍了联邦法律对于同类活动的有效监管。

然而,在联邦费率和州合同、侵权法或者欺诈索赔之间的冲突经常是假设性的,而不是实际发生的。例如,正像 Friendly 法官认为的,违约损害赔偿和批准费率之间的关系取决于联邦监管机构对诉讼的驳回。监管机构保留调整费率的权力,甚至还允许公司审慎地将其发生的成本收回。对法院来说,在这种情况下对优先权进行暗示造成了过度的优先权分析。例如,最高法院认为费率申报原则阻碍了普通法在 AT&T 案例中对长途运输公司的索赔,而 Stevens 法官对此持有异议。他注意到,对涉嫌违法的行为与受费率管制效果的关系这两者之间的联接性进行评价,对于全面评估费率优先性来说是极为重要的。② 这种分析必须评估监管结构在多大程度上是允许特定行为的(例如,AT&T 案件中对猛烈抨击的指控),并且要评估费率审批和监督程序是否与州法律规定的潜在补救措施相冲突。

采用类似的分析,第九巡回法院对于杜克能源优先性推论的基本原理如果不是完全错误的话,也是不可靠的。在批准加州电力交易费率的过程中,FERC 还批准了受加州法律管控的市场操作行为;加州仍在保护零售客户免受供应商(例如那些在战略上操控加州新兴放松管制市场的供应商)损害方面负有专门的职责,这些职责包括潜在的执行州长紧急命令的权力,以及运用州合同法和消费

---

① *Medtronic*, *Inc. v. Lohr*, 518 U.S. 470, 485 (1996) [quoting *Cipollone v. Liggett Group*, 505 U.S. 504, 518, 523 (1992)].

② "[W]e have never before applied that harsh doctrine [the filed rate doctrine] to bar relief for tortuous conduct with little connection to, or effect upon, the relationship governed by the tariff." *AT & T, Co. v. Cent. Office Tel., Inc*., 524 U.S., 214 233 (J. Stevens, dissenting).

者保护法的权力。此外,第九巡回法院对优先性推理的唯一依据是州管制将会导致与所批准的费率条款相矛盾的效应,即杜克能源信用评级假定性降低。然而,被联邦费率(戴维斯州长所强征的)取代的州法规与联邦费率(杜克能源信用评级维系)所批准的行为之间的关系是非常脆弱的。

有时候即使在没有联邦监管的情况下,最高法院也会找到隐含的障碍优先权。不过,当情况确实如此时,最高法院就会在国家法律或政策的一致性方面表现出强烈的关注。① 伴随着原先受管制行业的竞争,对于非歧视定价的关注正在逐步减弱,因此,统一的定价、条款和条件不大可能成为衡量州规制合法性的一个有用的标准。在某种程度上,统一性仍然很重要,正如 Friendly 法官在美商实快电力案中所认识到的,原告参与的机会其实是为统一的费率、费用条款和条件提供了充分的保障。

优先问题的评估表明,法院通常在没有对监管环境中的双重监管问题进行认真分析的情况下,引用费率申报表从而产生隐含性优先。在许多过往案例中,法院仅根据特定公司的费率申报情况来推断优先购买权,这在适度优先购买权分析方面是不适用的。为此,有必要对国家监管设立实际的障碍。② 应用这种分析时,法院必须专注于机构本身在多大程度上考虑这个问题(McGrea,1995)——这是法院在运用费率申报原则时经常忽视的问题。认真的联邦优先性分析为监管问题提供了更加完整的图景,因此在双重垂直管辖难题的背景下也应该被法院用来考虑审判执行的适宜性。例如,南加州爱迪生公司声称,考虑到批发市场的管制放松,加州不能在州零售管制放松计划中设定零售价格的上限。联邦优先性分析也为评估 Lynch 案中的费率结构提供了更加可靠的依据,并引用了极其广泛的费率申报理论使得同样的零售价格上限对于 PG&E 公司来说成为无效。

---

① See, e.g., *San Diego Bldg. Trades Council v. Garmon*, 359 U.S. 236, 246 (1959) (holding that even in the absence of a finding that the NLRB's determination that bargaining-related conduct was protected, state law affecting that conduct was prohibited). Expressing fear of nonuniformity, the Court states "[o]ur concern is with delimiting areas of conduct which must be free from state regulation if national policy is to be left [unchanged]." Id. at 246.

② Where an agency has not evaluated conduct, a court should fail to find a preemptive effect. See *Ting v. AT&T*, 182 F. Supp. 2d 902, 937-38 (N.D. Cal. 2002) (refusing preemption defense based on filed tariff and finding contract provisions substantively unconscionable and void for public policy, in context of consumer class action).

B. 横向管辖背景下费率申报裁定对优先管辖权评估的替代

在横向管辖权方案中(法律请求和监管都是联邦范围下的),因为基奥计划已经得到明确,所以法院援引费率保护来禁止大多数的反垄断索赔,尽管法院也认可某些例外情况,特别是在价格挤压、强制救济请求和由竞争对手提起的谋求损失利润诉讼的情况下。

尽管最近第九巡回上诉法院拒绝允许放松管制对费率申报原则的应用产生威胁,但这些案例完全是优先性案例而非运用基奥计划基本原则的案例。联邦法院还没有在电力和电信放松管制的背景下充分评估基奥计划的命运。

当联邦监管机构批准了所有与涉嫌反竞争行为有关的费率时,允许费率申报原则阻止反垄断责任的持续性原理就会令人质疑。在这一背景下,引用费率申报原则的最有力的理论阐述就是对尊重机构监管者的赞赏。在 Norwood 案中,第一巡回上诉法院认为费率申报原则的特征为"极度陈旧",[①]当引用它来阻止反垄断执法时显得不合逻辑。首先,正如州合同法和侵权法声称的,如果不正当行为导致需要对费率条款作出修改,这倒是监管者在未来必要时很容易调整的内容(Humphrey,1985)。然而,正如法院自身在 Norwood 案中所指出的,在费率审批活动的背景下,FERC 已经放弃了费率申报或费率表要由服务成本数据来附同证明的要求,而服务成本数据是机构本身用于评估价格挤压索赔时所必需的。

尽管机构缺乏充足的数据来评估价格挤压的索赔要求,Norwood 案中的法院却得出结论,认为"是费率表的备案而不是机构的积极认可或详细审查,引发了费率申报原则"。[②] 这是一种危险的宽泛性描述。通过集中考虑被监管公司的费率申报——而不是已制定的监管者方面的管辖权和功能——可以对私人行为而非公共福利给予重视。在价格挤压索赔以及其他反垄断索赔的背景下,很难对费率申报原则的行使进行调和——正如 Norwood 案中法院当时所面临的处境,而费率申报原则也并没有成功地被用作阻止诉讼的工具。例如,尽管最终的费率会受到联邦监管的支配,并购或出售也已经由监管机构批准,但是公用事

---

① *Town of Norwood v. New England Power Co.*, 202 F.3d 408, 420.
② 202 F.3d at 419.

业单位的并购和资产出售都受制于反垄断的挑战。① 自从拥有一定管辖权的 Otter Tail 县允许反垄断诉求后,简单的费率申报并不能阻碍反垄断诉求,即便监管机构拥有部分的管辖权。在放松管制的市场中,法院对仔细评估费率具有特定的责任,以帮助确保反竞争和其他非法私人行为不能"逃离适用的法律标准的审查"。② 否则,就像法官布丁(写了关于 Norwood 案的文章)在之前发表的文章中所警告的,通过重复不断地提起费率申报原则,认为"这种原则很可能自我消耗"(Boudin,1986:404),从而破坏了其旨在保护的竞争过程。

在横向管辖背景下,费率申报原则为法院提供了侵略性较低工具(即拒绝考虑一个案件的理由),这一点是值得质疑的。在诸如 Norwood 这样的案例中,据称的反竞争行为受到联邦规制的支配,除了费率申报原则之外,还有两个现存的法律原理评估司法干预的合理性:(1)法规遵从原则,这是最近几年作为一种反垄断辩护类型而出现的原则;(2)优先管辖权原则,这是法院用来拒绝对机构赔偿诉求进行审判的一般原则。虽然这些不是反垄断豁免权,但从发挥无懈可击且绝对的防御功能的意义上来看,它们为保留机构对反竞争行为主张的自由裁量权提供了充分的保障(正如费率申报原则在遵从方面也声称要去保障的),使得在这种环境下的费率申报保护完全不必要了。③

即使行动没有明显免受反垄断法的影响,但对法规遵从的信念却可以成为陪审团的防御措施。在被告试图遵守监管政策的背景下,"特定意图应当被要求用来构建谢尔曼法案的违例"。④ 在处理美国电话电报公司关于连接长途电话

---

① Id. at 422 [citing *Northeast Utilities Service Co. v. FERC*, 993 F.2d 937 (1st Cir. 1993) and *California v. Federal Power Commission*, 369 U.S. 482 (1962)].

② *Columbia Steel Casing Co. v. Portland Gen. Elec. Co.*, 111 F.3d 1427, 1446 (9th Cir. 1997).

③ Where a plaintiff alleges violation of statutory provisions enforced by a federal agency, an emerging doctrine of telecommunications law would seem to preclude a federal court from considering the antitrust claim. See *Goldwasser v. Ameritech Corp.*, 222 F.3d 390 (7th Cir. 2000) (refusing antitrust jurisdiction where the FCC has enforcement authority under the 1996 Telecom Act). However, where a plaintiff has adequately pled an independent antitrust claim, the Supreme Court has held that the 1996 Telecommunication Act's antitrust savings clause preserves the claim, notwithstanding separate FCC interconnection regulation. See *Verizon v. Law Offices of Curtis V. Trinko*, L.L.P., 124 S.Ct.872 (2004) (exercising jurisdiction over essential facilities claim but rejecting the claim on its merits). For discussion of this emerging doctrine for refusing antitrust enforcement, see Picker (2002) and Weiser(2003).

④ *City of Groton v. Conn. Light & Power Co.*, 662 F.2d 921, 931-32 (2d Cir. 1981) [quoting *City of Mishawaka v. American Electric Co.*, 616 F.2d 976, 985 (7th Cir. 1980), and arguing that because overall effect of utility's rates and practices suggested good faith behavior, utility was not acting unlawfully].

运营商和本地服务网络的规则方面,第七巡回上诉法院称:

在行业受制于宽泛而快速变化的监管需求的特定背景下,我们认为,反垄断被告有权要求陪审团考虑其遵守监管义务的诚信行为……①

第五巡回法院同意评估互联水平的一般标准,并进行详细说明:

一个理想的说明能够非常简单地解释……在通信法案下运营商有义务进行互联,但是如果它确定公共利益是在对立面的,就可能会拒绝互联;并且如果运营商当时能够在监管政策方面提供合理的理论基础,并且能体现其诚信,那么具体的主体就会要求拒绝互联,对公共利益表示切实的关心,在反垄断法下就不承担任何责任。②

最高法院尚未认可这种调整反垄断法和监管法的特定方式,而法院意见的表述却与此并不一致。③ 在复杂的监管情况下,必须仔细评估与公共利益相符的主观意图和客观标准,这种防御方式比简单地运用费率申报保护更能确保竞争性保障措施的到位。④

在合规性陪审团的辩护之外,优先管辖权原则已经为监管机构主动监控费率、条款和服务条件的情况提供了充足的保障。在优先管辖权的原则下,在"那些提出了不在法官的传统审判经验范围内的事实问题的案例中,或者那些需要

---

① *MCI Communications Corp. v. AT&T Co.*, 708 F.2d 1081, 1109-1110 (7th Cir. 1983).
② Id. at 1138.
③ See, e.g., *National Gerimedical Hosp. v. Blue Cross*, 452 U.S. 378, 393 n. 19 (1981) (noting, in the context of potential regulation of hospital's conduct by cooperative agencies, that on remand "the court should give attention to the particular economic context in which the alleged conspiracy and 'refusal to deal' took place"). See also *Phonetele, Inc. v. AT&T Co.*, 664 F.2d 716, 737-38 (9th Cir. 1981) (J. Kennedy) (stating that if a defendant can establish "it had a reasonable basis so that its actions were necessitated by concrete factual imperatives recognized as legitimate by the regulatory authority, then its actions did not violate the antitrust laws"); *Phonetele, Inc. v. AT&T Co.*, 889 F.2d 224 (9th Cir. 1989) (concluding that defendant's good faith was established).
④ The defense echoes the Noerr/Pennington doctrine in antitrust law, which is not absolute but is qualified a "sham petitioning" exception. See *Professional Real Estate Investors, Inc. v. Columbia Pictures, Inc.*, 508 U.S. 49 (1993). Similarly, the proposal in this chapter urges courts to use established doctrine to recognize sham tariffing in deregulated markets.

行政自由裁量权的案例"中，①法院为了让监管机构首先考虑这些监管问题，会在监管事宜上遵从监管机构的意见。最高法院注意到：

> 对于机构来说，通过探知和解释环境等作为法律问题基础的初步手段，可以依据专业化、由经验获得的洞察力以及更加灵活的程序得到比法院更好的能力，从而使得委托给特定机构的商务监管业务的均匀性和一致性得到保障，司法部门审查的有限功能被更加合理地使用。②

正如 Friendly 法官认为，法院有权在机构未决的情况下坚持审判程序，虽然它可能因为当前的目的而决定不受理该案件。③ 相较于费率申报原则，优先管辖权评估可以在其应用方面允许法院具有更大的自由裁量权。

不像阻止目前及未来诉求的费率申报原则那样，优先管辖权并没有给予所谓反竞争行为完全的豁免；相反，在应用这一原则时，法院在机构监管未决期间习惯于坚持司法执法。正如 Louis Jaffe(1964)所认识到的，优先管辖权原则的运用强调了将问题从法院移交到机构并不是仅仅基于机构的专业性，而是基于整个法定计划。因此，这种探究更适用于法院在同一层面上例行解决对管辖权是主张还是拒绝的问题——无论审判权的行使是否过度侵犯了机构的专业性或决策制定的权威性。④ 与

---

① *Far East Conference v. U.S.*, 342 U.S. 570, 574(1952).

② Id. at 574-75. There are, of course, a host of practical issues in applying this doctrine (von Mehren, 1954).

③ In *Nader v. Allegheny Airlines, Inc.*, 426 U.S. 290 (1976), the Supreme Court recognized that stays may be important for two distinct reasons. See Id. at 303-04. The agency may not have the statutory power to confer immunity but may still pass judgment on the matter (Id. at 303-04). Or, as *Far East* envisioned, a court may believe the agency is in a superior position to make findings of fact or judgments about reasonableness (Id. at 305-06) (noting common law misrepresentation not within special competence of the agency). See also *Gen. Elec. Co. v. M.V. Nedlloyd*, 817 F.2d 1022, 1027 (2d Cir. 1987) (finding it unnecessary for a court to yield jurisdiction when the issue to be resolved rests on general common law principles).

④ The doctrine of primary jurisdiction can also play this role in lieu of the filed tariff shield in bankruptcy claims (Rouse, 1990). In the cases that preceded the U.S. Supreme Court's decision *Maislin*, the U.S. Court of Appeals for the Eighth Circuit invoked the doctrine of primary jurisdiction in evaluating jurisdiction over undercharge claims, but concluded that the ICC could best address the claims. See *Maislin Industries v. Primary Steel, Inc.*, 879 F.2d 400, 403 (8th Cir. 1989) (stating that "the doctrine of primary jurisdiction should be exercised if the issues in a proceeding 'turn on a determination of the reasonableness of a challenged practice'"); *INF, Ltd. v. Spectro Alloys Corp.*, 881 F.2d 546, 548-50 (8th Cir. 1989) (relying on Eighth Circuit's *Maislin* decision and addressing concerns in ICC policy).

费率申报原则相比,优先管辖权在双重司法执行的背景下为尊重和顺从机构提供了一个更有力的司法工具。自身豁免权的范围可以完全与暗含的反垄断豁免权一起,这并不是公司特有的,在某种程度上它是基于国会意图,将私有企业操纵和司法过度干预的机会最小化。

* * *

在相对平和的环境中,费率申报原则通过将法院置于监管争议之外而强化了 20 世纪监管法的地位。政府关系契约协商的方式说明了将其应用看作是推定的危险,特别是在放松管制的市场上。当法院运用该原则时,它们总是很小心地避免将该原则扩展到涉及竞争者的案件中,或者是当监管机构自己缺少补救措施从而向公司寻求帮助的案例中。当监管机构对涉嫌违法行为的救济缺乏管辖权时,法院也已经对价格挤压索赔创建了例外情况的应对措施。

甚至在这些有限的例外情况之外,费率申报原则也表现出严重的问题,特别是在产业面临放松管制或者是其他一些监管转变时。随着服务成本费率厘定的式微,其中费率在听证会上得以裁决,不受监督的费率申报文件已经成为一种规范,并且战略性的择地行诉也激增起来,在这种环境下,考虑到保护费率申报原则初始目标的其他法律原则,费率申报保护就是不必要的了。更重要的是,费率申报原则可能显示出有害性。其他法律原则维护了公共利益并且不会产生同样的危害风险。至少,法院应在费率申报原则与其他法律原则的运用相一致时才能应用它。在放松管制的环境中,法院应该在拒绝考虑市场不法行为的是非之前谨慎行事,而不是像法院在服务成本管制下所做的那样,针对费率方面的司法审议进行推定。

7 立法权下放的议价

当联邦制系统将决策权在国家和州政府之间进行分配，同时也不支持联邦对于活动的管制时，那么议价就往往会委托给州和地方政府层面。在美国，许多行业（包括电力和电信行业）对于州或者地方管制的偏好很大程度上是历史性的。如果真正的全国性市场出现，特别是如果国会和联邦机构认真采取行动来建立这样的市场，那么这种偏好就可能无法延续到下个世纪。然而，只要州和地方的监管在这些行业中持续扮演主要角色，放松管制市场中的企业往往会发现自己所处的环境中存在管辖权漏洞（即没有关于私人行为的监管），或者是联邦和州机构之间存在共同管辖权（即存在两个或更多的潜在监管者）。这样的监管漏洞和重叠监管的存在，不仅使监管者面临诸多挑战（或机会），也为私人企业在监管谈判中进行战略操纵提供了很多机会。正如费率申报原则所描述的，由监管漏洞和共同管辖所呈现出的监管空隙鼓励了私人企业制作费率表，或者在监管合同中增加适合其私人利益的费率条款，导致在费率申报原则下当监管者缺乏管辖权或者没有积极评估费率表内容时，产生特别令人不安地受诉地选择的影响。理想的情况是，国会将通过电力市场费率放松来建立一个真正的全国市场，正如电信市场一样。与此同时，考虑到在放松管制市场上积极监控的服务成本费率程序的侵蚀，法院必须在选择执行法庭时评估公共利益，而不是将这个决定完全让与私人企业（见第六章）。

然而，由监管漏洞和共同管辖权所呈现出的潜在谈判问题比起由费率表和联邦层面上其他监管申报文件所呈现出的执法问题，要宽泛得多。它们还延伸到州以及当地法律制订的过程中，这一过程已经主导了20世纪电力市场等行业的监管。例如，如果联邦体系内的一个州有权通过设立贸易壁垒拒绝从其他行政辖区进口商品来保护当地企业,那么该州也有权更为广泛地影响一个产业,形成远远超过其自身管辖边界的企业特定结构、缔约和其他治理问题。正如自James Madison执笔联邦第10号文件之后人们就已经认识到的,州和地方政界可能会导致胡作非为甚至是保护主义,特别是在公司操纵州或地方监管机构的成本较低时。出于这个原因,在国家和地方之间将法律制订的权力进行合理配置的公法原则,对于美国受监管的行业来说是极其重要的。

在历史上受管制的产业中,联邦制的关注点在两种法律原则背景下对于公法扮演了极为重要的角色,这两个原则是:美国宪法的隐性商业条款和反垄断执法的州行为豁免。隐性商业条款源于美国宪法的贸易条款,它限制州政府阻碍州际商贸的权力,该权力公然歧视本州以外的贸易或者具有产生这种歧视的效果。除了在诸如州自身即是市场参与者的非常特殊的情况下,隐性商业条款法律体系的核心就是州际无障碍市场的规范。从概念上讲,这一原理可以被理解为是对议价不完全性的一个反应;由于交易成本的存在,各州发现要确保相互之间交易的障碍不损害到整体社会福利是很困难的,并会导致州或者地方政府通过制造障碍而背离市场交易规范。单个州垄断调控的方法可能会对其他行政辖区产生外溢成本;通过支持这样做的违宪的州法律,法院利用隐性商业条款使这些成本内部化,并促进各个州之间更大的合作。在这个意义上,隐性商业条款通常被视为是在法律精神上有利于竞争(并因此是反贸易保护主义的)——实际上,它是反规制的,并在某种程度上在外部(州际)市场上保护了自由市场竞争。

相比之下,反垄断执行的州行为豁免权看起来似乎是促进管制的,但却在目标与方法方面表现出明显的差别(甚至可以说是相矛盾的)。不同于传统上认为的"公法"原理,州行为豁免权在谢尔曼和克莱顿法案(旨在提升竞争和自由贸易规范的法则)下延缓了联邦反垄断法的执行,并积极监管私人活动。例如,价格受到管制的公用事业单位,包括电力和电信垄断部门,早已脱离了反垄断执法机构对其受管制活动的监察。在20世纪的大部分时间里,服务成本费率诉讼通过发挥市场作用来监督人们的关注。然而,随着管制的放松,人们普遍认识到,反垄断执法将加强在放松管制行业如电信、电力、天然气行业的市场管制(Baer, 1997; Bolze, Pierce, & Walsh, 2000; Dibadj, 2004; Eaton, 1994; Glazer & Little, 1999; Kolasky, 1999; McArthur, 1997; Piraino, 1997; Pitofsky, 1997)。放松管制的监管环境在一定程度上导致了越来越不完全的州监管,然而,反垄断执行州行为豁免权必须以极为谨慎的方式进行。州行为豁免权一旦在电力和电信行业被公司广泛认可,它就不应该再机械地禁止公共行业中的反垄断诉讼,任何超越费率申报原则的行为都应当起到保护司法赔偿的作用。州行为豁免权的侵蚀将大大提高放松管制市场上一直以来受监管的垄断部门所面临的不确定性,但是法院已经采用一个原则性的方法来确定什么时候应该暂停先前受管制行业的州行为豁免权。

对于州行为豁免来说,合理的方法是不在表面上承认州法规作为反垄断法豁免的价值。首先,我们必须认识到像隐性商业条款这样的其他一些法律理论在限制州辅助的垄断和州监管范围方面起着重要作用。然而,传统意义上,隐性商业条款与反垄断州行为豁免权似乎是不一致的,甚至在总体目标上是矛盾的。正如 Jim Chen 所指出的,"在当地主权和全球竞争之间适当平衡的关键问题上,美国竞争政策给出了两个截然不同甚至是对立的答案"(Chen, 2003a: 1030)。隐性商业条款旨在免受上升到贸易保护主义层面并妨碍外部市场的州监管措施的影响,而州行为豁免权却允许州监管胜过联邦竞争政策。换句话说,一个原理明确地以自由贸易为导向,而另一个原理却支持,甚至可能是鼓励州认可的垄断。然而,两个法律原理在核心上都是处理垄断的可允许的边界,对许多受管制的和放松管制的公司来说是基本的阻止形式。除非谨慎地处理,否则运用这些原理在处理放松管制行业中的竞争时会呈现出对立的政策。

监管的交易性解释说明了这两个学说在性质上未必是对立的,事实上,它们拥有共同的公共法根据。这两种学说都促进了公共治理的合作,都是为了维持竞争的背景性规范,隐性商业条款借助于外部市场关注自身,而州行为豁免权主要借助于内部市场关注自身。然而,原理的趋同并不仅限于促进商业交易且利于竞争的政策。对于这两种原理来说,政府关系契约协商强调了它们一致性的目的,即在没有完全禁止寻租行为的情况下,限制当地监管过程中利益集团的负面影响。在核心上,两种原理的根本目标是通过调和利己性干预的类型保护促进监管契约协商的政治进程,这种利己性干预能够降低各州之间的合作规范性,包括各州之间商业自由交易的规范。契约协商方式将两种原理视为同胞手足。两种原理即使不是近亲关系,也在公法的大家庭中不仅为美国资本主义的运行也为其治理提供了背景规范。由于法院被要求考虑在放松管制环境中民营企业的反垄断挑战,因此,这对法院的角色具有特别重要的影响。特别是,这表明由联邦法院所采用的审查标准必须在宪法和反垄断联邦制的背景下,超出单纯地对于州和地方的政治服从。

I. 隐性商业条款、州际交易、外部市场中的竞争

虽然隐性商业条款学说不是美国宪法中贸易条款明文规定授权,但它限制了州政府损害自由贸易的权力。正如 Oliver Wendell Holmes 曾经说过:

> 我认为即便我们会失去宣布国会法案无效的权力,美国依然不会走向末日。我确信如果我们无法拥有对几个州的法律作出声明的权力,那么我们的联邦将会受到损害。和我持有相同立场的人们可以观察到,本地政策通常是在没有国家观念的人们那里盛行,并且体现商务条款行将废止的行为频繁发生。①

在最近的司法怀疑论者中,如大法官 Scalia 和 Thoma,该原则被当作是"负"商业条款,这意味着它在宪法中缺乏文本依据(Chen,2003c)。② 尽管缺乏宪法文本依据,但隐性商业条款在美国宪法判例中拥有长期基础。例如,纽约州的法律规定,所有的牛奶经销商都必须支付给该州牛奶生产商最低价格的费用。Cardozo 法官对此进行抨击时发表了著名的评论,他认为,当法律公开宣称的目的和其必然的趋势是为了抑制或缓解州际竞争时,该商业条款就会对加重州际商贸负担的州法律产生阻碍的效果。③ 这一原则的实施,目的是抨击一项拒绝给州外牛奶加工企业颁发许可的纽约监管方案。因为该许可条款所颁布的"专门保护本地经济利益,如只供应本地消费或者限制竞争"的规定,是违背宪法的。④

---

① Holmes,1920:295-96.
② 怀疑论者认为隐性商业条款的目的可以很容易地通过其他更有明文规定的宪法学说来实现,如进出口条款第 10 章第 1 条或者特权与豁免条款第 2 章第 4 条。虽然这些替代方案也有备受争议的方面(Denning,1999,2003),但只要备选方案更能减少州际贸易壁垒的保护就已经足够了。
③ *Baldwin v. G.A.F. Selif, Inc.*, 294 U.S. 511, 522 (1935).
④ *H.P. Hood & Sons, Inc. v. Du Mond*, 336 U.S. 525, 531 (1949).

费城诉新泽西案①（一个适用隐性商业条款限制废物处理的国家管制的著名案例），说明了法院使用现代主义学说来进一步推动其保护外部市场的目的。新泽西州禁止从州外进口大部分的"固体或液体废物"。② 该法令最初在州法院受到了质疑，但是新泽西州最高法院在隐性商业条款的质疑下支持该法令，认为该法令"促进了健康生活和环境目标"。③ 然而，新泽西州却不能证明州外的垃圾比自己州的更有害。Stewart 法官代表多数派宣称："当通过州立法来实现简单的地方经济保护主义时，自身固有的无效力原则已经确立了。"④正如费城的法院所述，即使新泽西法规没有达到无效的程度，但它也不一定符合《宪法》第一条第八款第三项的商业条款的规定。相反，它应该根据其他的分析思路进行评估："如果为了实现合法的公共利益而公平地制定法规，并且其影响只是偶然的，那么它将得到支持，除非施加在此类商业上的负担相对于假定的地方利益明显过多……"⑤最高法院推翻了新泽西州的法律，认为它违反了商务条款，⑥但并没有明确说明自己使用了本身无效或平衡这两个原则中的哪一个。

与在那些州际竞争规范盛行的非管制行业相比，隐性商业条款在电力、通信等严格管制的行业中发挥的作用较小。在缺乏州际竞争以及主要是特定司法管辖的市场和存在进入壁垒的情况下，保护州际商业几乎是没有必要的。例如，在由服务成本规制的电力行业中，供应商之间的竞争概念是基本没有意义的。因为一个受成本服务管制的公司不是在一个开放的市场中竞争，所以保护州际竞争在宪法上也就几乎没有意义。企业之间的竞争在很大程度上是受制于规定垄断专营权的适用性和使用范围的政治程序。

然而，正如以前开放受管制的市场一样，竞争的引入将改变市场规范，使得隐性商业条款重新具有重要性。例如，随着联邦能源管制委员会放松对全国州际电力市场的管制，电力供应市场也兴起了竞争。在此背景下，一些州或当地政府提起的规制性诉讼就更有可能违宪。例如，为了能在整个电力市场中获得竞争，单个州在州际输电线的架设或者商业发电厂的选址方面延缓履行义务，根据

---

① 437 U.S. 617 (1978).
② Id. at 618.
③ Id. at 620.
④ Id. at 624.
⑤ Id. at 624, citing *Pike v. Bruce Church, Inc.*, 397 U.S. 137, 142 (1970).
⑥ Id. at 627.

隐性商业条款，这样的做法在宪法上会引起极大的关注。类似上述州的行为在支持服务成本规制的国家政策下，基本上是无害的，而现在却成为州际竞争的一个壁垒。此外，正如其他作者所指出的，国家旨在鼓励可再生能源或保护环境而实行的补贴和退税也很可能在放松管制的隐性商业条款下出现问题（Engel，1999；Ferrey，1997）。

　　自1980年代以来，放松管制在各种行业中大行其道，使得最高法院在很多情况下需要解决隐性商业判例。通用汽车公司诉特雷西案就体现了这一特点，①在该案件中俄亥俄州对州内和州外的天然气供应商实行差别税负。俄亥俄州对所有的天然气交易都征收5%的税，但不包括本地分销公司（LDCs），即那些作为最终用户和天然气供应商的中间商。依据俄亥俄州的天然气税，只有州内的公共事业才能有资格成为免税的……本地分销公司，因此俄亥俄州的税收计划有效地使得州内和州外的天然气供应商负担不同的税率。②法院承认这样的歧视性方案可能违反隐性商业条款，但却拒绝针对具体事实找出其违反隐性商业条款的地方。通用汽车公司对俄亥俄州的差别税收曾提出过法律质疑，虽然它是一家大公司，大到足以从自由市场（由国家监管机构保证有竞争力）上购买汽油而不是从州内的本地分销公司购买。然而，若本地分销公司与供应通用公司的公开市场之间缺乏竞争的话，法院认为："不管是明示歧视州际贸易或是对其施加负担，在隐性商业条款运用时都不可以存在当地优先。"③这一案例说明在国家监管机构制定支持竞争市场政策的情况下，抵制竞争的州际监管是如何对旨在保护州际竞争的隐性商业条款构成潜在威胁的。

　　然而，另一些案例将隐性商业条款扩展到保护外部（州际）市场之外的其他情形。在C&A Carbone股份有限公司诉纽约州克拉克斯顿镇案中，最高法院废除了处理和运输不可回收的固体废物的市属垄断。④为了保证项目的最低收益，纽约州克拉克斯顿镇采用现金流控制条例，允许一个中转站的私人运营商收取每吨81美元的费用，这大大超过了私人市场上的固体废物处置成本。

---

① 519 U.S. 278 (1997).
② Id. at 282-83.
③ Id. at 301.
④ 511 U.S. 383 (1994).

C&A Carbone 股份有限公司经克拉克斯顿现金流控制条例的允许，处理固体废物并经营回收中心。现金流控制条例要求像 Carbone 这样的公司将不可回收的废物运送到当地专营的中转站并支付一定费用，同时禁止它们私自运送废物。作为一个"融资措施"，现金流控制条例确保了"由镇赞助的设施将有利可图，因此当地承包商便会建造这些设施，而克拉克斯顿镇则可以在五年内以极低的价格购回"①。法院认为，地方法律违反了隐性商业条款，是因为在"实际效果与条例设计"上，它禁止州外垃圾填埋运营商参与到当地固体废物处理市场。② 因此，大法官布兰代斯在 1925 年某案件中所撰写的多数意见就成为判例，该意见指出，若法律规定"承运人在没有取得许可的情况下不得使用该州的高速公路"，则属于违宪。③

如果市政府自己建设和拥有这些设施，那么这将会在隐性商业条款豁免下导致垄断，因为隐性商业条款下的市场参与者的豁免权是众所周知的。④ 然而，垄断的产生往往是地方政府与私人企业合作所导致的，因为地方政府可以利用国家补贴、低于市场利率的免税债券，绕过州或地方对市级税收使用权的限制等优势来帮助企业并奖励它们所提供的服务。市政府通常采用发行担保债券建立民营基础设施，如垃圾处理设施，据此也就不难理解地方政府会通过垄断来确保设施收入足以抵消成本从而避免政府债券评级受损。民营基础设施的这种收费方式也就等同于税收的作用。如果由政府独自建造、拥有和经营一项设施，那么行政程序将征收一般税率，但是如果由州或地方势力垄断的私人来经营，这项工程的税收效应将被隐藏起来。例如，纽约州的克拉克斯顿镇为了保证固体废物

---

① Id. at 393.
② Id. at 389, 394.
③ *Buck v. Kuykendall*, 267 U.S. 307 (1925). Justice Brandeis wrote for the Court:
[The statute's] primary purpose is not regulation with a view to safety or to conservation of the highways, but the prohibition of competition. It determines not the manner of use, but the persons by whom the highways may be used. It prohibits such use to some persons while permitting it to others for the very same purpose and in the same manner.
Id. at 315-16.
④ *Reeves, Inc. v. Stake*, 447 U.S. 429 (1980); *Hughes v. Alexandria Scrap Corp.*, 426 U.S. 794 (1976). Although many have criticized this exemption to dormant commerce clause jurisprudence, it is defended as a pragmatic balance between competing federalism concerns (Coenen, 1989). The exemption is limited and is not automatically available where the state could expand into the market; to avail itself of the exemption, the state must establish that it is a market participant and may not use mere contractual privity to immunize downstream regulatory conduct in a market in which it is not a direct participant. *South-Central Timber Dev. v. Wunnicke*, 467 U.S. 82 (1984).

中转站的收入，承诺每年至少有 120 000 吨废物可以让该公司能获得超过 970 万美元的年收入，并且该镇约定在 5 年后以 1 美元的价格购回。① 法院不同意克拉克斯顿现金流控制条例的根源是在州际竞争的情形下，法院不允许政府协助的垄断。

近期，适用商务条款案件中最常用的原则就是保护州内和州际竞争者免受歧视（McGreal，1988）。表面上看，这些裁定说明最高院隐性商业条款所采取的态度是促进竞争的，而这也与联邦制度下新古典经济学框架的意识形态和目标相一致。例如，在特雷西案中，大法官 Souter 写道："隐性商业条款保护的是市场和市场参与者，而不是纳税人。"② 他引用大法官 Jackson 的名言支持隐性商业条款的这一观点：

> 在商业条款规制下的体制中，应该鼓励每一个农民和工匠进行生产，并且确定他们可以自由进入国家的任何一个市场，国内贸易不会阻止其出口，并且其不会受到外国关税或管制政策的抵制。同样地，消费者会期待国内卖方市场的自由竞争，这样他们就不会在购买物品时受到剥削。这是隐性商业条款创始人所期许的；这也是法院所赋予其的现实原则。③

隐性商业条款的新古典主义观点将联邦法院的作用视为保护州政府免受自由市场经济的交易影响（Eule，1982；Gey，1989-90；McGreal，1998）。这种观点的主要目的是为了防止由于保护自由贸易在外部市场免受州政府干预而产生的割据状态。

然而，若认为隐性商业条款是强制竞争宪法条款，这就理解错了，更别说是强制放松监管了。正如隐性商业条款法律体系自身认为的，隐性商业条款存在一些例外情况，此时州政府自己表现出市场参与者的角色。不仅如此，隐性商业条款允许州政府在定价、补贴和税收方面进行大量干预，只要州政府不在同一市场上以增加州际竞争负担的方式进行差别对待。此外，由于隐性商业条款不是源于美国宪法的明文规定，因此国会可以采用国家政策来推翻该条款，而这些国家政

---

① 511 U.S. at 387.
② 519 U.S. at 825.
③ *H.P. Hood & Sons*, *Inc. v. Du Mond*, 336 U.S. 525, 539 (1949).

策可以优先或者凌驾于州与州之间的竞争性市场之上。例如,Tracy 诉 General Motors 一案似乎为州订立天然气的运输规定提供了条件。根据商业条款,国会已经明确授权建立诸如国际商会(ICC)这样的机构,授予它调控铁路费率的司法权,而之前这是由州府调控的。已故的 Julian Eule(1982)写道:"我们的宪法没有试图通过明确禁止对自由贸易的干预来解决经济本位主义问题。相反,它将影响多个州经济问题的立法权转移到单一的国家机构。"(430)

举一个比过往的 ICC 铁路监管制度更为现代的例子,国会创建了 FERC,该委员会已制定重要政策来落实区域竞争性的电力批发市场。国会有权推翻 FERC 作出的落实区域竞争性电力批发市场的决策,但是没有人严肃地提出这一点。或者,国会也可以扩大 FERC 的管辖权,将州监管机构对零售市场的权力部分或者全部收回。如果这样做,通过获得法律制定权力,国会可以阻止州政府制定一些歧视放松管制批发市场上州外供应商的法律政策,但国会同样没有这么做。然而,国会的不作为并不意味着优先权在这里没有发挥任何作用。国会在 FERC 竞争政策上的默许可以被当作一种造成各州之间贸易损失的联邦优先采购权的法律渊源。联邦政策缺乏改变,在隐性商业条款下州政府限制电力批发市场竞争的努力就会受到质疑,在某种程度上还会破坏由 FERC 建立的州际市场。虽然支持州际市场规范的联邦优先的论据是基于国会或联邦机构法令的正面的法律渊源,但是隐性商业条款也可以说是在两个或更多的州之间的合作行为中发现了一些根源,这种合作采用了竞争性的交换标准,国会也对此默许(Chen,2003c)。

许多人认为,隐性商业条款的新古典主义解释——作为州际自由贸易政策的法律渊源——是有缺陷的(Eule,1982;Gey,1989-90;McGreal,1998)。另一种观点的理解是,隐性商业条款并不是内在地保护竞争本身,更别说是保护自由市场,而是保护使得市场成为可能的政治进程。例如,在 West Lynn Creamery 公司诉 Healy 案中,最高法院驳回了 Massachusetts 州牛奶的税金和返利计划,即便税金收取是没有考虑牛奶原产地的中性政策,但是税收收入却流向补贴资金并只被分配给了 Massachusetts 州的牛奶生产商。[①] 在撰写多数意见书时,Stevens 法官接受了隐性商业条款的政治进程解释,其中它的作用被视为类似于

[①] 512 U.S. 186 (1994).

Carolene 产品公司案第四注脚的代表性执行方式。① 正如 Stevens 法官在驳回 West Lynn 奶油公司的税金和补贴制度时所说的：

> 尽管对州际贸易有不良影响，但非歧视性措施一般都是维持原判，如这里讨论的公平税负问题，部分是因为"本州利益受到不良影响的……是对立法滥用的有力防御"。然而，当非歧视性税收与对受到税收损害的群体的补贴相匹配时，州的政治进程就不能被指望用来防止立法滥用，因为本州内原本会游说反对税收的利益集团就已经被补贴所平息了。②

隐性商业条款并不是在本质上保护竞争和自由市场，其目的可以用麦迪逊式民主和效率特定原则来理解，具体即限制福利减少的利益集团在国家调控过程中的寻租行为。

这种对于隐性商业条款的解释很好地与政府关系议价方法结合在一起，该方法将监管理解为协商的却是不完全的契约。宪法的契约条款阻止州政府在没有国会批准的情况下形成双边或多边契约。③ 即使在契约条款下不存在正式的契约，州政府也可以通过非正式的方式来促进协作贸易的制度。在这种情况下，州或者州内强大的利益集团可能试图通过立法来寻求适当的租金，而该法律意图挫败这种协调的制度(Stearns, 2003)。由联邦和州监管机构司法重叠造成的缺口和不确定性，不仅产生了对填补缺口的措施的需求，也同时刺激公司影响州立法过程以提升自身利益。各州叛离者可能在维持州际市场交易的隐含契约合同方面，产生事前和事后期望之间的分歧。

从州际合作这一基本情况来看，Paul McGreal(1998)认为，隐性商业条款最好被认为是解决囚徒困境背叛的一个方法，其中个别州(以及需要州监管的利益团体)坚持通过对市场交易规范的违背而不是合作来获利。Maxwell Stearns (2003)进一步探讨了这种说法，将这种合作竞争规范看作是纳什均衡，以解释在

---

① United States v. Carolene Products, 204 U.S. 344, 152 n. 4 (1938). John Hart Ely (1980) has applied the representation-reinforcing role of Carolene Products to equal protection jurisprudence.

② 512 U.S. at 200, citing Minnesota v. Clover Leaf Creamery Co., 499 U.S. 456, 473 n. 17 (1981) and other cases.

③ U.S. Constitution, Article 1, §10, clause 3 ("No State shall, without the consent of Congress ... enter into any Agreement or Compact with another State ...").

隐性商业条款下为什么只有某些种类的寻租方式受到谴责。纳什均衡是唯一的解决方案或一套有效的解决方案，考虑到在缺乏正式合作的情况下其他各方可能采取的策略，它能使每一方的收益最大化，从这个意义上说，它也是一套稳妥的解决方案。单个州通过制定法规、费率表或者补贴政策的方式来调整商业制度是非纳什均衡的。正如Stearns(2003)认为，在隐性商业条款下冲击州立法的法院"有利于良性多重纳什均衡博弈，据推测，这种博弈采取的策略会导致私下的混合策略均衡结果，也会有效地认可其他州所效仿的早期动议者的选择"。法院的隐性商业条款法律体系重视州际市场规范的共性，胜于任何单个州的特定的监管选择。"实际上，法院告诉其法律正接受审查的州，虽然各州可自由选择任何两个或多个可用的纳什均衡结果，但是在共同体制确立之后，单个州并不能自由地用混合策略结果取代其他州的纯粹纳什均衡，至少没有充分的证据表明存在一种与破坏纯粹纳什均衡策略不同的动机。"(11)

同样，隐性商业条款法律体系的交易性解释将该学说看作是对跨域调控市场上隐含交易失败的回应。在低议价成本的情况下，州际监管的最优水平可能期望被提升，但实际上州际监管议价成本很高并且是很少发生的。例如，像加利福尼亚州这样的葡萄酒净生产州与像纽约州这样的葡萄酒净消费州进行事前协商，以获取低水平的管制或税费，成本可能非常高，并且这种协商的低期望收益并不能弥补议价成本。当存在偏好选择信息不完全或者受影响的司法管辖区的数量较大时，监管最优水平的科斯定理就可能不起作用。同时，州可能面临来自利益集团的刺激，通过将溢出成本强加给其他行政辖区的生产者或消费者的法规或税收制度。通过维持这种将溢出成本内部化的规范，隐性商业条款或许更应该被理解为各州之间恢复达成合作默契或默认议价条件更为合适。

这是对监管法的一个重要洞见。传统的公共选择批判会谴责所有州或者地方寻租现象。与此不同，隐性商业条款的政治进程解释只把那些根据与其他州所签订的显性或隐性合同来抑制商业活动的寻租法律当作批判目标。像美国国会一样，州政治进程允许各州以管制、补贴和税收的形式采用寻租立法。然而，若单个州不能制定法律，破坏各州之间明确地或私下里达成旨在促进商业体制的合作，依据联邦法律至上条款的联邦优先原则，也不能损害国会或联邦机构正式采取的促进商业的体制。

作为例证，在放松管制的电力批发市场，单个州经常具有强烈的动机去违背法律，以保护其内部市场中的公司，如本地公用事业公司。一些州已经采用延期偿还的方式对大规模发电商进行豁免，或者将这类工厂的选址只限于给本州公用事业单位。例如，佛罗里达州最高法院已经解释了州电力厂选址法规，以将工厂选址仅限于那些属于该州公用事业单位或是与该州公用事业单位有合同关系的供应商。① 实际上，为了进入州际市场，商业发电厂也被排除在该州选址之外。也许是受到佛罗里达州成功阻止新的批发电厂发展的启发——这些电厂并不直接对州内客户提供服务，其他州和当地政府，特别是在美国东南部地区，已经对商业发电厂实施了延期偿还政策。②

州政府也试图禁止对州际商业传输线路进行选址，这对可靠的电力批发供应市场来说是必要的。例如，康涅狄格州最近将一个穿越长岛海峡的新的、扩张的传输线路选址的延期偿付延长至 2 年。③ 康涅狄格州强烈反对跨海峡电缆，该电缆是长达 23 英里的商业传输线，它允许长岛电力局将电从康涅狄格州的纽黑文进口输送到长岛的布鲁克海文。康涅狄格州官员提出了反对该项目的一些环境问题，如对贝类养殖场和在纽黑文港的疏浚作业的影响，但该项目却符合所有州选址和环境法规。东北公用事业公司是一家主要由投资者拥有的公用事业单位，其客户主要居住在康涅狄格州（并且也为马萨诸塞州和新罕布什尔州的客户提供服务），该公司拥有一条较旧的与跨海峡电缆相竞争的输电线路，并且支持将这一设备扩张到新的输电线路上。继 2003 年 8 月的大规模停电事件后，美国能源部部长签署了紧急命令，允许已建成的跨海峡电缆运营，但该命令在 2004 年年初被取消。这个问题可以说是在 FERC 的管辖范围之内。然而，康涅狄格州的司法部长由于受到环境利益集团和东北公用事业公司的支持，因此威胁说，如果跨海峡电缆再次上线就要提起诉讼，而不是支持已经存在的传输电缆的扩张。④ 将输电线路扩张到像纽约市这样的地方将为其提供重要的供电能

---

① *Tampa Electric Co. v. Garcia*, 767 So.2d 428, 435 (Fla. 2000) (holding that state's power plant siting statute "was not intended to authorize the determination of need for a proposed power plant output that is not fully committed to use by Florida customers who purchase electrical power at retail rates").

② Deisinger, 2000; *Nervous of NOx*, *Southern Govs. Put Plants on Hold*, Electricity Daily, Aug. 28, 2001; *State Limits on Merchant Plants a Growing Worry*, Generation Weekly, Aug. 22, 2001.

③ *Conn. Governor Signs Moratorium on Grid Projects*, *Keeping Cross Sound in Limbo*, Power Markets Week, June 30, 2003, at 31.

④ Bruce W. Radford, *Cross-Sound Cable Puts Feds on the Spot*, Fortnightly's Spark, June 2004, at 1.

力,并且还可能有助于解决 2003 年夏天大规模断电所恶化的输电短缺。① 然而,在某种程度上输电仍然完全在地方监管机构而不是国家监管机构的控制范围内,各州都有强烈的动机来保护其现有的企业和公民,而不是支持州际合作的市场规范。只有在 FERC 威胁对州政府实施优先权并授权跨海峡传输线路的运营时,康涅狄格州才会让步并且允许该线路运行。②

事实上,在州和地方政治进程中,一些租金转让即使不是合意的也是被允许的。例如,以对公用事业公司实行中立的公司税豁免的形式寻租,或者以设定支持产业增长的公用事业费率来寻租,这些都很可能被允许并且只受当地政治进程的保护。然而,以限制州际市场准入的排他性监管的方式寻租,比将市场交换作为国家的背景下监管经济事务的方式更有问题。佛罗里达州的最高院驳回了依据隐性商业条款对适用"限制外州的供应商建造该州的发电场③"的叫法提出的异议,但是,这种歧视外州供应商的记录并没有很多,可能阻碍对这一法律争论的发展。至少,隐性商业条款要求州及地方政府对于如何监管和规制电力批发市场的过度供给进行解释,或是对于这种管制行为的合法目的,诸如环保或是消费者保护等进行说明。

更具挑战的是,在隐性商业条款背景下有关州及地方政府特许垄断的宪法地位问题。考虑到政治进程,纽约克拉克斯镇由于准许垄断而违反了隐性商业条款。这种垄断权对在本地资助设备范围之外的废物处理装置的使用者(也包括州外设备的使用者)强行征收不明不白的税。这种特许垄断是无效的。在 Carbone 案中,Souter 法官对此提出异议,认为大多数人已经忽略了私人企业和公共企业之间的区别,认为这种流量控制条例垄断是极易与那些被法院先前谴责为贸易保护主义的"创业偏袒"区分开来的。Rehnquist 首席大法官和 Blackmun 法官也持相同意见。④ 是什么将这种垄断与宪法准许的垄断区分开来的呢？或者本地及州电力、天然气和电信垄断部门如果不向竞争对手开放其服务领域和网络设

---

① 与运营一条电缆相比,在康涅狄格州与长岛之间运营两条电缆的优势在于,这将使得电力能根据负载量以半圆形路线进行传输。
② *New York and Connecticut Agree to End Cable Dispute*, New York Times, June 25, 2004, at B6.
③ *Tampa Elec. Co. v. Garcia*, 767 So.2d 428, 436 (Fla. 2000).
④ 511 U.S. at 416 (J. Souter, dissenting). J. Souter 的异议认为:"用以帮助克拉克斯镇居民摆脱困境的商业条款没有获得通过。"(见上述资料第 432 页)因此,该异议拒绝在区分本地与外地参与者之外对政治进程进行更多的描述。

备的话,是否也会冒着同样的风险?竞争规范的历史性不足使得许多历史上的垄断免于承担隐性商业条款的法律责任:如果没有州际市场,那么州或者本地实施的垄断就不能歧视州以外的商业。然而,随着州际电信和电力市场的发展,又涌现出更为棘手的问题。州或本地的垄断是否会引发贸易条款问题呢?比如说,公用事业部门对所有用户都收取配送服务的附加费,而不管这些用户是从本地还是州外供应商购买电力,这是违法的吗?

如果一个市政当局,比方说克拉克斯镇政府,经营一家政府所有的企业,垄断当地电信配电业务,隐性商业条款中的市场参与者例外将保护市场参与者免受商业条款的管辖。特许经营的私营公用事业,例如投资者所有的公用事业,可能会引发问题,但并非违宪,即使是在对隐性商业条款的政治进程进行解释时也是如此。然而,这种政治过程的解释却警示州和地方政府要小心处理这种融资行为。在 Carbone 案中,克拉克斯镇承诺以优惠的费率水平去弥补经营转载设备的损失,大体上是从其总收入中提取这些损失。隐性商业条款似乎要禁止的是当地政府明确保护私有垄断企业免受公共财政的责罚,尤其是当这些企业将同样的垄断和费用同时强加给州内和州外的服务供应商的时候。征收条款没有要求政府承担这种义务,但是,如果这些义务是对州际市场造成负担的寻租结果,那么隐性商业条款就可能会禁止这些义务。此外,正如 Carbone 案中所示,仅为垄断目的而授权收取高于市场的费用可能存在违宪风险。当我们从本地转向州垄断特许权的时候,对于夺取政治进程的单一公司的关注是较为薄弱的——控制市政的单一公司在全州范围的监管和政治进程中可能拥有较少的权力——所以,州特许垄断或许更可能通过宪法审查。但是,即使是中立的财政安排,如果对本地企业有利并有"客观存在的影响及刻意的设计"来妨碍州外竞争者的话,它也会被认为是有垄断嫌疑的。

II. 司法把关和反垄断执法下的州行为豁免

与隐性商业条款相比(来源于宪法规定的对州行为权力的肯定性限制),州行为豁免是反垄断法规实施的有力保障。虽然,反垄断法不被认为是典型意义上的公法,但是州行为豁免有着很深的公法渊源。在某种程度上,州行为保护为私营企业提供了反垄断责任的豁免权,它支持州垄断专营或垄断行为的形成,而州政府也意图把私人行为置于反垄断执法的范围之外。司法形成的反垄断防护措施起源于最高法院对一项挑战的拒绝,该项挑战是谢尔曼法案针对一位种植商的加州营销项目而发起的,因为这个项目从州立法要求中得到了其权威和效力。① 这种州行为豁免对促进州内监管程序的联邦主义目的有利,它为监管程序的发展提供了合法性的保护(Inman & Rubinfeld,1997)。②

在行使州行为豁免权时,最高人民法院采取了两步测试的方法决定哪些州监管措施可以得到反垄断执法的豁免:"第一,这种受到挑战的限制特权必须'表述清晰且肯定表达为州政策';第二,该政策必须由州自身'积极监管'。"③这种测试方法看起来似乎很简单,但是,只有当州法律明确规制了垄断行为,并且州积极地监督了这种行为,该行为才能避开反垄断法的实施。不过,在应用时,法院已经在运用州行为豁免权方面付出了努力,这往往是因为在州范围内不同的机构承担了不同的监管角色,还因为监管的本质在行业与行业之间具有很大的差异。

州行为豁免权在本地政府如市政机构的应用,与州政府的情况完全不同。这是为法院带来最困难挑战的问题之一。在州行为豁免条例的背景下,当地政府法律条款的制定为政治进程的拓展提供了机会。最高人民法院仅仅在市政(与州完全不同)规制的背景下理解州行为豁免权。比如,社区通信公司诉波尔德市的案件,④使市政府由于垄断行为遭受了反垄断法的制裁。Brennan 大法官宣布了陪审团意见,他将州作为管理部门及作为政治辖区时的情况作了区别,作为管理部门,州有权以联邦主义基本原理为诉讼辩护策略;作为政治辖区,只有施行州的政策时才能免除反垄断的执行。而波尔德市暂停有线电视的扩张因此受到了反垄断的挑战,因为在州层面上,科罗拉多州没有明确监管有线电视的

---

① *Parker v. Brown*,317 U.S. 341,350(1943)。

② 州行为豁免也可能是一种司法回避的手段,为联邦法院提供了处理复杂性问题与技术性问题的方法,尤其是在对于国家法律具有约束性影响的方面。其他法律原则例如弃权原则(该原则建议联邦法院出于团结而放弃行使管辖权)充分防止了在国家监管下联邦法院审查会开创先例的风险。放弃原则可用于联邦法院所做的对国家法律具有约束效应的决策方面。相比之下,法院在反垄断法方面一般不能对国家法规的是非曲直作出判断,但是可以专注于裁决对联邦法律之下的私人行为。

③ *California Retail Liquor Dealers Ass'n v. Midcal Aluminum,Inc*.,455 U.S. 97,105(1980)(citation omitted)。

④ 455 U.S. 40(1982)。

政策。实际上,Brennan 法官相信,科罗拉多州明显并不存在全州性的政策,在州规制方面仍存在缺口。

减小市政方面州行为防护可获得性的基本原理,与隐性商业法律体系的政治进程有着惊人的相似。就像卡尔博纳的政府特许垄断情况被法院认为是损害外部市场竞争的,波尔德市对有线电视业务的中止致使市民承担了税收,并且做得十分过分。这不仅损害了内部市场竞争,也不利于外部市场竞争。如此看来,这两种独立的原理之间如果不是趋于融合,也存在一定的一致性。在一定程度上,这些原理都对监管法中的不完全性做出了反应,强调了私人公司在与州和当地政府就法律制定过程进行谈判时所面临的诱因,针对私人公司进行反垄断执法的州行为豁免权的狭义理解,在市政背景下被认为是合法正当的,由于同样的理由,隐性商业条款的政治程序也就说得通了。①

然而,近期越来越多的案例背离了 Brennan 法官在有线电视监管背景下主张的反垄断豁免权方面市与州的区别。在 Hallie 镇诉 Eau Claire 市的案例中,法院放弃了在评估市政州行为豁免权方面清晰明确的要求。② 相反,Powell 法官在其主要意见书中推断,州为了市政当局处理市政裁量权事宜在一般术语方面给予了许可的权威,这已经足够把行为排除在反垄断执法活动之外。因而,当威斯康星州授予市政府建立污水处理厂的权力时,这就意味着市政府有权决定谁将得到服务。Powell 法官意识到一些市可能会运用"纯粹地方性的公众利益",而这在某种水平上会受到反垄断执法的支配;③然而,在他看来,仅针对市政府的州授权就足以满足州行为豁免测试"清晰表述和充分表达"的标准,因此,可以免除反垄断执法中大范围的监管。

另外,州行为豁免要求法院来裁定,一项监管方案要多大程度上积极和深入才称得上是"积极监管"。但是,在 Hallie 案中,最高院实际上是放弃了州监管的要求,至少在市政案件中是这么做的。④ 基于此,法院解释了州监督的目

---

① 国会对波尔德案件所引发的责任预期做出反应,依据反垄断法取消了货币赔偿金责任,该法律服务于市政府、官员及市民。依据1984年地方政府反垄断法案,市民们会在地方政府及其官员的指导下采取行动。参见 H.R. Rep. No.965, 98th Cong., 2d Sess.2, 18–19 (1984), reprinted in 5 U.S.C.C.A.N. 4602, 4619-20 (1984)。然而,国会依然授权对市政府许可或制裁的私人行为负反垄断责任。

② 471 U.S. 34 (1985).

③ Id. at 42–43.

④ 471 U.S. at 46–47.

的是为了确保监督政策服务于公众利益,而非使私人主体得以富足。根据法院的观点,"在私人主体从事反竞争活动的地方,就会存在私人主体采取增进自身利益而不是州政府利益的现实危险"。① 但是,法院认为,如果州明确授权市政府采取行动,就不会存在这样的问题。反之,"真正的危险是,市政府将会以牺牲更高的州目标为代价,仅仅寻求地方性的公众利益"。② 因此,如果很明显存在清晰的州授权,法院认为州就没有必要积极监督市政当局对私人活动的管制。

采取这一方法的法院只需要识别清晰的立法目的,除了这一点,它们采取司法克制,在反垄断法下遵从州垄断监管。尽管在复杂的监管环境下选择遵从有其吸引力,但是法院对市政府监管要求的放宽结果却适得其反。市政监管不太可能被私营企业以牺牲公共利益的方式控制,而这一前提却忽略了地方上利益集团控制的高风险。在地方上,提前游说监管者的利益驱动非常强烈。在地方层面上,公司组织和游说监管者的成本要远低于在州层面的成本。虽然联邦最高法院似乎认可以联邦主义为基础的形式主义作为对于不同市政监管的基本原理,但这种形式的联邦主义太过松散。它导致州政府没有任何附加条件地对市政当局进行授权,在地方层面上将私人行为隔离于几乎所有的反垄断执法之外。更进一步来说,它把关注点只是放在州目标的存在形式,而不关心其意图。州政府以及市政当局有时会以这种方式进行监管,即允许私人主体将其经济福祉置于公众利益之前。允许法律将这种私人行为从反垄断审查中隔离出来,可能在放松管制的市场中带来严重的后果。

在市政监督背景下,法院的州行为豁免案例似乎将明确的表述与积极的监管要求视为同一件事物。然而,在近期更多该主题下的案例中,法院已经明确表示,积极监管要求作为独立的标准依然存在,与市政当局相比,所待解决的问题是州监管者的行为。在美国联邦贸易委员会(FTC)诉 Ticor 产权保险有限公司案中,法院在几个州解决了州行为豁免权应用于产权保险公司费率厘定活动的问题。③ 监管产权保险被告人的大多数州都允许私人承保人来共同签订费率文件,州行政官员可以审查或允许文件生效。这个案例的记录表明实际上这些州

---

① Id.
② Id.
③ 504 U.S. 621 (1992).

并没有对费率进行有效的审查。① 美国联邦贸易委员会已经承认州法律对共同备案费率的接受遇到了清晰表述的要求,②但是,法院也发现代理机构的审查并没有形成积极的监督,也因而违反了《谢尔曼法》第 2 条。③ 因此,保险公司这种所谓的反竞争行为可能会受到质疑。

因为州行为豁免权在法庭反垄断执法方面发挥着把关的作用,所以在放松管制时它将日益对之前受监管的公司扮演重要角色(Schwartz,1999)。然而,对之前受监管公司行为进行司法审查的大门时常都是关闭的,这使得私人行为可以避开反垄断的评估。尽管 Ticor 案意味着积极监管依然盛行有效,但下级法院对州行为豁免权总体上继续采取遵从的态度。即使当有待解决的问题是州监管而不是地方监管时,以及即使当服务业竞争性市场兴起时,下级法院也不倾向于允许将《谢尔曼法》运用于之前受管制行业中的私人行为。在这些行业中,存在某些州监管方案,但却是不完全的。

为了解释针对法院司法审查所采取的遵从和不完全的方式,法院必须持续为公共电力事业提供广泛的反垄断豁免权。比如,第十巡回法庭将反垄断豁免权延伸到俄克拉荷马州天然气和电力公司(OG&E)的行为,该行为是基于州监督机构对公用事业单位具有"总体监督"的权力,"包括确定 OG&E 公司所有电力费用的问题,以及所有影响 OG&E 服务、运营和管理的规则与条例"。④ 单独进行审查的权力在满足积极监管要求方面是充分的。第十巡回法院以"发现对公共电力事业使用相似的权力来满足积极监管的要求"⑤这个判例为基础作出了本判决,但是它们并没有努力去寻找监管者对这种权力使用的肯定证据,这种做法使得该判决陷入争议之中。

第八巡回法院对于州行为已经采取了类似遵从的方法。北极星钢铁公司是位于爱荷华州的中美能源公司专门性服务范围内的客户,该公司试图以竞争性

---

① Id. at 629-31. In Wisconsin, for example, no rate hearings had occurred (Id.).

② Id. at 631.第三巡回法庭维持第一巡回法庭的判决,认为得到许可并受到资助的国家项目符合积极的监管要求。Ticor Title Insurance Co. v. FTC, 922 F.2d 1122, 1140 (3rd Cir. 1991), following New England Motor Rate Bureau, Inc. v. FTC, 908 F.2d 1064, 1071 (1st Cir. 1990).

③ 504 U.S. at 640.

④ Trigen-Oklahoma City Energy Corp. v. Okla. Gas & Elec. Co., 244 F.3d 1220, 1226 (10th Cir. 2001).

⑤ Id.[citing Lease Light, Inc. v. Public Service Co. of Okla., 849 F.2d 1330, 1333 (10th Cir. 1988)].

价格购买电力,并要求中美能源公司推动此事。中美能源拒绝了该请求,北极星钢铁公司提起诉讼,声称该单位由于拒绝其接入传输线而违反了反垄断法。法院发现,对公共事业部门行为的积极监管是存在的。这是基于以下事实,即根据爱荷华州的法规,新客户归属于专门服务供应商。如果在哪家供应商对给定区域具有控制权方面存在矛盾,那么监管者须决定哪家供应商应该"占领"这一区域。① 根据法院的意见,爱荷华州的法律"明确规定了"在零售电力服务市场上取代竞争的政策。② 但是,法院却拒绝在界定专门服务范围方面探索机构监管决策的实质性基础。比如说,即使州政府试行限制性地试点零售转运项目,但法院并没有评估州政府机构推动能源供应竞争的努力是否可能与维持传输与经销领域的排他性服务共存,因此这使得法院在这些问题上遵从州监管机构的意见。实际上,法院所讨论的唯一的监管行为是有关分销服务区域的界定,而不是电力生产或供应。正如第八巡回法院所说:"不太普遍的监管体制已经被用于满足积极监管的部分。"③

这些"不太普遍"的监管制度之一,即州对于促进竞争的行为类型的禁止。比如说,据佛罗里达州的监管机构和法院称,佛罗里达州已经对零售电力行业的竞争在自运转安排之外采取了法律禁止措施。虽然对这一问题佛罗里达州没有清晰的法律陈述,但是佛罗里达州的公用服务委员会(PSC)采纳了一项规定:禁止零售转运在"自运转"安排之外进行竞争性的电力供给(例如,供应商为了自身使用而在公共事业部门线路之上传输电力)。佛罗里达州最高法院的一个案例解释了阻止热电联产商在零售市场销售电力的规定。④ 在承认监管规则以及佛罗里达州最高法院对于监管规制特征描述的同时,第十一巡回法院采用了州行为豁免权阻止了一件反垄断诉讼案件,该垄断诉讼是指公用事业部门的热电联产设施拒绝以竞争性费率转运电力。⑤ 法院认为:"公用事业委员会(PSC)的大门是向所有坚持投诉的人敞开的。"⑥但是,法院无法认定一台热电联产装置

---

① North Star Steel C. v. MidAmerican Energy Holdings Co., 184 F.3d 732 (8th Cir. 1999).
② 根据之前爱荷华州最高法院的审判结果,第八巡回法院认为,根据爱荷华州法律规定,电力的零售是需要专属服务条款的(同上,732)。
③ Id. at 739.
④ PW Ventures, Inc. v. Nichols, 533 So.2d 281 (Fla. 1988).
⑤ TEC Congeneration, Inc. v. Florida Power & Light Co., 76 F.3d 1560 (11th Cir. 1996).
⑥ Id. at 1570.

会直接引起争议的可能性。除了向授权反竞争行为的机构规则进行挑战之外，是否在公用事业委员会之前可以获取明确考虑该问题的方法，并不清楚。事实上，理解向联邦第十一巡回法院提出诉求原因的方法之一是基于对联邦反垄断法重大违反的附带质疑。第十一巡回法院的观点似乎是建议，授权反竞争行为的机构规则的存在足以引发积极监管。但是，如果事实如此，那么不仅州立法行动可以使得私人行为免于反垄断责任，而且，单方面采纳的机构规则也可以使得私人行为免于反垄断执行，即便这项规则在很少或没有机构监督的情况下禁止促进竞争的行为。

在反垄断执法过程中如此温和的监管手段在放松管制市场中对反垄断法的执行具有严重的影响。正如所公认的那样，在加利福尼亚州放松管制的电力市场中，拥有市场权力的电力批发供应商被指采取串谋的手段抑制供给，并人为地抬高电力的价格（Martin，2003）。联邦能源管理委员会可能已经作出了自己的决策，即个体公司缺乏市场权力，并且承认基于市场的费率表。州政府相关机构也同意这些供应商通过州批准的市场交易销售电力。根据《谢尔曼法》第1条（或第2条）的规定，这些公司的行为已经到了可以被提起诉讼的地步，只是因为有州内制裁与市场监管的存在，就不需要到适用州行为豁免权的程度。在这种情况下，法院需要规划出一个更具有原则性的方案来评估监管机构的把关效果。

III. 在州行为豁免权背景下反思司法遵从

自 Hallie 案以来，在评判反垄断执法的州行为豁免权方面，最高法院和下级法院已经摒弃地方政府和州政府在政治进程中的区别。取而代之的是，作为针对私人行为发出反垄断挑战，充当守门人角色的法院，对于州行为豁免权采取了高度遵从的立场。如果州政府调控一项活动，即使州政府没有清晰地表达监管目的，法院在复杂的规制性方案的规定下复查非公开裁决，也变得越来越像一种监管政策。法院一般不会去评判州或是地方监管机构的审查力度，更不用说监管目的是否与《谢尔曼法案》促进竞争的目标相重合。其结果是在考虑先前受监管行业中私人行为的反垄断挑战中，司法守卫发生严重的判断失误。

在考虑州监管的相关性方面,法官 Merrick Garland 已经成为温和手段的最有力的捍卫者之一(Garland,1987)。他认为,在联邦反垄断法目标方面,对地方政府和州政府之间进行区分并不具备原则性的基础。简言之,他的观点是,不应该由联邦法院评判州和地方法规在反垄断案例中的有效性。就像放松管制的拥护者在决定监管转变的政府责任方面试图复兴 Lochner 案一样(见第五章),这种观点将放松的州行为豁免权看作是援引 Lochner 式的监管审查。

不是每一个学者都认可 Garland 法官所维护的遵从州行为豁免权的观点。John Shepard Wiley 对欧克莱尔市做出回应,提议法院直接处理效率问题,特别是针对公共选择,以及在决定是否援引州行为豁免权方面州和地方立法的影响。根据他的观点,如果反竞争立法是无效的,并且是生产商利益游说的结果,那么,在《谢尔曼法案》下,州行为豁免权就不应当保护它免于失效(Wiley,1986)。以类似的态度,Matthew Spitzer(1988)认为如果监管是无效的或是它将财富从消费者转移给了生产者,那么联邦法院应该认定州或地方政府的法规无效。John Cirace(1982)也认为,在《谢尔曼法案》下,法院应该采用有效性测试对州和地方政府的法规进行评估。

对州监管者司法遵从的维护者认为,实际上,对州和地方法律的有效性和公共选择影响进行评审相当于联邦法院恢复到类似 Lochner 案的审查,这蚕食了州政府从事经济监管的能力。例如,法官 Garland(1987)支持在《谢尔曼法案》下,除了限制私人主体市场权力委托之外,免除对州和地方政府所有监管行为的评审。但是,若以谨慎的方式对待私人行为的司法审查,那么遵守反垄断豁免条款就没有必要限制司法审查的范围。正如 Daniel Gifford(1995)所言,联邦法院在无须直接处理州和地方的立法的实质效力的情况下,具有审查州和地方政府立法的能力。Gifford 认为法院应该在州行为豁免背景下运用同样的"自由市场"方法,它们在隐性商业条款方面也运用了该方法。州行为豁免权将保护内部市场免受贸易限制,而隐性商业条款则扩展到了外部市场。

反垄断执法的州行为豁免权的服务宗旨与隐性商业条款的政治进程解释类似,但只是在偶尔的情况下得到承认。有些学者明确地将这两种原理联系在一起,认为州行为豁免权作为公法原理与隐性商业条款具有紧密的联系(Chen,

2003a；Gifford，1995）①。虽然他们没有厘清这两种公法原理的相似之处，但是Inman and Rubinfeld（1997）认为，州行为豁免权应该仅在监管法规将大量溢出成本强加于州外利益集团时才被援用。州行为豁免权不应当使所有的私人垄断都免于反垄断执法的制裁；相反，这些防护措施仅应服务于那些垄断行为。州政府为了限制来自未受监管的垄断的损害，对这些垄断实施积极监管。州监管不是从本质上反商业，而是承认以监管矫正市场失灵的必要性。按照这种理解，为了州行为豁免权在其运用中具有意义，有必要促进商业规范的实施，此时参与者基于联邦制价值会与效率发生冲突，正如州监管在相关政治进程中给非参与者带来溢出成本时可能发生的那样。

这里，通过对公法分支即隐性商业条款的学习，可以明确了解州行为豁免权的根源，隐性商业条款也注意到交易中的溢出成本。具体来说，在具有竞争性背景规范的市场中，法院为了发挥把关的作用必须具有相对较高的原理方面的门槛，正如当州行为豁免权在阻止反垄断执法时法院在决策中所做的那样。最近，更多地涉及公用事业重组的案例描绘了许多下级法院目前所信奉的低门槛的问题。尤其是在重组或放松管制的过程中——这形成了竞争规范——私人公司面临着强烈的激励去利用监管过程颁布不公平的监管计划，以达成建立反垄断法豁免权的目的。当州政府开始对电信、电力行业放松管制的时候，州政府监管的实质已经发生了变化。就像司法部门的一位律师所说的，"如果州放开了零售市场的竞争，那么州行为原则将不再适用于与零售竞争直接相关的行为"。②实际情况并不总是如此简单，因为州政府经常在诸如电力和电信等先前受监管行业的某些方面而不是所有方面支持竞争。监管者不是通过公司特有的费率和传统必要证书的方式来监管公用事业，而是越来越多地制定总体的结构规则或是批准结构性费率表。

在内部与外部两方面背景下，政府关系议价框架不仅与保护市场的总体目标一致，而且与之前如 Gifford 等的努力相比，还强调了州行为豁免权不同的重点，以与自由市场原则相一致的方式解读隐性商业法律体系和州行为豁免权。

---

① 其中一个罕见的情形就是 Parker 诉 Brown 案，该案件同时引起了隐性商业条款和对加州葡萄干市场营销计划的反垄断质疑。

② Joseph F. Schuler, *State Action Doctrine Losing Relevance*, *Department of Justice Attorney Says*, Public Utilities Fortnightly, May 15, 1999, at 70 (quoting Milton A. Marquis, attorney with U.S. Department of Justice, Antitrust Division).

基于谈判的州和地方立法的理解关注分权化法律制定的协商过程，而不是放松管制的市场本身。考虑到合同条款，州与州之间的议价常常失败，要达成一致的成本可能很高。在州内部，私人利益集团像在其他法律制订过程中一样，经常在一些激励因素下游说法律制定者保护其利益，并可能更喜欢开放式的监管方案，把细节留给由公司开设的代理机构来解决。地方立法过程越多，这种利益集团组织并影响该过程的成本就越少。在地方层面，考虑到控制政治与监管进程的能力，这种操控可能不仅更为明显，而且也更加稳定。因而，如果法院把注意力集中在导致市场约束法令颁布的政治进程的特性上，那么在州行为豁免权方面，州政府和地方政府的区别就会很有意义；这要求法院在贸易限制中对地方政府而非州政府进行更多审查。州行为豁免权不是保护市场自身，而是像隐性商业条款那样，可以被认为是一种强化代议制原则。在《谢尔曼法案》的背景下，国会已经声明了竞争的首要目的，因此，竞争规范的主要来源是立法机构，而未必是基于州之间的隐性合作。

这种理解对法院应该将州行为豁免权应用于州立法层面的方法具有意义。正如 Frank Easterbook(1984)所说，在反垄断法中法律推定可以扮演非常重要的角色，尤其是在反垄断索赔的司法考量中，它们行使了监控把关的职能。如果这种推定作为引导司法干预的一种默认规则的类型来处理，那么就可能在州立法谈判过程中设置一些激励措施。

首先，就明确的目的要求而言，一些学者认为法院应该将其作为一种清晰陈述规则来进行解释，该规则旨在在州层面上促进更多民主决策的制定。《谢尔曼法案》所影射的州行为豁免权是为了促进联邦制的目的而提供豁免，其所体现的民主合法性非常重要，而不是因为州决策本身是神圣不可侵犯的。清晰陈述规则在政治进程方面曲解了决策的制定(Eskridge & Frickey, 1992)。如果州立法机关采取了清晰陈述规则，或在贸易限制方面明确表达了监管政策，法院将会在 Midcal 测试的第一部分拒绝进行干预，否则立法机关就要在决定法院是否要审查该行为方面扮演重要角色。正如 William Page(1981, 1987)在州行为豁免权方面的一些主要论文中所表述的，这种清晰陈述增强了立法的透明度，鼓励政治进程的参与者获取相关信息和争论性政策。如果没有这样的陈述，在《谢尔曼法案》下，与市政府或监管机构代表保持一致或由其授权的私人行为就会遭受审查。

Dillon 法则，即一个仅适用于各州将其给予市的授权作废的规则（大部分州已经随着"地方自治"而脱离了该法则），可能服务于为市法律制定提供更高水平监管这一同样的总体目标（Gillette，1991）。但是，清晰表述要求的效果并非形成 Dillon 法则在联邦执行层面的版本。Dillon 法则使得市政授权由于缺乏州立法机关的明确考虑而无效；与自动令授权无效的 Dillon 法则相比，清晰表述要求会在《谢尔曼法案》下使授权受到审查，但是，如果授权没有不合法地限制贸易或是反竞争，就可能仍然被允许存在。

然而，当立法机关本身是为了单一目的而统一发声时，传统的清晰陈述规则就有局限之处。正如 Kenneth Shepsle（1992）和其他许多先后提出该观点的人所认为的，立法机关是一个群体而不是一个个体。清晰陈述规则是实现立法意图的阐释性的努力，即忠诚于过去的偏好，公正地构建法律假定。但是，立法机关在复杂的经济监管问题方面很少有明确的意图。法院可能会滥用清晰陈述原则，将其作为强加宪法设计的不正当方法，允许"司法稳重遮掩司法的激进主义"（Eskridge & Frickey，1992：646）。此外，清晰陈述规则认为主要的问题在于立法机关，而不是与其互动的利益集团。相比之下，不同类型的解释标准可能对于清晰表述要求的概念化来说是一个更好的方式。Einer Elhauge（2002）在法则的司法解释方面支持"处罚默认规则"：法院由于对国会意图的不确定而对法规做出解释，并对最有可能说服国会更改这一解释的利益集团采取最为不利的解释。与合同法中的处罚默认规则一样（Ayres & Gertner，1992），这种做法鼓励了未来交易中不同类型的私人行为。具体来说，Elhauge 对这种方法进行展望，将其作为影响私人行为未来获取更为明确的立法行为的因素，这可以增加政治进程的责任。清晰表述要求可能服务于类似的目的。作为一项处罚默认规则来理解，清晰表述要求不会产生自动的州行为豁免权。相反，它会将立法模糊性归入这样一种意图，即利益集团最有可能推翻这一解释（例如那些行业内伴随垄断权的解释），这种意图是不利于反垄断执法的。

在州法律制定中，偏好引发的默认规则只能部分地解决监管不完全带来的问题。目的的清晰表述以及对州行为豁免权进行大量分析都是必要的，但是在《谢尔曼法案》下延缓市场行为的司法审查并没有充分的依据。例如，俄勒冈州已经明确表达了祛除市场竞争的立法政策，即授权监管机构批准对服务领域进行配置。在反垄断诉讼考量中，司法监控把关方面比较重要的不仅仅是向监管机构授权的立法清晰度，也包括在行使自由裁量权方面监管机构的做法。意识到这一点，考虑到监管机构没有作出针对公司的决策来取代与监管法规的竞争，在把 Portland 市划归到专属的服务领域方面，第九巡回法院合理地拒绝了将州行为豁免权扩大至公用事业部门谣传的反竞争行为中。① 虽然公用事业单位宣称其行为与之前的合同和订单是一致的，同意从属于总体上所赋予的费率厘定权力。但是，监管机构能够托管服务领域的唯一方式就是依据法规不采取行动。根据第九巡回法院的说法，仅仅是"州授权、批准、鼓励或参与限制性的私人行为都不会给予反垄断豁免权"。②

如果仅是清晰的表述就足以提供来自《谢尔曼法案》的庇护，那么私人利益团体就能以清晰的(但宽泛的)法律用语对授权进行游说，然后从事在《谢尔曼法案》之下不被允许的活动，这些活动甚至可以完全避开机构监管者的审查。通过鼓励企业在州立法中游说排除反垄断，有可能产生法庭选择的效果。例如，如果某一个州施行重组计划，并声称其竞争性重组方案旨在取代反垄断法的实施，那么不管该计划如何对产业进行组织并监管企业行为，都会破坏反垄断法的竞争性规范。虽然《谢尔曼法案》允许积极的州政府监管，但它没有通过含糊的委托甚或简明语言的重复来授权州废除联邦反垄断法(Page & Lopatka, 1993)。因此，在某种程度上，州行为豁免权方面由偏好引发的默认规则阐释，摒弃了积极审查的要求，做出了太多的让步。这一结果并非出于顺从或联邦制的观念所要求的，并可能对社会福利带来危害。

在现有原则下，为了引发反垄断执法的州行为豁免权，需要展开对行为的积极监督以及目标的清晰陈述。而最近美国最高法院在放松管制的电信和电力市场背景下并没有解决这个问题的机会。下级法院却在运用 Midcal 测验的这一部分时对监管机构表现出令人担忧的顺从。在市政监管背景下，与最高法院的声明相一致，下级法院并不强调州监督，而是专注于立法机关是否授权来监督代理机构。在大多数情况下，潜在的监管行为本身已足以触发源于反垄断执法的州行为豁免权。

然而，在没有任何州调控的特定证据的情况下，监管权力的司法遵从，抑或

---

① *Columbia Steel Casing, Inc. v. Portland General Electric Co.*, 111 F.3d 1427 (9th Cir. 1997).
② Id. at 1440-41 [quoting *Phonetele, Inc. v. American Tel. & Tel. Co.*, 664 F.2d 716, 736 (9th Cir. 1981) (other citations omitted)].

仅仅只是潜在的机构监管都会导致利益集团为竞争性规范的执行而对监管法庭进行操控。例如，在州层面电力行业改革重组争论的背景下，寻求反垄断豁免权的公司可能会为了有关基本设施竞争准入和定价的决策授权而游说。该权力的立法授权不意味着监管机构已经以与《谢尔曼法案》的竞争性目标相一致的方法行使了该授权。在这种情况下，允许州行为豁免权阻止反垄断执法对于授权给州监管机构产生了强烈的激励，却很少或没有保障该权力以促进联邦制或社会福利的方式行使，更不用说以竞争的方式行使了。

法院因此需要违背其当前和过去削弱积极监管要求的实践。此外，偏好诱导方法（Elhauge，2002）将是有用的。反对积极监管的一般性推测不是从授权的历史事实中暗示积极的监管，而是迫使诉讼当事人展示一种模式或监管活动的证据，并通过垄断部门游说监管者引出未来垄断组织对监管机构的游说情况。简而言之，监管的机会与积极监管并不相同——尽管法院似乎一贯得出了这一结论。监管的机会是积极监管分析的第一步，但很难得出这一结论。偏好诱导默认规则方法也会对法院作出评估，即监督权力是以怎样的频率和在什么环境下行使的。

第九巡回法院承认，允许电力合作社由于公用事业单位拒绝其使用基本传输设备而提起诉讼。虽然公用事业单位声称，州监管方案对其做出的拒绝行为进行了清晰的描述——在一定程度上州政府采用明确的政策来取代电力供应商之间的竞争——但是，第九巡回法院并不允许这方面引发反垄断责任的豁免权。在爱达荷州的法律下，公用事业单位可以拒绝客户转运的请求，而不必接受州代理机构或州法院的实质性审查，但法院认为："这是一种私人的监管权力，Midcal 的积极监管部分旨在预防。"[1]因而，第九巡回法院推断到，自我监督的监管方案可能不需要积极监管以获取州行为豁免的资格，[2]但是在监管机构有自由裁量权进行积极监督的地方，对法院来说这就是适当的调查。同样地，没有恪守之前遵从的方法，第十巡回法院拒绝将州行为豁免权扩展到西南贝尔公司之间的锁定合同上，该公司既没有被州监管机构托管，也没有被授权、审查，甚至都不为人所知。[3]

---

[1] Snake River Valley Elec. Ass'n v. Pacificorp, 238 F.3d 1189 (9th Cir. 2001).

[2] Id. at 1194 [citing *Liquor Corp. v. Duffy*, 479 U.S. 335, 344, n.6 (1987) and *FTC v. Ticor Title Ins. Co.*, 504 U.S. 621, 640 (1992)].

[3] *Telecor Communications, Inc. v. Southwestern Bell Telephone Co.*, 305 F.3d 1124, 1140 (10th Cir. 2002).

基于低水平积极监管门槛可能产生的认识差异,一些下级法院认识到,若州或州机构定期举办费率厘定的听证会,就能达到"积极监管"的门槛。① 在放松管制的环境中,这种推断对于反垄断法应用的分析来说是一个好的开端,也可能是州行为豁免权有限假设的正确基础。例如,在 Ticor 案中,最高院作出裁定,认为威斯康星州监管机构在批准共同申报保险费率之前并没有举办听证会的事实与本案相关。② 但是,若仅仅是私人之间的合同,并不能达到这一门槛。比如说,一项禁止客户在将来作为竞争对手进入电力市场的合同条款,由公用事业单位以优惠费率为条件而提供,并没有得到州行为豁免权的保护。③ 如果没有对存在争议的私人行为进行有意义的机构审查,那么州行为豁免权在放松管制的环境下就可能会被滥用。

在解释积极监管要求方面,法院必须忠于州行为豁免权的总体联邦制目的。忠实于联邦制将不仅限制对州政府监督的评估,而且也包括其他地方政府监管机构,如市政当局。此外,忠实于联邦制将需要关注引起法规监管的过程。如果监管行为的目的与《谢尔曼法案》的总体客户福利目标是重叠的,那么遵从州或当地政府的监管就是合适的。然而,如果监管的目的是公然的贸易保护主义,并以甚至可以说没有改善消费者福利的方式和将溢出成本强加给那些在其他行政辖区没有参与到监管采纳过程的人身上的方式来实现,那么反垄断法的干预可能就是合适的。一项增强处罚的默认规则将会调整私人激励措施以通过立法和监管活动来确保州行为豁免权的获得。

虽然第九巡回法院应该因意识到积极监督的重要性而得到称赞,但随后一个十分类似的处理州反垄断豁免权的案件,允许积极监管依从于州立法机构所实施的监管计划的性质,从而逐渐对其产生了破坏。在第九巡回法院承认不存在州行为豁免权之后,爱达荷州立法机关修改了其《电力供应商稳定法案》,根据该法案,电力公司先前拒绝了一项未经机构审查的转运请求。如果所请求的转运"可能引起零售运转和/或虚假批发交易"的话,该修正案则允许

---

① See *Green v. People's Energy Corp.*, 2003-1 Trade Cases (CCH) ¶73,999 (N.D. Ill. 2003) (finding active supervision where lengthy hearings were held on gas supplier's rates on a consistent basis).

② 504 U.S. at 629-31.

③ *United States v. Rochester Gas & Elec. Corp.*, 4 F.Supp. 2d 172, 176 (W.D. N.Y. 1998).

一家电力供应商拒绝运转,该行为受到州监管机构审查的管控。① 此外,爱达荷州立法禁止竞争性的供应商为其他电力供应商的客户或前客户提供服务,除非是竞争性的电力供应商向爱达荷州监管机构提出请求,且监管机构发布命令允许这种服务。② 第九巡回法庭认为,不同于以往那种不完全决策取决于私人选择的法律安排,修正法案并没有提供不受管制且缺乏竞争的私人选择,从而满足了州行为豁免权积极监管的要求。③ 第九巡回法院强调,在监管机构没有作出对立决策的情况下,爱达荷州法令阻止了私人单位进行经营。其结果是,禁止竞争性行为的法令和法规可以剔出任何积极的监管要求。如果私人公司在对禁止从事竞争行为的法规进行游说方面是成功的,那么它们将免受反垄断的挑战。然而,法院不应该在表面价值上禁止利用网络设备;相反,它应该仔细评估监管机构超出私人选择的自由裁量权的范围,包括监管机构在作出这种决策时所应用的标准。

在州行为豁免权分析中恢复司法审查的积极监督部分,并不意味着法院应该对州和地方法规进行严格的审查,正如遵从原则倡导者看似暗示的那样。更确切地说,为了使联系更为明确,评估州行为豁免权所要求的司法审查类型,更加类似于法院在描述隐性商业条款的政治进程下所提供的内容。与其他法律规则的司法审查相比,州行为豁免权并不太重要,这是因为它没有导致对公共行为或必要的立法行为进行谴责,反而只是在反垄断法下使私人行为受到审查。如果这种类型的监管不存在隐性财富转移,那么由监管机构监督的私人行为总体上就会得到保护,从而避开《谢尔曼法案》的管辖范围。寻租(权钱交易)是典型的阻碍政治进程的行为。但是,它并不会被私人企业用作逃避《谢尔曼法案》规定的反垄断标准下的司法审查的手段。这种方式是通过保护组成联邦主义最核心的民主参与权来维护联邦主义的价值。这也能够降低私人利益集团游说州和当地监管者的积极性,通过允许州行为豁免权成为躲避反垄断执法的策略(类似于费率申报原则),而将溢出成本强加于外州的市场参与者。

* * *

经济调控的政府关系议价方法意识到公法对于州和地方政府监管的重要

---

① Idaho Code § 61-322D9A.
② Idaho Code § 61-334B.
③ *Snake River Valley Electric Association v. PacifiCorp.*, 357 F.3d 1042, 1049 (9th Cir. 2004).

性，尤其是在放松管制的市场上。在隐性商业条款的背景下，以及在反垄断索赔中运用州行为豁免权的司法把关中，对州监管的司法遵从会以较高的成本进入竞争性市场。如果以规避交易中的溢出成本为目标进行处理，那么这两种原则在州与州之间以及州内部都有希望改善法律制定过程。

8 克服联邦和州议价失败

虽然州和地方监管可能有希望作为垂直监管对行业进行调整,但是分权监管通常被认为是竞争性市场紧张形势的体现。国家调控更可能促进州际竞争市场的发展,因为地方政府要比联邦政府在设立贸易壁垒方面面临着更强烈的刺激。尤其是在依赖州际市场的网络设施背景下,州和地方政府可能在处理监管问题方面形成拼凑式的方法。由于这些原因,评论家通常信奉以国家监管作为处理如电力和电信行业经济监管等许多网络行业问题的必要措施(Chen, 2003b; Cudahy, 2002b; Pierce, 1994)。

在放松管制的电力批发市场,电力传输说明了由国家引导的网络监管方法的需求,例如高压传输线路的扩张与选址问题。如果只考虑自身的设备,那么州或地方政治进程就不可能为竞争性的州际电力销售的市场产生稳定的监管方案。例如,当州拥有了架设传输线的权力时,州际市场就不会再围绕拥挤的传输区域发展了。电力传输的瓶颈会有损于州际电力市场和竞争的发展。在第七章中所讨论的贸易保护主义的监管行为就是一个问题。如果没有更实质性的措施,州或地方政府的不作为以及固执的州立法机关在双重权限框架下对竞争市场会造成同样的障碍。如果州拒绝改进自己对这种网络容量问题的监管方案或州的监管方式阻碍了放松大宗电力市场的管制,从而造成传输区域拥挤的话,全国性的解决方案出台就是不可避免的了。[1] 出于这个理由,该行业知

---

[1] 扩张包括电力传输在内的设施网络是每个州都必争的利益,由于商讨的成本较低,州之间可能会达成协调合作的方案。例如在第七章中讨论过的隐性商业条款这样的法律规则,它们可以阻止一州单方建立贸易壁垒,并有助于允许上述合作的自发形成,从而使各州能够提升自己监管的主动性。但是,如果人们以为各州会一直举办这样的政治会晤或总是能从这些会晤中达成一致性方案的话,这显然是过于乐观了。在一些情况下,州立法机关不会采取任何监管手段。例如,通过抵制那些能够提出这些关(转下页)

名学者如 Richard Pierce 认为,联邦电力法案(FPA)需要通过制定修正案来扩大 FERC 对电力传输行业的控制力,就像天然气法案给予 FERC 扩张输气管道的权力一样。

国会可以轻松地解决电力传输的管辖权问题,即将联邦机构例如 FERC 的权力范围拓展到设置和监管传输线路;①然而,国会一直(有点难以置信)都没有采取行动来扩大和阐明 FERC 的管辖权。国会不是唯一的有能力和意愿来解决管辖权问题的公众机构。在双重管辖框架下,法院在解决面临放松管制行业的监管协调问题方面也扮演着主要角色。传统上来说,当国会或联邦监管者的监管意图含混不清时,法院会以详细解释成文法或法规上定义的联邦监管权的方式来使他们厘清问题。例如,联邦法院经常援引 Chevron 原则以遵从机构给出的对于法律的合理性解释。② 一般来说,联邦机构对管辖权条例的解释是会得到支持的。因为对联邦机构的遵从导致了全国范围的统一,在评审涉及联邦制问题的法规时的司法尊重,暗中采纳了联邦制的国家至上的理解。法院一般倾向于以联邦至上的方法来解决管辖权之争,也愿意在法律解决方案中取得一致性(Silverstein,1991;Spence & Murray,1999)。在某种程度上,法院信奉默认规则以支持联邦优先权,它们可能为联邦当局提供自由和畅通的空间以填充监管内容。从理论上来说,这会允许联邦法律推断性地消除监管差距,并解决公共治理机构之间的管辖权冲突。此外,一个全国统一的、由机构开发的解决方案不太可能对最强大和最极端的利益集团做出响应,这些利益集团更有可能支配州和地方的方案,而这些方案统统是与国家的政治进程相矛盾的(Chen, 2003b; Rossi, 2002)。③

(接上页)切的人避免作出关于传输拓展或限制的裁定,州就可以保护它的传输基础设施不会变成其他州电力供应生产商或消费者的公共利用渠道。虽然隐性商业条款在州同意采取监管手段且商讨成本较低时可以被用来解决合作的问题,但当州不积极采取监管手段且商讨成本较高时,就需要用到其他的公共法规来解决这些问题了。同样地,要解决联邦政府层面上的监管不作为所可能引起的问题,也得借助于其他的公共法规。

① 正如 Edward Rubin and Malcolm Feeley (1994) 所说,分散集权模式的优点极力被许多联邦制支持者所吹捧,也极易委托联邦机构实施。

② *Chevron U.S.A., Inc. v. Natural Resources Defense Council*, Inc., 467 U.S. 837 (1984).根据最高法院对 Chevron 原则的规定,受国会委任的政策制定机构在制定政策时,在委托的权限内,可能会依赖于信任机构对相关政策制定的原则的判断。

③ 作为市场机制的联邦主义在发展经济时最易受人诟病(Rodden & Rose-Ackerman, 1997)。如果州政府不能抵制贪污的诱惑,那么地方政府也极易为了利益而贪污。这种缺乏反贪污的机制可能会造成监管当地政府政策的成本内部化(比如说商业保留条款),在网络市场,当地化可能不是一个有效治理市场的手段。

但是,在实际运营中,议会立法(即使是在联邦法院解释时)很少会将全体权力拓展到联邦机构。联邦先占原则——包括法院例常信奉的优先权的宽泛和隐含的特质——可能不足以消除联邦政府和各州之间的管辖权差距,或是清除管辖权的重叠部分。如果没有国会的帮助,法院无权使用联邦优先权来彻底重写联邦法则;它们受到法规明文规定的约束(这可能在清晰的州管辖权范围内留下若干问题),并且也受到限制联邦权力范围的审判先例的约束。学者们一直关注的是,分权的政府机构对于政策创新来说是不完美的体制(Rose-Ackerman,1980)。然而,很少有人了解到国家权力机关——代理机构、国会、法院——作为创新者也经常面临实用主义的限制。考虑到国家政治进程中的这种限制,本章展示了一个相反的案例,即在议价背景下州引导的放松管制方案作为垂直监管协调问题的次优解决方案。笔者认为,公法可以被重新规划,从而在经济监管领域协调联邦监管机构和州之间关系方面发挥更为重要的作用。

虽然联邦至上的方法提升了竞争政策的一致性和可预测性(因而通常被视为支持市场①),但是在国会或联邦监管机构未能发生作用的地方,国家监管方案的不完整性也阻碍了竞争性市场的发展。联邦法院在确定管辖权方面的努力会对扩大州与联邦监管部门之间的差距产生影响。进一步地,在一定程度上,联邦和州监管部门都希望法院能对联邦管辖权作出大体的解释。在议价的情况下存在潜在的共同管辖权问题,管辖权谈判空间中的共有权问题可能会引发一种僵局,其中,联邦或者州监管机构都不会采取填补实质性缺口的行动。当法院试图全面暗示联邦管辖权而不对联邦监管行动提出要求时,这就不必要地干预了州政府的实验过程,并可能抑制州之间的协调解决方案。与司法尊重方式不同——司法尊重在 Chevron 原则下预设了拓展的(但并非完全的)联邦监管权——一些指引法规司法解释的基本默认规则可以促进联邦政府和州之间的协调。在经济调控的背景下,虽然针对监管问题的协调联邦制方法还不尽完美,但是它为克服管辖权限制和模糊的政治惯性提供了机会。即使没有国会的行动,法院也可以在制定反对优先权的默认规则方面扮演重要角色,并将其作为促进监管政策纵向协调的方式。同时,即便在州立法机构依法反对时,法院也会在支持州和地方管辖权以实现国家目标方面发挥重要作用。

---

① Jim Chen(2003b)认为在分散集权和放松管制之间存在不可协调的矛盾。

I. 司法联邦制及其限制

在各自的权力范围内,监管问题经常被认为是未经协调的联邦和州政府行为。联邦制有时被称为"先占式的"联邦制或"双重"联邦制(Weiser,2001a:1697)。在公法中主要的联邦制模式之下,即司法联邦制下,司法决定了联邦和州政府之间权力的分配问题,此时联邦和州政府的法律渊源并未对这一问题进行说明或者说明是不完整的。但是,当联邦监管机构谈论管辖权问题时,它们有时候却是以模糊和不明确的术语来解释的;通常的管辖权问题完全被国会或是联邦机构所忽略了。按照传统的方法,在模糊或无回应的情形下,审查监管纠纷的法院必须明确州监管权被国会或监管机构限制的程度。即使在联邦优先权没有发挥作用时,法院可能也需要对国会是否有权采取行动进行界定。因此,在优先的联邦制下,公法和法院都发挥了界定管辖权的功能,通过最大化监管机构的管辖独立性,来实现减少管辖权冲突的目标。

优先或双重联邦制赋予法院的首要角色是为联邦和州监管机构界定管辖权。① 事实上,有时即使国会或是联邦机构对自身管辖权范围也没有清晰认识,联邦法院对管辖权问题进行界定就是经济监管法被长期认可的前提。例如,在早期铁路监管的背景下,就 Wabash 铁路而言,众所周知,州政府被认为是对州际运输中的州内部分拥有有限监管权的。② 在国会成立了国际通信机构(ICA)之后,法院被迫界定联邦监管权的管辖范围。正如在 Shreveport 市费率案中那样,国会最终在 1920 年的运输法案中将国际商会(ICC)的权力拓展到州内费率方面,③创建了单独的国家铁路系统(Hovenkamp,1991)。这种方法也已经被应用于 1934 年的通讯法案中(Weiser,2001a),法院扩大了联邦法规对于通信行业的管辖权范围。在某种程度上,州是自治的主体,脱离了联邦政府

---

① 法院认为地方当局这种管辖权限是美国宪法条例授予的,是经过第三高级法院最高条例和法规审批的。

② 政府无权管辖州际运输中州内运输部分。See Wabash, *St. Louis & Pac. Ry. Co. v. Illinois*, 118 U.S. 557 (1886)。

③ ICC 有权决定州际运输中州内运输的利率水准。See Houston, *East & West Texas Ry. Co. v. United States*, 234 U.S. 342 (1914)。

的管辖（Yoo，1998），而联邦司法机关经常被要求宣布管辖权之争的胜利者，并在这种监管法规之下允许出现一种"专门的联邦普通法"（Friendly，1964；Mishkin，1957）。

司法联邦制最好地说明了电力监管中界定联邦管辖权时历史的和当前的审判方法。例如，罗得岛州曾试图对该州一家工厂所掌控的费用进行监管，该工厂将电力贩卖给马萨诸塞州的一家公司，然后这家公司再把电力卖给马萨诸塞州的阿特波罗市，结果美国最高法院废除了该项监管，因为它给"州际商务强加了直接的负担"。① 州政府监管方面的限制形成了"阿特波罗漏洞"（联邦和州监管机构都没有管辖权的缺口），并导致国会采纳了1935年外交政策协会（FPA）的第二部分。该法规在州际电力交易方面给予监管者宽泛的管辖权，并超出了州权力的范围，但是法院仍然会偶尔被请求来界定联邦和州监管部门的管辖权限范围。

在电力传输监管方面，管辖权界限仍然是联邦制讨论的主要问题。FPA的规定给予FERC在"州际商业中电能传输以及能源批发销售"方面的管辖权。② 在维持FERC第888号命令（该命令对放松监管的电力批发市场实行开放式接入）时，最高法院认为，FPA会"毫无疑问地支持"FERC对"电力零售商分类定价传输"行使管辖权的主张。③ 据法院所称，FPA的政策在电力的批发市场销售方面限制了FERC的管辖权，但是却批准FERC对大部分传输定价具有管辖权，而没有考虑传输是卖给了经销商还是直接卖给了零售客户。实际上，法院认为FPA不仅因其自身的适用范围有限而无法解决"阿特波罗漏洞"，且在无形中扩大了联邦政府对各类传输的管辖权，而之前这一直都是受州管辖权所管制的。在FPA政策下，尽管法规中的语言较为模糊并富有争议，但法院进一步阐述了FERC的管辖权范围，表示FERC有权救济捆绑零售传输中的过度歧视。④

当州和联邦监管机构争夺管辖权时，也就是说，两方面的监管机构都试图彰显权力时，就会如同在传统模式下经常发生的那样，联邦监管机构将几乎总是在

---

① *Public Utility Commission of Rhode Island v. Attleboro Steam & Electric Co.*, 273 U.S. 83, 89 (1927).
② 16 U.S.C. § 824(b).
③ *New York v. FERC*, 535 U.S. 1, 23-24 (2002).
④ Id. at 27-28. 16 U.S.C. § 824(d) precludes the FERC from asserting jurisdiction "over facilities used for the generation of electric energy or over facilities used in local distribution ...."

经济调控方面赢得法律之争的胜利。联邦机构监管者在州法律面前有优先权（McGreal，1995），尽管在它们还没有解决方案时，其胜利还要假以时日。从这个意义上说，用传统的方式对联邦监管制的管辖权进行界定可能使管辖范围短期内不稳定。然而，法院最终会对管辖权进行界定，管辖权范围的争议在一段时间内将暂时稳定下来。例如，在电力行业，如果法院在 FPA 存在的前 20 年作出决定，即联邦监管机构的管辖权仅限于批发电力销售，[①]那么，在之后将近 50 年的时间内，关于电力传输监管的管辖权范围就会呈现稳定的状态。价格监管在联邦和州两个层面上相对一致的框架辅助了管辖权的平衡，如同公司和州监管机构之间相当严格的管辖权匹配一样，因为鲜有公用事业单位在多个州维系其业务而不重组公司结构以反映管辖权的命令。当公司开始在多个州的新兴放松管制市场上经营业务的时候，随之会产生不稳定的新时期，即使法院坚持传统的双元联邦制模式，这种司法制度也会对联邦法律一贯性地作出扩展性的解释。

当联邦机构监管部门在管辖权之争中胜出的时候（正如它们惯常的表现），在某种程度上，如果州和联邦的管辖权存在潜在重叠，传统的监管联邦制则呈现出一个艰难的问题。有时候垂直协调会通过政治过程自动演化，并允许联邦和州监管机构同时追求其目标。然而，交叉的管辖权有时会带来难以协调的问题。监管联邦制通常忽略的一个问题是，垂直管辖权的交叉重叠或者管辖权层面的模棱两可是如何造成监管僵局的。管辖权交叉可能会引起一个或两个监管机构采取行动，尤其是在采取监管行动的成本（政治的或其他方面的）比较高的情况下。William Buzbee(2003)在该背景下将这一潜在问题称为"监管共享"。如他所言，"监管机构无法控制社会问题，无法阻止其他机构作出类似尝试监管的决定，也无法阻止在监管者调查社会问题并设计监管反应的投资方面搭便车"(28)。众所周知，并行管辖权可能会导致"过度监管"(Becker，1983；Peltzman，1976；Stigler，1971) 或"监管增生"(Ruhl & Salzman，2003)的问题。然而，认为有共有管辖权的存在而导致监管不作为的情况，在美国这种联邦体制的国家中会引起对监管法同样严峻的挑战。

加州放松管制政策失败带来的早期的僵局是一个很好的例子。联邦监管机

[①] 美国诉加州公众事业委员会案(345 U.S. 295，1953)认为联邦动力委员会有权管辖电力的买卖，但是却无权掠夺当地的电力资源。尽管这是 FPA 中一个非常普遍的条款，但是这可能造成联邦机构监管的不便。

构指责州自行设置零售价格上限,考虑到电力批发采购市场飞涨的成本,州的这一做法将公用事业单位和其他供应商置于进退两难的境地。并不是只有联邦监管机构对监管共享中的不作为进行指责。加州监管机构责备 FERC 不能依据 FPA"公正合理的授权"在电力批发市场充分地调整价格。最终,联邦和州监管机构选定了解决加州电力市场问题的解决方法,但是管辖权的模糊导致双方在舆论媒体上相互指责,也在经济管制的严重危机中促使联邦和州当局共同表现出不作为(Rossi,2002)。

传统公法学说邀请法院在界定州和联邦监管机构的权力方面扮演核心角色。这种做法是使用司法权力来解释法律规则,以避免管辖权交叉。在某种程度上这样做可能会导致冲突或陷入监管僵局。法院被迫在扩大联邦权力或支持州政府之间作出选择,但避免冲突的主要司法策略是利用司法权力在众所周知的领域界定管辖权的范围。这种做法的代价就是即使不能完全阻止州与联邦监管者的联合监管,也要将联合的可能性降到最低。

此外,有时候传统上对联邦争议采用管辖权确定的方法可能产生监管缺位:法庭甚至过度(以草率拟定的法律语言)削弱联邦和州的权威,使得州和联邦当局可能缺少解决重要争端的权力。监管重叠以及可能更加明显的监管缺位也可能导致联邦和州的监管者都无法行使监管职责。例如,电力行业中,在传统的选址法规定下,州监管者经常缺少批准扩大输电能力的权力,因为这无法使州内(或者所谓的"本地负载")消费者受益。在联邦电力法案下,联邦当局传统上也缺少批准企业扩大输电能力的权力,即使接入输电网络可以提高批发电力的竞争力。结果,州和联邦监管者之间的监管缺位就出现了;两个政府实体都没有管辖权来直接解决输电阻塞的问题,从而无法形成有竞争力的电力市场。在这种情况下,州际电力传输网络阻塞的现象仍然存在便不足为奇了,它是导致 2003 年夏季大断电的一个主要因素。

尽管最终可能需要用已有的联邦制来解决特定争议,但是由于很明显地缺少国会赋予的实施管辖权的权力,因此,无法依靠这种方法来解决所有管辖争议。同时,会造成僵局的监管竞合以及可能使提升福利的监管成为空谈的监管漏洞,都给监管法带来了严重的问题,特别是当某一行业存在州级监管的传统时。传统的管辖权的联邦制隐含着联邦和州监管者之间的管辖权竞争(但几乎总是偏向联邦监管),这种制度依然很难解决问题,甚至可能加剧问题。

II. 协调联邦制及其局限

自20世纪70年代中期以来,一种替代联邦制解决监管缺位和监管重叠的方法出现了。联邦制是将州和联邦当局置于独立的管辖范围内,与联邦制管辖权定义的风格不同,"协调"联邦制将联邦与州监管者之间的重叠看作积极的事物。一般来说,协调联邦制的定义如下:

> 协调联邦制计划阐述一些统一的联邦标准,这些标准体现在法规、联邦机构条例中,或两者都有。但是协调联邦制留给州政府自行决定实施联邦法律的权力、补充更严格标准的权力,以及在一些情况下获得免除联邦规定的权力。这种权力允许各州根据当地条件尝试不同的方法并调整联邦法律。①

这种方法中州和联邦监管者不是在各自密闭的管辖领域中进行监管。相反,它们之间的权力重叠是"混乱的"(Weiser,2001a:1693)。联邦和州监管者经常必须一起工作,即合作或者至少协调来实现监管目标。②

与主导模型不同,协调联邦制将监管重叠看作是积极的。它发现了对联邦目标的最终需求以及在方法上进行州际统一的典范,而且要求利用某些本土化给监管程序带来的益处。例如,考虑到州和地区层面利益集团政治动员成本的减少,将州包含在监管程序中会增加参与度。这对提高服从度、合法性和效率有明显的成效。各州也更可能在监管方法方面进行尝试,尝试那些国会或联邦没有试验就不会采纳的监管机制,特别是考虑到国会耗资巨大的决策程序。州执法部门和采用的方案鼓励试验不同的方法,并且允许根据当地情况调整联邦目标(Weiser,2001b)。

---

① Weiser,2001a:1696 (footnotes and citations omitted)。
② Jim Chen (2003b)将协调联邦制称为监管的"科罗拉多学派",这是因为在电信行业中的一些关键支持者,例如科罗拉多大学法律系的 Philip Weiser 教授以及美国华盛顿特区巡回上诉法院的 Stephen Williams 法官,都与该州有很强的联系,或者住在该州。

也许留意到这些目标,国会已经在若干联邦法令中认可了协调联邦制。例如,20 世纪 70 年代通过的主要环保法就对此进行了背书。国会阐明了像水污染这样的环境问题的最低标准,但是留给州相当的自行决定实施联邦法律的权力。例如,在"保留条款"下,各州经常能够灵活采用更加严格的标准。① 正如第二巡回法院对在这种方法下各州角色的描述:

> 但是,考虑到最低联邦标准,国会并不打算将各州降级为联邦政府行政部的执法机构。相反,毫无疑问,国会明确拒绝在水污染立法领域中建立优先权的尝试,而且尽可能地邀请各州颁布比联邦标准更加严格的要求。②

在某些情况下,州政府实施它们自己的项目,从而免受联邦规定的约束(Markell, 2000;Percival, 1995)。

1996 年电信法也采用了协调联邦制的方案,用更加协调的监管制度代替采用双重联邦模式的 1934 年电信法。1996 年电信法是 60 多年来联邦电信法令的第一次重大修改,在该法案下,国会为电信行业建立了一套"促进竞争、放松管制的国家政策框架"。③ 1996 年电信法要求既有的当地电话服务供应商真诚地与新进入者在它们之间所有接入服务中的条款和条件方面达成共识,④并将接入协议递交给相关的州公共事业委员会(PUC)来批准。⑤ 如果在位者和新进入者无法达成协议,一方可以向公共事业委员会申请对争议的仲裁,⑥如果州公共事业委员会拒绝仲裁,那么联邦通信委员会(FCC)就会介入进行解决。⑦ 并且,如果一方认为仲裁结果与 1996 年电信法不一致,那么联邦地方法院就有权考虑上诉,即使这是由州公共事业委员会仲裁的结果。⑧

这与传统程序中将州公共事业委员会的命令向州法院上诉(这在电信和能

---

① See, e.g., Clean Water Act, 33 U.S.C. § 1370; Comprehensive Environmental Response, Compensation and Liability Act, 42 U.S.C. § 9614(a).
② *Mianus River Pres. Comm. v. EPA*, 541 F.2d 899, 906 (2d Cir. 1976).
③ Senate Conference Report No.104-230, at 1 (1996).
④ 47 U.S.C. §§ 251(c)(1), 252(a)(1).
⑤ Id. at § 252(e)(1).
⑥ Id. at § 252(b).
⑦ Id. at § 252(e)(5).
⑧ Id. at § 252(e)(6).

源监管领域广为接受)大相径庭。正如最高法院看到的那样,1996年电信法

> "将[联邦]法律广泛地扩展到州际电信领域,但是在一些特定范围(费率厘定、接入协议等)仍然将政策意涵的决定权留给了州委员会,这——在行政机关有权进行合法政策制定的情况下——不受联邦控制。这种体系毫无疑问是全新的,并且随之产生的法律问题,比如联邦法庭是否必须遵从州立机构对联邦法律的解释,也是全新的。"①

对于该问题,Philip Weiser 在其三篇系列论文中为监管法的"协调联邦制"原则下了定义。虽然他仍在倡导协调联邦制原则,但是他的一些努力是为联邦法院提出一种解决1996年电信法模糊性的途径。② 第一,Weiser 认为联邦通信委员会应该拥有隐含的权力来采用补救规则。在 Chevron 原则下,法院遵从联邦机构的法律规章结构。Weiser(2001a)认为应该采用纵向的 Chevron 原则,允许机构拥有采用补救规则的隐含权力。第二,并且同样重要的是,当联邦通信委员会没能采用补救规则去实施接入协议时,Weiser 认为应该允许各州应用它们自己的补救措施来处理违反接入协议的行为。这样,按照 Weiser 的观点,联邦监管者有采用补救措施的隐含权力,但是如果它们没能使用这种权力,那么各州法律将进行补救。

这导致联邦制形成一种复杂的结构,③但这是一种既深化了联邦目标,同时又尊重各州的试验,并按照当地特点削减监管问题方案的结构。监管竞合的主要问题体现为监管法中的共有权问题,但 Weiser 提出的协调联邦制能够处理放宽电信管制的情况。例如,如果联邦通信委员会和各州均无法对接入协议采取救济,两者都指望对方来承担成本——承担政治压力——因为对某行业的从业人员进行罚款,紧接着就很可能出现监管平衡不稳定。Weiser 提出的方案实施

---

① AT&T v. Iowa Utilities Board, 525 U.S. 366, 385 n. 10 (1999).
② 1996年电信法案没有提及一个关键问题,那就是:在遵守1996年电信法案的审查协议的情况下,联邦法院是否有强制施行州许可的州际协议的权力? 联邦法院是否有权将它们自己的救济措施加入1996年电信法案中或强制加入州的法律中?
③ 有一个问题值得考虑,那就是是否有时候协调联邦主义变成了强制联邦主义。协调联邦主义方案在宪法上的局限性可能使联邦法律要求某些州所做的行动对联邦计划产生挑战。但当联邦法院不需要州作出行动的话,这些挑战就不太可能对协调联邦计划造成严重的影响。

了一系列激励,可以说更可能实现协调联邦制下稳定监管方案的发展。如果联邦电信委员会决定采取补救规则,那么这就先于各州,并且,执行互联协议的统一的监管方法将会占主导地位。但是,如果联邦电信委员会不采用补救规则,那么各州会默认用自己的补救措施来填补这一空白。各州的补救措施对于公司和整个行业来说成本如此之高,并且不可预期,因此,这并不是事情的最终状态。这种拼凑的做法将对这些公司产生强烈的激励,从而去游说联邦监管者制定统一的可预测的方案。即使在各州不对接入协议进行补救时,州普通法也可以用来弥补这样的监管缺位,但是这可能造成更大的不确定性,使得利益集团更加偏好联邦的解决方案。从这个意义上来讲,电信行业接入问题的协调联邦制方案旨在对克服惯性产生激励,以形成某种程度的行业平衡和稳定。即使与国家监管方案比起来,这些激励得以运行的协调联邦制框架也是很复杂的,并且可能对该行业的消费者或企业产生短期的不确定性。

尽管在电力监管中国会尚未朝着协调联邦制的方向发展,但是一种类似的纵向管辖方法可能打破当前电力传输行业放松管制的市场中所存在的监管僵局。与 William Buzbee 描述的环境法类似,在联邦电力法下对电力传输的管辖受到监管缺位和监管重叠的困扰,监管缺位情形下州和联邦实体都无法监管,监管重叠情况下共同管辖权经常陷入僵局。接着监管问题就恶化了,包括联邦和州监管者都无法授权充足的输电能力扩张来满足放松管制的电力批发市场。对输电监管采用协调联邦制方法可以表明国家目标,同时,如果必须的话,还能赋予联邦能源管理委员会权力,以授权扩大传输并将扩大的成本在受益者之间进行分摊。这样的方法不需要取代州电厂或传输线的选址过程。相反,这样的方法使得联邦能源管理委员会,也可能是区域监管当局有权进入一些领域。这些领域中州和协同区域选址过程没能提供足够的方案来解决传输选址问题或放松管制的电力批发供应市场的定价问题(Pierce,1994)。国家能源立法已经提交给国会,并试图在这些方面扩大联邦能源管理委员会的权力,但是国会一直没能克服采用这些措施所面临的政治阻力。

协调联邦制也承诺为电力行业现存的传输设施建立更加可靠的管理制度。目前,传输可靠性标准是由一家有关电力行业中传输公司的民间组织即北美电力可靠性委员会实施的。最近提出的能源立法国会也没有通过,该法案本可以超出自愿合规制度,要求联邦能源管理委员会采用北美电力可靠性委员会的可靠性标准(例如,要求传输公司在传输过程中要保留一定的备用容量)并且通过对违反者进行处罚来推行这些标准。该项法案赋予北美能源可靠性委员会控制可靠性标准内容的权力,但是留给联邦能源管理委员会一小部分权力来界定不同的可靠性标准如何为公共利益服务。① 相较之下,协调联邦制允许联邦能源管理委员会独立自行评价并实施这些标准,这比当前的模式更能创造出一种可靠的传输系统,这种系统考虑到了放松管制市场中的公众利益。而当前的模式几乎全部依靠自愿采用标准并自愿保证传输可靠性。

最近放松管制的电力市场上的一个问题给利用协调联邦制解决电力输送的经济监管带来了更加困难的挑战。在美国的许多地区,输送定价和可靠性的决策日益由区域输电机构(RTO)来确定。区域输电机构是由国家特定区域的传输公司自发组成的组织,它决定电力输送的扩张与运营。尽管还存在相当的关于联邦能源管理委员会在授权参与区域输电组织上的法律限制,但是联邦能源管理委员会已经采取一系列措施鼓励区域输电组织的组成。

当今电力行业中所酝酿的主要冲突是区域输电组织与州监管者之间的矛盾,前者主要支持大宗批发的竞争,而后者更关心本州或当地的事务。例如,肯塔基州反对将对一家美国电力公司肯塔基公司的监管权让渡给一家宾夕法尼亚州的区域输电组织马里兰电力联营体。肯塔基州监管者断定让美国电力公司加入区域输电组织不符合公众利益,但是联邦能源管理委员会不这么认为。② 在2003年,联邦能源管理委员会决定,当州的法律对公共事业公司自愿加入区域输电机构造成障碍时,该公司可以免受该法律的约束。③ 但是,一位联邦地方法院的法官认同肯塔基的立场,认为联邦能源管理委员会对"本地负载"的服务充分性缺乏监管权力,而这是联邦电力法留给州监管者的监管权。④ 弗吉尼亚也实施了一项法律来限制弗吉尼亚公司在没有州的批准时加入区域输电组织。

联邦能源管理委员会在与肯塔基、弗吉尼亚以及其他州的冲突中作出了一

---

① See Matthew L. Wald, Few Indications Efforts to Cut Blackouts Are Under Way, *New York Times*, Dec. 13, 2003, at C1.

② Bill Wolfe, Kentucky Battles U.S. Over Regulating Utilities, *Courier-Journal* (Louisville, Kentucky), Jan. 25, 2004, at 1E.

③ New PJM Companies, American Electric Power Service Corp., 105FERC ¶61, 251 (2003).

④ Tina Davis, Federal Judge: FERC Lack's Authority on Native Load Service, *The Energy Daily*, Jan. 6, 2004.

项标准声明,那就是作为在最高条款中的默示优先权的公共法,区域输电组织应该优先于州监管者。但是,这样的观点依赖于在联邦电力法和联邦能源管理委员会监管下对这种隐含的优先权极其广泛的评估。虽然现在还不清楚默示优先权在法理上是否优先支持区域输电组织而非州政府,但在区域输电组织与州监管者的优先权比较这方面,公共法给予了区域输电组织中巨头们令人惊讶的优先权。大型传输公司将能够忽视州内政治程序,这些程序要求它们必须与消费者和环保群体等其他利益相关者一起作为利益集团的一方进行决策。它们用一种区域性的相对同质的传输公司协调方案来代替这种程序。如果将州和区域输电组织法律制定比作讨价还价程序,那么区域输电组织程序就能够产生稳定的州际方案。但是,这些解决方案对行业内的关键利益相关者具有激励作用,鼓励他们忽视州立法程序,因为区域管理证明那样会排除各方重要利益相关者的参与。① 一种更加合理的管理程序应该利用州或联邦的监管程序,而不是在没有州的批准下因为区域方案而终结这种程序。联邦能源管理委员会的区域输电组织方案试图在没有最高条款明确优先于各州法律的情况下这样做,这不同于其他协调联邦制方案。这也可能与宪法中的协定条款相抵触,迫使各州参与(通过州内最大的在位者公司的选择性加入)州际协定,而不管州是否同意或经过国会的批准。② 毫无疑问,迫切需要避免滥用州保护主义的监管程序,因为州的监管比起联邦更倾向于掠夺;但是隐性商业条款能利用私人管理的成员有限的地域性组织来促进监管,同时也不需要改变州的政治进程。

III. 打破放松管制行业的僵局

为了解决像电力行业这样的网络产业的监管僵局,需要所有公共行为体(国

---

① 一些评论员观察到区域输电机构试图调解输电系统的公共性与州和联邦分离的监管机构之间的冲突。通过混淆该行业中的激励,许多州对电力零售的监管并未涉及——这使得电力行业成了"半市场化"(Van Doren & Taylor, 2004: 16)。

② 协定条款(Art. I, Sec. 10, U.S. Constitution)要求国会批准州之间的"所有协议或协定"。最高法院认为,在美国钢铁公司诉跨州税收委员会案中,该条款只适用于州协议"侵犯"了联邦最高原则的情形[434 U.S. 452 (1978)]。当然,出现这种没有明显通过国会同意的协议的情况并不新鲜(Frankfurter & Landis, 1925)。

会、机构和法院)增强对协调联邦制的自觉性。当国会已经采用协调联邦制的方法时,正如1996年电信法那样,也许这种方法所呈现的最大成本就是暂时的不稳定性。协调联邦制方案毫无疑问是杂乱的,其核心能力是通过监管方案来促进商讨达成一致的方法,而这个方法是州的联邦优先权(由于监管漏洞及竞合)所无法做到的。此外,协调联邦制促进了各州的尝试及其调整方案(Dorf & Sabel,1998),这可能给私人利益相关者带来立法和监管承诺上的利益,而不是过于宽泛的联邦解决方案。协调联邦制可以将所有利益集团联合起来,共同趋向稳定的解决方案,而不用放弃联邦目标或州政治进程。

但是,在诸如电力这样的行业,国会自身还没能够切实采用协调的纵向方案来解决联邦制冲突和监管重叠。国会和法院仍然坚持联邦电力法的双重联邦制模式。① 这种方法更可能导致监管共享,这使得政治方案的激励变得混乱,也可能导致监管缺位,从而使得州或联邦都不太可能产生有效的监管。法院在将公法原则应用于监管争议时对此的一些认知可以帮助克服电力市场中的障碍,使监管制度更加协调。特别地,公法原则中关于联邦优先权和州内配置权力的内容会通过谨记协调联邦制而受益。

A. 一个反对州经济监管的联邦优先权假设

在解释联邦的管辖权时采取一个完全不同的司法定位或取向,可能有助于克服或解决在诸如电力这样的行业里,不完善的管辖权联邦主义造成的政治僵局。与像FPA(或根据其他联邦法规)这样的双重管辖的法规中所体现的联邦监管权不同,法院所起到的作用在于帮助受到监管的行业向着协调监管的方面发展,法院仅仅按照既定规则承担立法解释的司法工作。在双重联邦制中盛行的默认规则,即支持联邦优先权的规则,应当被撤销,以便在历来受州和地方监管的行业背景下,对反对优先权的假设予以支持。如果联邦法院接受这个假设,这种方法就将使政治改革的激励向更加协调的监管方案发展。假设在国会或联邦监管机构没有明确规定的情况下授权监管,州就会在制定监管问题的全国性

---

① 国会在1978年公用事业管制法案(PURPA)中确实采用了协调联邦制的方法,该方法运用州法律来形成替代性发电设备的标准。PURPA指导FERC公布这样的规则,那就是要求公司从"合格的废热发电和小型发电公司"购买电力[16 U.S.C. § 824a-3(a)]。尽管FERC为这样的公司担保,但是它还是要求各州开发自己的项目来为合格的公司提供可避免的成本率[FERC v. Mississippi, 456 U.S. 742 (1982)]。

解决方案的过程中扮演一个不可或缺的角色，同时这也给予州的政治进程一个专门为本地量身定制的监管解决方案，而这样的解决方案是连国会都无法做到全国统一的。

法官 Eliner Elhauge(2000)对成文法司法解释作出了一个"惩罚任意性规则"的判决，这个判决令人信服。当法院在解释成文法时，如果不能确定国会意图的话，法院会适用最不利于政府的解释，这样才最有可能敦促国会明确其意图。在联邦主义法律体系背景下，Roderick Hills (2003)也提出了类似观点，他反对默示联邦优先权。他认为，在联邦主义背景下的明确规则可能在促进全国性监管问题解决方案产生过程中扮演一个重要的角色。例如，正像 Stevens 大法官所建议的，反对联邦优先权的推定可能是合适的。①

Hills 认为反对优先权的假设优于其他联邦优先权的方式，并不是因为它保护了各州的权利，促进了公民共和参与价值观，也不是因为它像其他联邦主义者所认为的那样经由宪法授权，而是因为该假设允许各州和地方政府能有效地在国会面前制定国家议程，克服经常困扰国家监管进程的争议和参与方面的障碍。

Hills 反对联邦优先权的论证，否认了双重联邦制体制下联邦优先权司法方法的两个主要观点：其一是联邦制促进，其二是联邦制忽视。许多从州或本地角度出发的关于联邦主义的法律文书对司法途径的观点与 Hills 相类似。但多数人还是将重点放在传统司法管辖权联邦主义及双重联邦主义的推定上。

促进联邦制的观点可能最为著名。正如 Cass Sunstein 所说：

> 在美国公法体系下，基本假设是各州有权管辖它们自己的市民和领土。这种假设使得这样一种解释性原则是合理的，那就是要求在法官们发现州法的联邦优先性之前给出明确的阐释。尽管没有替代性调查来探寻联邦和州法律之间在这种特定背景下的关系，但是该原则还是经常在这样的案例中帮助进行司法解释。②

Candice Hoke (1991)持有类似的观点，那就是"联邦优先权的决定阻碍了

---

① See, e.g., *Medtronic v. Lohr*, 518 U.S. 470 (1996). See also *Geier v. American Honda Motor Company, Inc.*, 529 U.S. 861 (1990) (J. Stevens, dissenting).

② Sunstein, 1989: 469.

那些政府实体的能力实现,那些实体(州和地方政府)对市民的价值和思想最为负责,并且随之损害了市民直接参与自行管理的权利"(687)。根据这种观点,一个清晰的陈述对提高州的权力或达成下放州政治参与权是非常有用的。相较之下,Hills 的方法并不依赖州的权利,也不依赖于任何将各州看成监管的优质实体的理想化事物,而是将各州看成国家立法机器里无足轻重的成员。

另一种对优先权的主要批判是,宪法要求法院在解释联邦法律时不必理会各州。Caleb Nelson(2000)创造性地发明了非障碍性条款这一具有原旨主义的观点(指应依据制宪者的意图或者宪法条文的含义来解释宪法),这是一条美国宪法至上条款(宪法是最高法律,其他法律不得与其相悖)的附属条款,其要求法院废除现行州法律中支持州优先权的内容。但是正如 Hills 认为的那样,Nelson 对最高条款的原旨主义解释依赖于列举权力和双重联邦制这两者。而现代法院不认为联邦政府的监管权力是有限的(正如最近一些商业条款案例表明的那样),并且双重联邦制没有精确描绘联邦和州政府之间的现代的相互作用方式,因此,Nelson 对优先权采取无视联邦制的观点是站不住脚的。

对这些观点进一步分析,Hills 认为优先权在帮助国会设立立法议程时扮演了完全不同的角色。该角色不是推动去中心化本身或者发现联邦法固有的最高效力,而是促进更高质量的国家政治进程。实际上,Hills 将各州看成成熟的立法委员会,可以尝试并集中精力进行改革。

他对这种方法的观点是基于联邦政府的三个主要立法失败。例如,Hills 发现,集体行为问题使得狭隘的利益集团甚至能够控制国家监管过程,这与 Richard Stewart(1990)所说的"麦迪逊的噩梦"如出一辙,即由利益集团形成的国家多数主义进程中的派系林立。在进行能源立法时,国会通常将多项未受监管的改革方案绑定在一起,从而以协力的方式来面对由一两个知名的异议条款而形成的阻碍。比方说,2003 年国会审议的主要能源法案包含了一些条款,这些条款为了提高可靠性将更加明晰地扩大联邦能源管理委员会对输电的监管权力。该法案没能通过主要是因为不相关的法律条款限制了州政府对燃料氧化甲基叔丁基醚的侵权赔偿责任。[①]

[①] Peter Berh & Dan Morgan, Without Energy Legislation, Grid, Power Policy in Limbo, Washington Post, Nov. 27, 2003, at E01; Carl Hulse, Even With Bush's Support Wide-Ranging Legislation May Have Been Sunk With Excess, *New York Times*, Nov. 26, 2003, at A17.

此外，正如 Hills 所说，个体代表经常专注于取悦选民——通过批准专项拨款和猪肉包装——导致国会忽视了综合政策的制定（Cain，Ferejohn & Fiorina，1987）。能源立法就是这样一件国家政策程序失败的例子。2003 年能源法案包含了多项不同主题的条款，旨在取悦地方或区域选民，比如有条款旨在为路易斯安那州什里夫波特市的一家与连锁餐厅"猫头鹰"有房屋租赁业务的购物中心提供联邦援助。①

而且 Samuel Beer（1977）所说的"政治过载"困扰着国会发挥制定监管议程的能力，因为只有少数问题可以有效覆盖国会的决议议程（Kingdon，1995）。在能源行业，国会同样不太可能考虑国家能源立法，除非主要的国家或国际危机将其带入议程，如中东石油禁运（导致通过 1978 年卡特尔能源计划）、海湾战争（导致通过 1992 年能源政策法案）、后 9·11 时期关注恐怖主义和石油之间的关系（导致国会没能通过 2003 年能源提案）。国会的个别成员偶尔会提出扩大联邦能源管理委员会权力的独立法案，但是这些通常在国会只有少许支持，并且在召开听证会之前就已经消失了。②

基于这些决策制定的失败，Hills 认为州的政治可以帮助纠正国家在国会决策程序中的低效率。实际上，如果授权州政府采取行动，那么它更可能为国家政府的议程制定者。此外，按照 Hills 的看法，反优先权规则可以成为政治程序中引起争论的导火索，这主要是由于它们在政治程序中与支持优先权的利益集团一起寻求监管的统一，并且促进公众优先于特殊的利益集团。例如在电力行业，由州政府主导的多项改革，比如加利福尼亚州的这类改革，有助于推动国家决策议程，并有利于将联邦能源管理委员会的管辖权等问题直接纳入国会议程，动员利益集团支持国会的行动。相比之下，一系列试图澄清各州联邦政府优先权的司法判决可能更容易导致更多僵局，因为联邦和州监管机构日益占据了共同管辖权或达到了各自的极限——彼此都指望对方作出艰难的监管决策，就像加州放松监管危机中发生的那样（Rossi，2002）。

---

① 因此，参议员 John McCain 称该提案为"猫头鹰和污染者"。Dan Morgan, The GOP Congress, High on the Hog, *Washington Post*, Jan. 18, 2004, at B01.

② 2004 年，参议员 Hillary Clinton 提交了一份独立的可靠性法案，大概是因为她认为必须要有更强大的能源法案。See Senator Clinton to Push Reliability Bill, Urges Lawmakers to Pass It Apart from the Energy Bill, *Electric Utility Week*, Jan. 20, 2004, at 3.但是，由于 2004 年是大选年，因此，国会不太可能通过改进型的法案，除非它非常适度。

在经济监管背景下,反优先权假设的案例有很多值得称赞的地方,但需要将其扩大到联邦机构和法律层面。在 Chevron 原则之下,许多案例中的优先权都涉及行政机构而非法规方面的联邦监管问题(McGreal, 1995)。在许多情况下,存在国会和行政机构之间的监管重叠,比如联邦通讯委员会和联邦能源管理委员会。这可能产生类似于国会和州之间监管重叠导致的功能紊乱。一些评论者基于存在这种重叠来要求禁止授权原则(Baker & Krawiec, 2004),但如果不是在减少福利的情况下,则大多数法学学者都发现这是无效的(Seidenfeld, 2004)。就像国会一样,行政机构倾向于设定议程,并犯一些其他政治错误。如果一个机构明确按照正当授权的权力行动,那么就不必反优先权。但是,当一个机构的政策和国会的一样模糊时,法院就不应该去寻求联邦优先权。Hills 在优先权案例中对明确阐述缺省规则的看法应该扩展到联邦机构和国会之间。按照这样的理解,反优先权不仅仅是为了利用各州来推动国会议程,而且是在国会的联邦机构监管经济活动之前,更广泛地在国家层面推动监管机构的作为。

B. 剖析撤销难以控制的立法机关后的状态

除了考虑由州主导的监管是否对国家立法程序有益之外,公法面临的另一个基本问题是州和地方政治程序是否对经济监管的法律框架来说是外生的。议价方法需要牢记州内部决策制定程序的监管局限。很容易由于这些局限而忽视各州对监管法的分析,但是在一些情况下公法能够克服州内部的这些局限,那就是当它们对监管议价来说是障碍的时候,这些障碍能够推动更多法律体系总体目标的达成。

那些在监管法范畴内排除州的作用的人自认为对政治学有着非常深入的了解。Jim Chen(2003b)有力地批判了协调联邦主义计划,因为这在地区层面让联邦监管程序偏向了有势力的在位者。Chen 的分析聚焦在 1996 年电信法下普遍服务基金的州内实施情况。他关注了利益集团的经济决策制定,认为如果不是利益集团的控制,那么在州和地方层面可能出现更多的小利益团体。这些控制行为违反了国家政策,正如很久以前麦迪逊在《联邦党人宪章》第十篇中的预言那样。为了解决州和地方政府政治过程中的决策异常现象,Chen 建议"自上而下放松监管的原则",即由国会扩大联邦机构的权力,或者根据联邦优先权原则加强对州监管决策的司法审查。

Chen 对本地利益集团行为的描述可能是合理的,但是若将州内政治程序考虑在管辖争议当中,那么对于联邦权管辖扩张的解决方案则显得过于理想主义。正如有人所说,国会和联邦监管机构经常不能明显优先于州法,这就让法院根据默示的优先权原则来进行澄清。国会和行政机构经常无法优先于州法,并且当法院介入时,它们非常可能造成独立于地区法律特定目标的监管共享。正如第七章中描述的那样,也许隐性商业条款更像是一个被严重削弱的司法原则,而不是解决问题的联邦优先权法理。这些问题是各州监管时呈现的,表现为州际市场的溢出成本,这是利益集团行为的结果。在隐性商业条款下各州决策的预期挑战可能产生对各州监管的防护。这些监管保护了在位者,方法就是增加外部成本的同时不放弃针对经济监管问题的协调联邦主义解决方法所提供的激励措施及议题设置的利益。隐性商业条款关注的是真正的问题,即州对外部管理部门的强制实施权,而不是期望法院通过可能对监管实施产生反作用的方式来扩大联邦的权力。

　　一个同样复杂的问题是州立法机关坚持旧的监管法律(比如那些时刻采用国家统一服务成本结构的),无法授权州或地区监管者用任何措施开放网络来接入设施。这个问题是州立法机构的顽疾(隐性的和显性的),而如果法院可以将更强的竞争引入州政治程序中,减少所有部门或者州、地方政府层面由于不作为而造成的顽疾,那么协调联邦主义就更有前景。例如,州或地方机构的监管行为可以得到州立法机关的授权。正如 Roderick Hills(1999)在其他地方提出的那样,如果州和地方机构可以被授权执行联邦目标的话,那么即使州授权的关于州机构管辖权的立法是模糊的,协调联邦主义还是可以被"州的权力分割"所推进。当一个联邦项目直接拨款给州管理者或地区政府时,这就是在执行部门或地区政府与州立法机关之间挑拨离间。类似地,当国会通过诸如联邦电力法这样的法律,而联邦行政机构已经明确阐述了实施这项法律的一般目标时,即使国会还没授权特定的实施权力机构,这也暗示着它已经赋予州行政机构补救实施监管的权力,而不管州诸如分权这样的宪法原则。各州宪法结构约束的假定优先权可能允许州政治程序纠正一些监管法的缺位现象,这些缺位是由于国家办事机构——国会、行政机构和法院——没能解决它们自己的管辖权问题。

　　例如,由于许多州和地区法律一直有采取服务成本框架这样的惯性,时至今日,许多州的经济监管似乎独立于联邦目标进行。当州的立法机构很难更新法律时,并且在为输电线或发电厂选址(例如考虑放松管制电力批发市场的可靠性)方面无法授权地区或者州监管机构考虑联邦目标时,按照推定法院可以授权这样的官方机构追求联邦目标。例如,在佛罗里达州,杜克能源公司希望建立一家商用发电厂,并在放松管制批发市场上出售电力。州行政官员想考虑该申请,而现存的法律由最高法院解释为不允许州外供应商提出这样的申请。根据电力批发市场放松管制之前佛罗里达州立法机构通过的选址法,杜克能源公司的申请被州最高法院驳回,尽管州行政机构最初认为它有法律管辖权接受申请。审查行政机构管辖权的替代性方法可能会忽视这种州法的模糊性司法限制,推定已经授权了州政府官员考虑这样的申请并同意该发电场选址建设,只要这与可靠的放松管制电力批发市场中清晰的(尽管是一般的)联邦目标追求相关。只有当州立法机构明确表示反对,并通过一项法令来阻止州监管机构审议该问题,这一推定才能被推翻。

在解释法令和法规时,通过同时采用反对联邦优先权的推定以及有利于州或地方监管行动的推定(即授权州和地区官员采取行动,而不管那些默示反对的立法机构),公法可以更好地调整激励措施以有利于国家法律改革,或者作为次优方案,有利于州实施联邦目标。与当前的方法不同,反优先权推定明确地将责任留给了州管理者。即使州立法机关希望否决州机构实施联邦计划的权力,但州和地方官员仍然可能为了追求联邦目标而被授权采取行动。这样理解的话,即使在国会尚未采取行动的情况下,司法强制实施的一套缺省规则也可以促进协调的联邦制。在转型期的行业,比如电力行业,司法主导的协调联邦主义可以更加有合作性地追求联邦目标以代替联邦政府和州政府之间的管辖划界,后者经常导致监管僵局。同时,联邦法院可以通过引进州政府部门之间的竞争促使一些监管行为来处理目前尚不存在的州际网络问题。主要存在两种对这种违约规则的反对声音:第一,联邦法院缺少实施这些规则的能力,并且它们内部是不一致的;第二,这种方法美化了各州或者理想地将各州看成创新者。

首先回应第二种反对意见,这不是经济监管的州权力视角。事实上,鉴于国会拥有广泛的权力,可以在经济监管的大部分(如果不是全部)问题上凌驾于各州之上。尽管如此,在讨论管辖权的分配问题时,州政府并没有成为黑匣子,各州可以发挥重要作用。然而,关键并不是说,作为创新者,各州天然地优于国家政府,也并非推动分权化成为最终状态。相反,州政府可以作为国家立法的促进者和代理人,帮助国家解决方案适应于国家立法过程本身无法解决的监管问题。司法主导的协调联邦制是解决国会在国家监管法律改革方面的次优方案,该法规没能给联邦机构监管者必要的管辖权,但是这也证明了必须克服网络行业中监管改革存在的障碍。

  第一种反对意见,即联邦法院缺乏应用缺省规则的权力,并且它们内部是不一致的,这一点也经不起推敲。这些建议不是以宪法权力为前提的,公法中传统的缺省规则也不依赖于这种权力。赋予州和地区官员权力去实施联邦目标的是商业条款,这是传统上广为接受的创造隐含优先权的司法权力。当国会或联邦监管者在其宪法授权范围内规定总体目标时,法院大概会寻求州或地方监管者来实施。这不是强制性的,因为州政治活动者仍然需要对监管作出选择。如果该州的政治过程,如立法机关明确否决这个选择,州将溢出成本强加于州际贸易的话,那么州的行为更可能是为了增加对隐性商业条款的挑战而作出的。这种方法淡化了"独立"州宪法的重要性,但是许多州已经在其宪法法理中认识到,州政府在实施联邦计划时,不应当对州宪法进行孤立的解释。[①] 关于宪法,联邦法院有权将州法中默示的优先权解读为联邦法并来实施这些缺省规则。实际上,由于州或地方行政机构实施联邦目标的推定管辖权是基于政治过程考虑,而不是完全排除州法的实质上的法规命令,因此,应该比实体法的默示优先权争议更小,在这些法规命令下联邦法院强制州政府作出与联邦法一致的选择,甚至国会没有明确表示时也是这样。并不能过分扩张联邦管辖权——正如传统的联邦制所预想或设定的那样——对优先权的缺省原则对法院来说是可以想象的一种更加合适的角色,因为它们调整了激励措施以有利于协调联邦制的方法,即使在国会还没明确这样做的时候也是这样。尽管实体法的反优先权推定可能看起来与赋予州宪法配置权力的推定不一致,但是这些缺省规则不亚于传统公法方案的不一致性,但传统公法方案偏向实体法的优先权,而不偏向州宪法的优先权。

  这种方法使得州和地区政府在放松管制市场中发挥更积极的作用,而不是司法联邦制目前在公法下所设想的那样。它创造出了一个更有可能阐明司法责

[①] See Ex Parte Elliott, 973 SW.2d 737 (Tex. App. 1998); McFaddin v. Jackson, 738 S.W.2d 176 (Tenn. 1987); Department of Legal Affairs v. Rogers, 329 So.2d 257 (Fla. 1976).这样,即使联邦法院没有行使这些权力,州法院也可能授权这种行为,来作为对州宪法分权原则的解释。正如我在其他地方认为的那样,用州和地区行政机构的隐性授权来代表联邦目标进行活动,是对州分权的最好解释——这是一个关于州宪法的问题(Rossi,2004 年底)。

任的政治程序，并且降低了利用各州实施联邦目标的成本。长期来看，它也可能推进一种对关键问题的国家解决方案，这种方案比依赖于法院在不完全联邦监管和各州之间进行分界的传统公法方法更加稳定。

例如，在电力输送选址时，如果州和地方政府监管委员会被授权在可靠的电力批发市场考虑国家目标的推定权力，那么各州将更加明确地和国会分担在输送扩张上的责任。至少每个州的一些监管者将明确地拥有扩大运输的监管权来适应放松管制市场。各州也可能被隐性地授权来对这些进入它们零售率监管结构范围内的传输扩张进行定价。当然，这并不能解决所有电力传输监管所面临的问题，还必须有国家解决方案。一些州可能选择扩大传输量，允许放松管制市场发挥作用，而另一些州却不会，这就产生了阻滞，并迫使人们考虑一种更加全国性的方案来解决以州为基础的输电监管问题。同时，滞后的责任肯定会由州或国会中的一方来承担。如果州被授权将这些目标纳入考量范围，但却无法对为扩大输电规模而提出的新建传输设施选址作出回应的话，就可能会涉及隐性商业条款的范畴了，这最终会促使各州之间在国家监管者不作为的领域达成更多的协调解决方案。至少，一个不守规章的州立法机关会被明确要求拒绝参与全国性市场。考虑到这些议价问题来设计司法审查的缺省规则，并不能结束公法中所有的管辖权问题。但是这样的设计可以明确以前所隐藏的各州对国家竞争政策的顽固性制度偏好，从而更好地打破目前困扰联邦经济监管优先权的司法僵局。

9 结论：不完全议价监管和司法审查的教训

大多数经济学理论希望将监管法的法律规则作为机构监管者修正市场失灵所导致的问题的一种手段。经济监管理论经常忽视一点，那就是政治过程和市场并不总是完美运行。特别是放松管制会改变企业和政府之间以及监管实体和管辖权之间相互作用的数量、类型和频率。不完全政治程序将对监管者带来新的挑战。监管法必须关注公共管理问题、法规采纳及实施的过程，以及监管对市场失灵的修正程度。

来自不完全契约的议价见解不仅为公司提供了强有力的理论，在政府关系协议的框架内，它们也为那些关心放松管制市场中公共管理问题的法学、经济学及政治学学生提供了一个含有真知灼见的框架。该框架的最初目的不是解释历史，也不是批判不同监管安排的实质性效率。相反，通过强调激励与议价的条件，与其他监管理论相比，议价的方式提出了一套有关公法及其作用的差异性问题。这些问题在我们开始认真研究放松管制时代的法律和经济时十分重要，特别在研究放松管制行业中司法审查的角色方面。

I. 监管法的便利性而非强制性解释

监管法的主流观点将其视为对原有平衡的维持或恢复，认为政治过程与监管法的法律规则无关。通过将监管与需要不断重新谈判的合同作类比，将不完全契约理论适用于监管，可以为监管法提供一个不同的角度，而非相互矛盾的解释，若监管理论不考虑政治和监管过程的话，监管法律和公法问题将呈现出完全不同的表象和范围，与传统意义上契约所体现出的监管存在很大的不同。

Joseph Kearney 和 Thomas Merrill 总结了多数学者和法律工作者在去监管化时代下对监管法的看法，这个总结到现在仍非常经典：

> 大多数法学学者和律师只是朦胧地感觉到，近些年来公共事业公司法领域不断发生重大变化。少数人对一个行业中的变化有所掌握。只有屈指可数的人意识到总体的法律环境怎样变化。事实上，我们所讨论的变化被广泛地宣传为"放松管制"，它很可能导致一种自满的感觉，那就是公法对于公共事业公司的服务不再起任何监管作用了。①

很明显，我已经表达了：公法还要起作用，特别是在这些放松管制的行业。更进一步，我也表明了，法院所采取的审查公法争议的方法将直接影响放松管制市场的成败。

将监管与法律合同进行类比的其他研究（Sidak 和 Spulber），在总体上探讨公法尤其是司法审查这一主题时，是事后发挥作用。首先，法律合同方法试图将监管契约看成公司、州和其他利益相关方之间的交易。然后，如果州修改了交易的条款，那么，用以监管的法律合同的方式就会主要通过法院来强制执行。根据这种方式，交易就是交易不容改变。监管法的首要观点是实施现有协议，以期激励公司和利益相关者在将来形成新的协议。特别是当经济发展的时候，或者政治制度不稳定的时候，监管承诺就是最重要的。在这种时候，法律契约的方法可能是最有用的（Levy 和 Spiller，1996）。②

但是，由法院对交易作出事后解释和执行并非使监管法达到稳定均衡并促进承诺实现的唯一或最佳的方式。如果法律事后发挥作用的话，那法律可以扮演什么样的角色？Robert Ahdieh（2004）认为法律在法律转型中具有"提示"功能，特别是当市场出现问题时。相较于其他对法律的观点，他认为法律主要起制裁和强制作用。Ahdieh 的提示理论将法律看作关注"指导式、告知式和参与式机制多向性"的事物（220）。法律的目的在于促进而不是命令有效的公私协调。

---

① Kearney & Merrill，1998：1408。
② Levy 和 Spiller（1996）认为市场改革的有效性依赖于国家的立法和行政系统。我并不是不同意这种重要的洞见；但是，我试图概述出司法审查的有效系统可能需要包含什么，才能在像美国这样的发达联邦系统中使市场改革起作用。

这种方法认为稳定和均衡状态很重要,但只是将其视为监管的重点,而非解决监管问题的独特方式(Schelling,1980;Sugden,1995)。对这个方法而言,形成预期是最基础的(Ahdieh,2004)。

事实上,我已经表明观点,认为监管法能促进公私协调,这一观点并非创新,它总是协调各方预期,而不是对其进行强制。美国20世纪大部分时间中,诸如电力和电信这样的主导产业处于自然垄断监管时期,促进性作用比以法律合同进行监管能更好地描述法院的角色。在20世纪的大多数时间,法院遵从一套基本上自我实施的立法和行政监管程序(参见第二章和第五章)。在短暂的洛克纳时代,美国宪法被援引以保护经济财产,除此之外,法院几乎没有被要求执行交易或对交易做出解释。① 因此,法律合同方法并不能准确地描绘美国法院所扮演的司法角色,即使在20世纪监管的鼎盛时期。

议价分析并不总是将法院看成解决监管不稳定问题的角色。其他政治机构——行政机关、立法机关以及州和地方政府实体——都可以对偶尔的法律变化提供稳定的解决方案。私人利益相关者也可能扮演这种角色。激进的放松管制将私人执法制度视为解决监管承诺问题的主导方案。尽管自发性调整可能在某些方面比较适合于之前受监管的市场,但是不受监管的市场可能表现出其自身的问题,比如对机会主义行为缺乏有意义的惩罚,并且偏离了更广泛的公众利益。但是这并不意味着法院必须寻找并支配公共利益。政治机构和监管机构可能往往比司法机构更能决定适法性和稳定性,同时还能顾及公众利益。州或联邦行政机构,或者国会、州立法机构,可能比法院更能引起并促进监管承诺的发展。当法院提供解决监管承诺问题的方案时,它们不必向过去寻找并强制执行监管议价。法院也可能发挥前瞻性作用,对未来和其他私人和公共管理机构以及他们之间的监管议价设立条件并产生激励。因此,政府关系议价方法将司法角色定位在政治进程中,而相比之下,其他监管理论认为,法院接近有效的实质性结果,或者对既存的交易进行阐述和施行。

这种方法对于怎样理解这种政治和监管程序也有重要意义。公共选择理论谴责通过寻租手段免受控制的行为,而不完全契约理论认为并非所有寻租行为

---

① 即使在洛克纳时代那样的高度,在20世纪20年代中,最高法院也在宪法的正当程序条款下支持挑战大多数管理法。

都是不可取的。控制监管机构则是另一种极端的情况，可能无法代表大多数受监管的行业，也难以解释放松监管的进程。不完全契约理论认为大多数寻租行为是中性的，这是所有多元政治理论必有的特点，但也认为有些寻租行为可能导致集体行动障碍或产生溢出成本。这样，监管法的作用就不一定是完全停止寻租行为，而是将其导向更加符合社会理想的监管之下。

议价研究也与进步理论不同，进步理论认为监管是用来提高公共利益和公民道德的。不像监管的公共利益理论那样，不完全契约分析关注了与进步政策不同的改革。它主要的关注点并不在于监管的内容或监管对社会福利的影响，而在于其制定和实施的制度框架。监管的不完全契约分析也为评估提供了比呼吁无形的"公共利益"更多的指导。它也不对私人行为做理想化的假设，而是假定私人企业通常为自身利益采取行动，即使在公共监管程序中私人企业也是这样。

最后，政府关系议价框架尽量代替监管型国家的"协作管理"的传统理论。代表性的协作管理方法在监管型国家中比起公共指令更强调私人契约（Ayres和Braithwaite，1992；Freeman，1997）。例如，Jody Freeman（1997，2000）著名的协同治理理论认为，契约机制不仅仅是私有化的工具，而且是将公共治理理念注入私人监管互动的一种方式。协同治理的首要目标是通过为私人参与到监管程序中提供附加的或者新的进入点，来同时提高柔性和合法性。与此同时，在这种方法下，私人的决策将受到公共政策目标的影响。

协同治理的核心在于契约概念。政府关系议价方法吸收了不完全契约，与不完全契约理论也是兼容的。但是，政府关系议价没有限制私有和公共实体间（例如企业和州之间）议价的契约类比。对公法的讨论必须包含政府实体和私人利益相关者。这样，政府关系议价方法就将协同治理计划扩展到可以用来处理议价过程中诸如立法机构、行政机构和法院这样具有独特结构的机构。此外，该方法比协同治理分析更能解释法院的作用，而协同治理分析通常偏好遵从政府放松管制或私有化的决策。

II. 司法审查议价视角的启示

在本书中，对经济监管的政府关系议价分析借鉴了不完全契约理论的内容，它已经被应用于解决放松监管的电子市场中的一系列公法争议。几个对政府关系议价框架启义的最终观察结果可以说明，监管法研究与经济学和政治学研究存在相关性。

第一，该框架再议价的中性方法揭示了公法的一系列不同于其他监管理论所强调的问题。任何事前说明监管系统的努力都会以特殊性和柔性的方式打破最优确定性之间的平衡。确定性不是监管法的主要目标。类似地，监管法的首要目标也不是竞争性。监管法是为了在特殊性和柔性两个极端之间进行调节。考虑到对私人行为的作用，在制定和实施法律时都有可能陷入这样的极端。政府关系议价方法在监管发展过程中和放松管制市场中都预见到了柔性和试验性，这比许多竞争分析更好。

第二，议价分析不仅仅认识到了不完全性的存在，而且，就像私法中不完全契约一样(Ayres 和 Gertner, 1992)，它研究了为什么这种不完全性会存在。由于不完全性在某种程度上是私人战略行为的产物，公法在限制这种对社会福利有负面影响的不完全性时可以发挥作用。由于信息不对称和未知的外生变化，不完全性的存在并不是哪一方的过错。即使这样，监管法在纠正这种不对称性和不确定性时还是可能起作用，以在未来促进高质量的议价。政府关系议价框架在处理公法问题时考虑到了这种角色，即不是为了产生作为固有利益的完整性，而是将不完全监管法的战略性滥用最小化。

第三，在议价有助于不完全性发挥作用的限度内，政府关系议价方法使得监管法得到充分的制度分析。如此一来，监管的重点就不在法院，也不在监管机构。其范围还包括立法机构和州监管机构，而不是国家监管机构。每个机构在放松管制市场上都起重要作用。与主要只关注州行政监管者的国家垄断监管不同，这种方法极大提高了治理放松监管市场时政策失灵的概率。

第四，正如本书中的应用所应当显示的那样，对各机构的建议是在实践上关注现存的公法原则，特别是法院的作用。不完全契约方法没有将法院看成一种监管"协定"的被动参与者，而仅仅是实施州和有实力的企业之间独立的议价。例如，本书中所给出框架的主要含义之一就是意识到了司法审查的局限，这是从对征用的司法审查分析中得到的(参见第五章)。与其他监管的契约分析例如放松管制征用提倡者所接受的分析(Sidak 和 Spulber, 1997; Spulber 和 Yoo, 2003)不同，不完全契约方法在司法上是保守的，建议对行为主义采取司法谦抑，但是，不完全契约方法并没有使法院沦为被动的仲裁者的角色，盲目地遵从其他公共管理实体。法院在放松管制市场中扮演积极的角色。放松管制的成败取决于法院怎样为监管过程中的议价设定基调。正如在其他议价背景中一样，缺省规则——而不是对监管的实质性审查——给提高司法审查的合法性提供了最好的机会。

政府关系议价框架为监管法提供了一种比法治契约方法更加谦逊、但是更加有前途的司法审查方法。在许多情况下，在司法上遵从立法者和监管者是恰当的。例如，在私营企业寻求补偿（见第五章）的情况下，对政府放松管制的决策给予司法上的尊重，可以避免在现行监管制度中产生过度投资的动机，而且也可能具有政治程序上的好处。这样的遵从在监管过渡时经常是合适的。但是，不完全契约视角也说明了在其他情况下，包括许多监管转换时，司法上遵从私人和公共管理决策并不合适。例如，在私人行为影响监管的情况下，可能正如费率申报原则（见第六章）以及反垄断执法的州行为豁免（见第七章）的案例中那样，司法保障对竞争性市场的成功很重要。尽管国家最终出面解决许多经济监管问题的情况被证明是不可避免的，但对联邦管辖权的司法限制，以及克服立法机关顽固不化的激励措施，在促进联邦制协调解决棘手的管辖权问题方面也能产生一些积极的影响。

采用遵从和"明文"规则的司法审查方法有许多优点，包括监管决策的透明性和政治责任。但是，在许多情况下，司法保障必须超越遵从政治分支机构或明确的陈述规则。有利于遵从的基本假设在对政府监管变革的责任进行司法审查时是恰当的，但是在其他情况下，法院必须监督私人对监管执行机制的影响和选择。关税和联邦制的冲突是两种主要情况。在这些情况下，对公法采用更加积极的以过程为基础的方法在司法审查中更具合理性。

* * *

议价框架提出了一些新问题，但是很明显它没有对当今基础设施行业中经济监管面临的所有公法争议给出答案。尽管议价框架提出的问题很有用，但是在当前形势中其建议是暂时性的。该方法的弹性允许进行试验，并因此可以在采用本书提供的建议时少犯错误，但是该方法的最大优点最终取决于未来的研究。对电信和电力行业放松管制的议价分析所提出的问题和建议需要对法律进行进一步的研究，并对政治科学和经济学进行实证研究。

参考文献[*]

Adams, Henry Carter. 1887 (January). "Relation of the State to Industrial Action." *Publications of the American Economics Association*. 1: 55.

Ahdieh, Robert B. 2004. "Law's Signal: A Cueing Theory of Law in Market Transition." *Southern California Law Review*. 77: 215.

Alexander, Barbara & The National Consumer Law Center. 1996. *Consumer Protection Proposals for Retail Electric Competition: Model Legislation and Regulations*. Boston: National Consumer Law Center.

Alexander, Gregory S. 1996. "Ten Years of Takings." *Journal of Legal Education*. 46: 586.

Alston, Lee J., Thr'ainn Eggertsson & Douglas C. North, eds. *Empirical Studies in Institutional Change*. Cambridge: Cambridge University Press.

Areeda, Phillip E. & Herbert Hovenkamp. 2000. *IA Antitrust Law*, Second edition. Boston: Little, Brown.

Arteburn, Norman F. 1927. "The Origin and First Test of Public Callings." *University of Pennsylvania Law Review*. 75: 411.

Austin, Regina. 1983. "The Insurance Classification Controversy." *University of Pennsylvania Law Review*. 131: 517.

Averch, Harvey & Johnson, Leland L. 1962. "Behavior of the Firm Under Regulatory Constraint." *American Economic Review*. 52: 1052.

Aviram, Amitai. 2003. "Regulation by Networks." *Brigham Young University Law Review*. 2003: 1179.

Ayres, Ian & John Braithwaite. 1992. *Responsive Regulation: Transcending the Deregulation Debate*. New York: Oxford University Press.

---

[*] 参考文献部分对本书所引用的所有著作、学术期刊论文及主要行业刊物文章进行了列示。为了便于参考,本书对法庭和机构的案例、法令、规章以及一些政府报告在文中及脚注中进行了引用。这些内容并没有罗列在参考文献中,但在主要法律机构索引(第 219 页)中进行了说明。同样出于便利性的考虑,参考文献也不包括大众报刊类文章,但这些文章在本书脚注中进行了注释。

Ayres, Ian & Robert Gertner. 1992. "Strategic Contractual Inefficiency and the Optimal Choice of Legal Rules." *Yale Law Journal*. 101: 729.

Baer, William J. 1997. "FTC Perspectives on Competition Policy and Enforcement Initiatives in Electric Power." Presented at the Conference on the New Rules of the Game for Electric Power: Antitrust and Anticompetitive Behavior, Bureau of Competition, Federal Trade Commission, Washington, D.C., December 4. Available at http://www.ftc.gov/speeches/other/elec1204.htm.

Baker, Scott & Kimberly Krawiec. 2004. "The Penalty Default Canon." *George Washington Law Review*. 72: 663.

Baron, David & John Ferejohn. 1989. "Bargaining in Legislatures." *American Political Science Review*. 83: 1181.

Baumol, William J. & Merrill, Thomas W. 1996. "Deregulatory Takings, Breach of the Regulatory Contract, and the Telecommunications Act of 1996." *New York University Law Review*. 72: 1037.

Becker, Gary. 1983. "A Theory of Competition Among Pressure Groups for Political Influence." *Quarterly Journal of Economics*. 98: 371.

Beer, Samuel H. 1977. "Political Overload and Federalism." *Polity*. 10: 5.

Berg, Jessica Wilen. 2003. "Understanding Waiver." *Houston Law Review*. 40: 281.

Bernheim, B. Douglas & Michael D. Whinston. 1998. "Incomplete Contracts and Strategic Ambiguity." *American Economic Review*. 88: 902.

Bernstein, David E. 2003. "*Lochner*'s Legacy's Legacy." *Texas Law Review*. 82: 1.

Bernstein, Lisa. 1992. "Opting Out of the Legal System: Extra Legal Contractual Relations in the Diamond Industry." *Journal of Legal Studies*. 21: 115.

Bernstein, Lisa. 2001. "Private Commercial Law in the Cotton Industry: Creating Cooperation Through Rules, Norms and Institutions." *Michigan Law Review*. 99: 1724.

Bolze, Ray S., John C. Pierce & Linda L. Walsh. 2000. "Antitrust Law Regulation: A New Focus for a Competitive Energy Industry." *Energy Law Journal*. 21: 79.

Borenstein, Severin. 2002. "The Trouble with Electricity Markets: Understanding California's Restructuring Disaster." *Journal of Economic Perspectives*. 16(1): 191.

Borenstein, Severin & James D. Bushnell. 2000. "Electricity Restructuring: Deregulation or Reregulation?" *Regulation*. 23(2): 46.

Boudin, Michael. 1986. "Antitrust Doctrine and the Sway of Metaphor." *Georgetown Law Journal*. 75: 395.

Bouknight J. A. & David B. Raskin. 1987. "Planning for Wholesale Customer Loads in a Competitive Environment: The Obligation to Provide Wholesale Service under the Federal Power Act." *Energy Law Journal*. 8: 237.

Boyes, William J. 1976. "An Empirical Examination of the Averch-Johnson Effect." *Economic Inquiry*. 14: 25.

Bradley, Robert L., Jr. 2003. "The Origins and Development of Electric Power Regulation." In Grossman, Peter Z. & Daniel H. Cole, eds. *The End of a Natural Monopoly: Deregulation and Competition in the Electric Power Industry*. Amsterdam: Elsevier Science (JAI Imprint).

Brennan, Timothy J. & Boyd, James. 1997. "Stranded Costs, Takings, and the Law and Economics of Implicit Contracts." *Journal of Regulatory Economics*. 11: 41.

Breyer, Stephen. 1982. *Regulation and its Reform*. Cambridge, Mass.: Harvard University Press.

Brown, Stephen J. & David S. Sibley. 1986. *The Theory of Public Utility Pricing*. New York: Cambridge University Press.

Burdick, Charles K. 1911. "The Origin of the Peculiar Duties of Public Service Companies." *Columbia Law Review*. 11: 514.

Buzbee, William W. 2003. "Recognizing the Regulatory Commons: A Theory of Regulatory Gaps." *Iowa Law Review*. 89: 1.

Cain, Bruce, John Ferejohn & Morris Fiorina. 1987. *The Personal Vote: Constituency Service and Electoral Independence*. Cambridge, Mass.: Harvard University Press.

Calabresi, Guido & Douglas A. Melamed. 1972. "Property Rules, Liability Rules, and Inalienability: One View of the Cathedral." *Harvard Law Review*. 85: 1089.

Candeub, Adam. 2004. "Network Interconnection and Takings." *Syracuse Law Review*. 54: 369.

Carron, Andrew S. & Paul W. MacAvoy. 1981. *The Decline of Service in Regulated Industries*. Washington, D.C.: American Enterprise Institute.

Casson, Mark. 1997. *Information and Organization: A New Perspective on the Theory of the Firm*. New York: Clarendon Press.

Chen, Jim. 1999. "The Second Coming of *Smyth v. Ames*." *Texas Law Review*. 77: 1535.

Chen, Jim. 2000. "Standing in the Shadows of Giants: The Role of Intergenerational Equity in Telecommunications Reform." *University of Colorado Law Review*. 71: 921.

Chen, Jim. 2003a. "The Vertical Dimension of Cooperative Competition Policy." *Antitrust Bulletin*. 48: 1005.

Chen, Jim. 2003b. "Subsidized Rural Telephony and the Public Interest: A Case Study in Cooperative Federalism and Its Pitfalls." *Journal on Telecommunications & High Technology Law*. 2: 307.

Chen, Jim. 2003c. "A Vision Softly Creeping: Congressional Acquiesence and the Dormant Commerce Clause." *Minnesota Law Review*. 88: 1764.

Chen, Jim. 2004. "The Nature of the Public Utility: Infrastructure, the Market, and the Law." *Northwestern University Law Review*. 98: 1617.

Cirace, John. 1982. "An Economic Analysis of the 'State-Municipal Action' Antitrust Cases." *Texas Law Review*. 61: 481.

Coase, Ronald H. 1937. "The Nature of the Firm." *Economica*. 4: 386.

Coase, Ronald H. 1960. "The Problem of Social Costs." *Journal of Law and Economics*. 3: 1.

Coenen, Dan T. 1989. "Untangling the Market-Participant Exception to the Dormant Commerce Clause." *Michigan Law Review*. 88: 395.

Cohen, George M. 1994. "The Fault Lines in Contract Damages." *Virginia Law Review*. 80: 1225.

Cole, Daniel H. 2003. "The Regulatory Contract." in Grossman, Peter Z. & Daniel H. Cole, eds. *The End of a Natural Monopoly: Deregulation and Competition in the Electric Power Industry*. Amsterdam: Elsevier Science (JAI Imprint).

Colton, Roger. 1991. "A Cost-Based Response to Low-Income Energy Problems." *Public Utilities Fortnightly*. March 1: 31.

Colton, Roger. 1997. *The "Obligation to Serve" and a Competitive Electric Industry*. Report of DOE Office of Economic, Electricity and Natural Gas Analysis, May.

Costello, Kenneth W. & Robert J. Graniere. 1997. *Deregulation-Restructuring: Evidence from Individual Industries*. Columbus, Ohio: National Regulatory Research Institute.

Costello, Kenneth W. & J. Rodney Lemon. 1996. *Unbundling the Retail Natural Gas Market: Current Activities and Guidance for Serving Residential and Small Consumers*. Columbus, Ohio: National Regulatory Research Institute.

Courville, Leon. 1974. "Regulation and Efficiency in the Electric Utility Industry." *Bell Journal of Economic and Management Science*. 5: 53.

Cramton, Roger C. 1986. "Demystifying Legal Scholarship." *Georgetown Law Journal*. 75: 1.

Cudahy, Richard D. 2002a. "Electric Deregulation after California: Down But Not Out." *Administrative Law Review*. 54: 333.

Cudahy, Richard D. 2002b. "Full Circle in the Formerly Regulated Industries?" *Loyola University of Chicago Law Journal*. 33: 767.

Davis, Mary J. 2002. "Unmasking the Presumption in Favor of Preemption." *Southern California Law Review*. 53: 967.

de Figueiredo, John M. & Rui J. P. de Figueiredo, Jr. 2002. "The Allocation of Resources by Interest Groups: Lobbying, Litigation and Administrative Regulation." *Business and Politics*. 4(2): 161.

Dechert, W. Davis. 1984. "Has the Averch-Johnson Effect Been Theoretically Justified?" *Journal of Economic Dynamics and Control*. 8: 1.

Deisinger, Chris. 2000. "The Backlash Against Merchant Plants and the Need for a New Regulatory Model." *Electricity Journal*. 13: 51.

Demsetz, Harold. 1968. "Why Regulate Utilities?" *Journal of Law & Economics*. 11: 55.

Denning, Brannon P. 1999. "Justice Thomas, the Import-Export Clause, and *Camps*

Newfound/Owatonna v. Harrison." *University of Colorado Law Review.* 70: 155.

Denning, Brannon P. 2003. "Why the Privileges and Immunities Clause of Article IV Cannot Replace the Dormant Commerce Clause Doctrine." *Minnesota Law Review.* 84: 284.

Derthick, Martha & Paul J. Quirk. 1985. *The Politics of Deregulation.* Washington, D.C.: Brookings.

Dibadj, Reza. 2004. "Saving Antitrust." *University of Colorado Law Review.* 75: 745.

Diver, Colin. 1983. "The Optimal Precision of Administrative Rules." *Yale Law Journal.* 93: 65.

Dorf, Michael H. & Charles F. Sabel. 1998. "A Constitution of Democratic Experimentalism." *Columbia Law Review.* 98: 267.

Easterbrook, Frank H. 1984. "The Limits of Antitrust." *Texas Law Review.* 63: 1.

Easterbrook, Frank H. 1988. "The Role of Original Intent in Statutory Construction." *Harvard Journal of Law and Public Policy.* 11: 59.

Eaton, Jade Alice. 1994. "Recent United States Department of Justice Actions in the Electric Utility Industry." *Connecticut Journal of International Law.* 9: 857.

Economides, Nicholas. 2003. "The Tragic Inefficiency of the M-ECPR." in Shampine, Allan L., ed. *Down to the Wire: Studies in the Diffusion and Regulation of Telecommunications Technologies.* Hauppauge, N.Y.: Nova Science Publishers.

Eggertsson, Thráinn. 1996. "A Note on the Economics of Institutions." in Alston, Lee J., Thráinn Eggertsson & Douglas C. North, eds. *Empirical Studies in Institutional Change.* Cambridge: Cambridge University Press.

Elhauge, Einer. 2002. "Preference-Eliciting Statutory Default Rules." *Columbia Law Review.* 102: 2163.

Ellickson, Robert. 1994. *Order Without Law: How Neighbors Settle Disputes.* Cambridge, Mass.: Harvard University Press.

Ely, John Hart. 1980. *Democracy and Distrust: A Theory of Judicial Review.* Cambridge, Mass.: Harvard University Press.

Ely, Richard T. 1887. "The Nature and Significance of the Corporation." *Harper's Magazine.* 75: 71.

Engel, Kristen H. 1999. "The Dormant Commerce Clause Threat to Market-Based Regulation: The Case of Electricity Deregulation." *Ecology Law Quarterly.* 26: 243.

Epstein, Richard A. 1984. "Toward a Revitalization of the Contract Clause." *University of Chicago Law Review.* 51: 703.

Epstein, Richard A. 1985. *Takings: Private Property and the Power of Eminent Domain.* Cambridge, Mass.: Harvard University Press.

Epstein, Richard A. 1995. "The Permit Power Meets the Constitution." *Iowa Law Review.* 81: 407.

Epstein, Richard A. 1997a. "A Clear View from *The Cathedral*: The Dominance of

Property Rules." *Yale Law Journal*. 106: 2091, 2128.

Epstein, Richard A. 1997b. "Takings, Exclusivity and Speech: The Legacy of *PruneYard v. Robins*." *University of Chicago Law Review*. 64: 21.

Eskridge, William N., Jr. & Philip P. Frickey. 1992. "Quasi-Constitutional Law: Clear Statement Rules as Constitutional Lawmaking." *Vanderbilt Law Review*. 45: 593.

Eule, Julian N. 1982. "Laying the Dormant Commerce Clause to Rest." *Yale Law Journal*. 91: 425.

Farber, Daniel A. 1991. Legislative Deals and Statutory Bequests. *Minnesota Law Review*. 75: 667.

Farber, Daniel A. & Philip Frickey. 1991. *Law and Public Choice: A Critical Introduction*. Chicago: University of Chicago Press.

Ferrey, Steven. 1997. "Renewable Subsidies in the Age of Deregulation: State-Imposed Preferences May Have Come to the Wrong Place at the Wrong Time." *Fortnightly*. December: 22.

Fisch, Jill E. 1997. "Retroactivity and Legal Change: An Equilibrium Approach." *Harvard Law Review*. 110: 1055.

Fox-Penner, Peter. 1997. *Electric Utility Restructuring: AGuide to the Competitive Era*. Vienna, Virginia: Public Utility Reports.

Frankfurter, Felix & James Landis. 1925. "The Compact Clause of the Constitution — A Study in Interstate Adjustments." *Yale Law Journal*. 34: 685.

Freeman, Jody. 1997. "Collaborative Governance in the Administrative State." *UCLA Law Review*. 45: 1.

Freeman, Jody. 2000. "The Contracting State." *Florida State University Law Review*. 28: 155.

Friendly, Henry J. 1964. "In Praise of *Erie* — And of the New Federal Common Law." *New York University Law Review*. 39: 383.

Furubotn, Eirik G. & Rudolf Richter. 1998. *Institutions and Economic Theory: The Contribution of the New Institutional Economics*. Ann Arbor: University of Michigan Press.

Garbaum, Stephen A. 1994. "The Nature of Preemption." *Cornell Law Review*. 79: 767.

Garland, Merrick B. 1987. "Antitrust and State Action: Economic Efficiency and the Political Process." *Yale Law Journal*. 96: 486.

Gey, Steven G. 1989-90. "The Political Economy of the Dormant Commerce Clause." *NYU Review of Law & Social Change*. 17: 1.

Gifford, Daniel J. 1995. "Federalism, Efficiency, the Commerce Clause, and the Sherman Act: Why We Should Follow a Consistent Free Market Policy." *Emory Law Journal*. 44: 1227.

Gillette, Clayton. 1991. "In Partial Praise of Dillon's Rule, or, Can Public Choice Theory

Justify Local Government Law?" *Chicago-Kent Law Review*. 67: 959.

Gilliam, Thomas J., Jr. 1997. "Contracting with the United States in its Role as Regulator: Striking a Bargain with an Equitable Sovereign or Capricious Siren." *Mississippi College Law Review*. 18: 247.

Glazer, Craig A. & M. Bryan Little. 1999. "The Roles of Antitrust Law and Regulatory Oversight in the Restructured Electricity Industry." *Electricity Journal*. 12: 21.

Goldberg, Victor. 1976. "Regulation and Administered Contracts." *Bell Journal of Economics*. 7: 444.

Goldsmith, Richard. 1989. "Utility Rates and 'Takings'." *Energy Law Journal*. 10: 241.

Gómez-Ibáñez, José A. 2003. *Regulating Infrastructure: Monopoly Contracts and Discretion*. Cambridge, Mass.: Harvard University Press.

Goodin, Robert E. 1982. *Political Theory and Public Policy*. Chicago: University of Chicago Press.

Goodman, James. 2003. *Blackout*. New York: North Point Press.

Gormley, William T., Jr. 1983. *The Politics of Public Utility Regulation*. Pittsburgh: University of Pittsburgh Press.

Grossman, Peter Z. 2003. "Is Anything Naturally a Monopoly?" in Grossman, Peter Z. & Daniel H. Cole, eds. *The End of a Natural Monopoly: Deregulation and Competition in the Electric Power Industry*. Amsterdam: Elsevier Science (JAI Imprint).

Grossman, Peter Z. & Daniel H. Cole. 2003. *The End of a Natural Monopoly: Deregulation and Competition in the Electric Power Industry*. Amsterdam: Elsevier Science (JAI Imprint).

Haar, Charles M. & Daniel W. Fessler. 1986. *The Wrong Side of the Tracks: A Revolutionary Rediscovery of the Common Law Tradition of Fairness in the Struggle Against Inequality*. New York: Simon & Schuster.

Hadfield, Gillian. 1999. "Of Sovereignty and Contract: Damages for Breach of Contract by the Government." *Southern California Interdisciplinary Law Journal*. 8: 467.

Hale, G. E. & Rosemary Hale. 1962. "Competition or Control VI: Application of Antitrust Laws to Regulated Industries." *University of Pennsylvania Law Review*. 111: 46.

Hall, Gus & Richard Pierce. 1997. "Retail Gas Reform: Learning from the Georgia Model." *Public Utilities Fortnightly*. April 15: 22.

Hart, Oliver & Moore, John. 1999. "Foundations of Incomplete Contracts." *Review of Economic Studies*. 66: 115.

Hart, Oliver D. 1988. "Incomplete Contracts and the Theory of the Firm." *Journal of Law, Economics and Organization*. 4: 119.

Hart, Oliver D. 1995. *Firms, Contracts, and Financial Structure*. Oxford: Oxford University Press.

Hills, Roderick M., Jr. 1999. "Dissecting the State: The Use of Federal Law to Free State and Local Officials from State Legislatures' Control." *Michigan Law Review*. 97: 1201.

Hills, Roderick M., Jr. 2003. "Against Preemption: How Federalism Can Improve the National Lawmaking Process." Working paper available at http://papers.ssrn.com/sol3/papers.cfm? abstract id=412000.

Hirsh, Richard F. 1999. *Power Loss: The Origins of Deregulation and Restructuring in the American Electric Utility Industry*. Cambridge, Mass.: MIT Press.

Hirst, Eric & Lester Baxter. 1995. "How Stranded Will Electric Utilities Be?" *Public Utilities Fortnightly*. Feb. 15: 30-32.

Hoke, S. Candice. 1991. "Preemption Pathologies and Civic Republican Values." *Boston University Law Review*. 71: 685.

Holmes, Oliver Wendell. 1920. *Collected Legal Papers*. New York: Harcourt, Brace & Co.

Horwich, Allan. 2000. "The Neglected Relationship of Materiality and Recklessness in Actions under Rule 10b-5." *Business Lawyer*. 55: 1023.

Hovenkamp, Herbert. 1991. *Enterprise and American Law*, 1836-1937. Cambridge, Mass.: Harvard University Press.

Hovenkamp, Herbert. 1999a. *Federal Antitrust Policy: The Law of Competition and Its Practice*. St. Paul, Minnesota: West Group.

Hovenkamp, Herbert. 1999b. "The Takings Clause and Improvident Regulatory Bargains." *Yale Law Journal*. 108: 801.

Humphrey, Andrew G. 1985. "Antitrust Jurisdiction and Remedies in an Electric Utility Price Squeeze." University of Chicago Law Review. 52: 1090.

Inman, Robert P. & Daniel L. Rubinfeld. 1997. "Making Sense of the Antitrust State-Action Doctrine: Balancing Political Participation and Economic Efficiency in Regulatory Federalism." *Texas Law Review*. 75: 1203.

Isser, Steve & Steven A. Mitnick. 1998. "Enron's Battle with PECO." *Public Utilities Fortnightly* Mar. 1: 38.

Jaffe, Louis L. 1964. "Primary Jurisdiction." *Harvard Law Review*. 77: 1037.

Joskow, Paul. 1977. "Commercial Impossibility, the Uranium Market, and the Westinghouse Case." *Journal of Legal Studies*. 6: 119.

Joskow, Paul J. 2001. "California's Electricity Crisis." *Oxford Journal of Economic Policy*. 17: 365.

Joskow, Paul & Roger G. Noll. 1981. "Regulation in Theory and Practice: An Overview." in Fromm, Gary, ed. *Studies in Public Utility Regulation*. Cambridge, Massachusetts: MIT Press.

Joskow, Paul & Richard Schmalensee. 1983. *Markets for Power: An Analysis of Electrical Utility Deregulation*. Cambridge, Massachusetts: MIT Press.

Kalt, Joseph P. & Mark A. Zupan. 1984. "Capture and Ideology in the Economic Theory of Politics." *American Economic Review*. 74: 279.

Kaplow, Louis. 1985. "Extension of Monopoly Power Through Leverage." *Columbia Law Review*. 85: 515.

Kaplow, Louis. 1986. "An Economic Analysis of Legal Transitions." *Harvard Law Review*. 99: 509.

Kearney, Joseph D. & Thomas W. Merrill. 1998. The Great Transformation of Regulated Industries Law. *Columbia Law Review*. 98: 1323.

Kelly, Kevin. 1997. "New Rules for the New Economy." *Wired*. Sept.: 140, 142-43.

Kingdon, John W. 1995. *Agendas, Alternatives, and Public Policies*. Boston: Addison Wesley.

Kolasky, William J. 1999. "Network Effects: A Contrarian View." *George Mason Law Review*. 7: 577.

Komesar, Neil K. 2001. *Law's Limits: The Rule of Law and the Supply and Demand of Rights*. Cambridge: Cambridge University Press.

Kutler, Stanley. 1971. *Privilege and Creative Destruction: The Charles River Bridge Case*. Baltimore: John Hopkins University Press.

Kuttner, Robert. 1999. *Everything for Sale: The Virtues and Limits of Markets*. Chicago: University of Chicago Press.

Laffont, Jean-Jacques & Jean Tirole. 1990. "Adverse Selection and Renegotiation in Procurement." *Review of Economic Studies*. 57: 597-626.

Laffont, Jean-Jacques & Jean Tirole. 1993. *A Theory of Incentives in Procurement and Regulation*. Cambridge, Mass.: MIT Press.

Laffont, Jean-Jacques & Jean Tirole. 2000. *Competition in Telecommunications*. Cambridge, Mass.: MIT Press.

Laswell, Harold. 1971. *A Pre-View of the Policy Sciences*. New York: American Elsevier.

Lemley, Mark & David McGowan. 1998. "Legal Implications of Network Economic Effects." *California Law Review*. 86: 479.

Lesser, Jonathon A. & Malcolm D. Ainspan. 1994. "Retail Wheeling: Deja Vu All Over Again?" *The Electricity Journal*. Apr.: 34.

Levinson, Daryl. 2000. "Making Government Pay: Markets, Politics, and the Allocation of Constitutional Costs." *University of Chicago Law Review*. 67: 345.

Lewis, Tracy & Michael Poitevin. 1997. "Disclosure of Information in Regulatory Proceedings." *Journal of Law, Economics & Organization*. 13: 50.

Levy, Brian & Pablo T. Spiller. 1996. *Regulations, Institutions and Commitment: Comparative Studies of Telecommunications*. Cambridge: Cambridge University Press.

Lichtman, Douglas, Scott Baker & Kate Krause. 2000. "Strategic Disclosure in the Patent System." *Vanderbilt Law Review*. 53: 2175.

Lopatka, John E. 1984. "The Electric Utility Price Squeeze as an Antitrust Cause of Action." *UCLA Law Review*. 31: 563.

MacAvoy, Paul W., Daniel F. Spulber & Bruce Stangle. 1989. "Is Competitive Entry Free? Bypass and Partial Deregulation in Natural Gas Markets." *Yale Journal on Regulation*. 6: 209.

Macey, Jonathan R. 1986. "Promoting Public-Regarding Legislation Through Statutory Interpretation: An Interest Group Model." *Columbia Law Review*. 86: 223.

Macey, Jonathan R. 1998. "Public Choice and theLaw." in Newman, Peter, ed. *The New Palgrave Dictionary of Economics and the Law*. London: United Kingdom: Macmillan Reference Limited.

Macleod, W. Bentley. 1996. "Decision, Contract, and Emotion: Some Economics for a Complex and Confusing World." *Canadian Journal of Economics*. 29: 788.

Macneil, Ian R. 1978. "Contracts: Adjustment of Long-term Economic Relations Under Classical, Neo-Classical, and Relational Contract Law." *Northwestern University Law Review*. 72: 854.

Mahoney, Paul G. & Chris William Sanchirico. 2003. "Norms, Repeated Games and the Role of Law." *California Law Review*. 91: 1281.

Malloy, Michael. 1998. "When You Wish Upon a *Winstar*: Contract Analysis and the Future of Regulatory Action." *Saint Louis University Law Journal*. 42: 409.

Markell, David L. 2000. "The Role of Deterrence-Based Enforcement in a 'Reinvented' State/Federal Relationship: The Divide Between Theory and Reality." *Harvard Environmental Law Review*. 24: 1.

Martimort, David, Phillip De Donder & Etienne Billette de Villemeur. 2003. "An Incomplete Contract Perspective on Public Good Provision." Toulouse Institut d'Economie Industrielle Working Paper, available at http://www.idei.fr/doc/wp/2003/public good provision.pdf.

Martin, Robert B., III. 2003. "Sherman Shorts Outs: The Dimming of Antitrust Enforcement in the California Electricity Crisis." *Hastings Law Journal*. 55: 271.

Mashaw, Jerry. 1997. *Greed, Chaos & Governance: Using Public Choice to Improve Public Law*. New Haven, Conn.: Yale University Press.

Maskin, Eric & Jean Tirole. 1999. "Unforeseen Contingencies and Incomplete Contracts." *Review of Economic Studies*. 66: 83.

McArthur, John Burritt. 1997. "Anti-Trust in the New [De] Regulated Natural Gas Industry." *Energy Law Journal*. 18: 1.

McGreal, Paul E. 1995. "Some *Rice* with Your *Chevron*?: Presumption and Deference in Regulatory Preemption." *Case Western Reserve Law Review*. 45: 823.

McGreal, Paul E. 1998. "The Flawed Economics of the Dormant Commerce Clause." *William & Mary Law Review*. 39: 1191.

McNollgast. 1992. "Positive Canons: The Role of Legislative Bargains in Statutory Interpretation." *Georgetown Law Journal*. 80: 705.

McUsic, Molly S. 1996. "The Ghost of *Lochner*: Modern Takings Doctrine and Its Impact on Economic Legislation." *Boston University Law Review*. 76: 605.

Merrill, Thomas W. 1999. "Supplier of Last Resort: Who, What, Why?" *Public Utilities Fortnightly*. July 15: 18.

Merrill, Thomas W. & Henry E. Smith. 2002. "The Property/Contract Interface." *Columbia Law Review*. 101: 773.

Michaels, Robert J. 1996. "Stranded Investments, Stranded Intellectuals." *Regulation*. 47: 51.

Michelman, Frank. 1968. "Property, Utility, and Fairness: Comments on the Ethical Foundations of 'Just Compensation' Law." *Harvard Law Review*. 80: 1165.

Michelman, Frank. 1988. "Takings 1987." *Columbia Law Review*. 88: 1600.

Mishkin, Paul J. 1957. "The Variousness of 'Federal Law': Competence and Discretion in the Choice of National and State Rules for Decision." *University of Pennsylvania Law Review*. 105: 797.

Mitnick, Barry M. 1980. *The Political Economy of Regulation: Creating, Designing, and Removing Regulatory Forms*. New York: Columbia University Press.

Movsesian, Mark. 1998. "Are Statutes Really 'Legislative Bargains?' The Failure of the Contract Analogy in Statutory Interpretation." *North Carolina Law Review*. 76: 1145.

Mueller, Milton J., Jr. 1997. *Universal Service: Competition, Interconnection, and Monopoly in the Making of the American Telephone System*. Washington, D.C.: American Enterprise Institute.

Nagle, John Copeland. 1995. "Waiving Sovereign Immunity in an Age of Clear Statement Rules." *Wisconsin Law Review*. 1995: 771.

Nelson, Caleb. 2000. "Preemption." *Virginia Law Review*. 86: 225.

Noam, Eli. 1997. "Will Universal Service and Common Carriage Survive the Telecommunications Act of 1996?" *Columbia Law Review*. 97: 955.

Noll, Roger. 1971. *Reforming Regulation: Studies in the Regulation of Economic Activity*. Washington, D.C.: Brookings.

Norlander, Gerald A. 1998. "Retail Choice: A Race to the Bottom." *Public Utilities Fortnightly*. Jan. 1: 8 (letter to the editor).

North, Douglass C. 1996. "Epilogue: Economic Performance Through Time." in Alston, Lee J., Thr'ainn Eggertsson & Douglas C. North, eds. *Empirical Studies in Institutional Change*. Cambridge: Cambridge University Press.

Norton, Floyd & Mark Spivak. 1985. "The Wholesale Service Obligation of Electric Utilities." *Energy Law Journal*. 6: 179.

Note. 1923. "The Sherman Act as Applied to Railroads Regulated Under the Interstate Commerce Act." *Harvard Law Review*. 36: 456.

Note. 1953. "Recent Cases: Antitrust — Primary Jurisdiction Applied in Action Against

Members of Regulated Industries." *University of Pennsylvania Law Review*. 101: 678.
Pace, Joe D. 1987. "Wheeling and the Obligation to Serve." *Energy Law Journal*. 8: 265.
Page, William H. 1981. "Antitrust, Federalism and the Regulatory Process." *Boston University Law Review*. 61: 1099.
Page, William H. 1987. "Interest Groups, Antitrust, and State Regulation: *Parker v. Brown* in the Economic Theory of Legislation." *Duke Law Journal*. 1987: 618.
Page, William H. & John E. Lopatka. 1993. "State Regulation in the Shadow of Antitrust: *FTC v. Ticor Title Insurance Co.*" *Supreme Court Economic Review*. 3: 189.
Pechman, Carl. 1993. *Regulating Power: The Economics of Electricity in the Information Age*. Dordrecht: Kluwer Academic Press.
Peltzman, Sam. 1976. "Toward a More General Theory of Regulation." *Journal of Law and Economics*. 19: 211.
Peltzman, Sam. 1989. "The Economic Theory of Regulation after a Decade of Deregulation." *Brookings Papers on Economic Activity: Microeconomics*. 1989: 1.
Percival, Robert V. 1995. "Environmental Federalism: Historical Roots and Contemporary Models." *Maryland Law Review*. 54: 1141.
Persson, Torsten, Gerard Roland & Guido Tabellini. 1997. "Separation of Powers and Political Accountability." *Quarterly Journal of Economics*. 112: 1163.
Peterson, Andrea. 1989. "The Takings Clause: In Search of Underlying Principles. Part I — A Critique of Current Takings Clause Doctrine." *California Law Review*. 77: 1299.
Peterson, H. Craig. 1975. "An Empirical Test of Regulatory Effects." *Bell Journal of Economics and Management Science*. 6: 111.
Phillips, Charles F. 1993. *The Regulation of Public Utilities*.Fairfax, Virginia: Public Utility Reports.
Picker, Randal C. 2002. "Understanding Statutory Bundles: Does the Sherman Act Comewith the 1996 Telecommunications Act?" University of Chicago John M. Olin Program in Law & Economics, Working Paper No. 177, 2002. Available at http://www.law.uchicago.edu/Picker/Papers/Manhattan200.pdf.
Pierce, Richard J., Jr. 1984. "Regulatory Treatment of Mistakes in Retrospect: Cancelled Plants and Excess Capacity." *University of Pennsylvania Law Review*. 132: 497.
Pierce, Richard J., Jr. 1988. "Reconstituting the Natural Gas Industry from Wellhead to Burnertip." *Energy Law Journal*. 9: 1.
Pierce, Richard J., Jr. 1989. "Public Utility Regulatory Takings: Should the Judiciary Attempt to Police the Political Institutions?" *Georgetown Law Journal*. 77: 2031.
Pierce, Richard J., Jr. 1991. "The Unintended Effects of Judicial Review of Agency Rules: How Federal Courts Have Contributed to the Electricity Crisis of the 1990s." *Administrative Law Review*. 43: 7.
Pierce, Richard J., Jr. 1994. "The State of the Transition to Competitive Markets in Natural

Gas and Electricity." *Energy Law Journal*. 15: 323.

Piraino, Thomas A., Jr. 1997. "A Proposed Antitrust Analysis of Telecommunications Joint Ventures." *Wisconsin Law Review*. 1997: 639.

Pitofsky, Robert. 1997. "Competition Policy in Communications Industries: New Antitrust Approaches." Remarks presented at Glasser Legal Works Seminar on Competitive Policy in Communications Industries: New Antitrust Approaches, Federal Trade Commission, Washington, D. C., March 10. Available at http://www.ftc.gov/speeches/pitofsky/newcomm.htm.

Platt, Harold. 1991. *The Electric City: Energy and the Growth of the Chicago Area 880 - 1930*. Chicago: University of Chicago Press.

Pleatt, George R. 1998. "Should Metering Stay at the Stand-Alone Disco?" *Public Utilities Fortnightly*. Feb. 1.

Poirier, Marc R. 2002. "The Virtue of Vagueness in Takings Doctrine." *Cardozo Law Review*. 24: 93.

Posner, Eric. 1995. "Contract Law in the Welfare State: A Defense of the Unconscionability Doctrine, Usury Laws, and Related Limits on the Freedom to Contract." *Journal of Legal Studies*. 24: 283.

Posner, Eric. 2003. "Economic Analysis of Contract Law after Three Decades: Success or Failure?" *Yale Law Journal*. 112: 829.

Posner, Richard A. 1974. "Theories of Economic Regulation." *Bell Journal of Economics and Management Science*. 5: 335.

Posner, Richard A. 1979. "The Chicago School of Antitrust Analysis." *University of Pennsylvania Law Review*. 127: 925.

Posner, Richard & Andrew Rosenfield. 1977. "Impossibility and Related Doctrines in Contract Law: An Economic Analysis." *Journal of Legal Studies*. 6: 83.

Priest, George. 1992. "The Origins of Utility Regulation and the 'Theories of Regulation' Debate." *Journal of Law & Economics*. 36: 289.

Quirk, Paul J. 1981. *Industry Influence in Federal Regulatory Agencies*. Princeton, N.J.: Princeton University Press.

Robinson, Gustavus H. 1928. "The Public Utility Concept in American Law." *Harvard Law Review*. 41: 277.

Rockefeller John D., IV. 1991. "A Call for Action: The Pepper Commission's Blueprint for Health Care Reform." *Journal of the American Medical Association*. 265: 2507.

Rodden, Jonathan & Susan Rose-Ackerman. 1997. "Does Federalism Preserve Markets?" *Virginia Law Review*. 83: 1521.

Rose-Ackerman, Susan. 1980. "Risk Taking and Reelection: Does Federalism Promote Innovation?" *Journal of Legal Studies*. 9: 593.

Rose-Ackerman, Susan. 1988. "Against Ad Hocery: A Comment on Michelman." *Columbia*

Law Review. 88: 1697.
Rose-Ackerman, Susan. 1992. "Regulatory Takings: Policy Analysis and Democratic Principles." in Merucro, Nicholas, ed. *Taking Property and Just Compensation: Lawand Economic Perspectives of the Takings Issue*. Dordrecht: Kluwer Academic Press.
Rose-Ackerman, Susan & Jim Rossi. 2000. "Disentangling Deregulatory Takings." *Virginia Law Review*. 86: 1435.
Rossi, Jim. 1994. "Redeeming Judicial Review: The Hard Look Doctrine and Federal Regulatory Efforts to Restructure the Electric Utility Industry." *Wisconsin Law Review*. 1994: 763.
Rossi, Jim. 1997. "Participation Run Amok: The Costs of Mass Participation for Deliberative Agency Decisionmaking." *Northwestern University Law Review*. 92: 173.
Rossi, Jim. 1998a. "The Common Law 'Duty to Serve' and Protection of Consumers in an Age of Competitive Retail Public Utility Restructuring." *Vanderbilt Law Review* 51: 1233.
Rossi, Jim. 1998b. "The Irony of Deregulatory Takings." *Texas Law Review*. 77: 297.
Rossi, Jim. 2002. "The Electric Power Deregulation Fiasco: Looking to Regulatory Federalism to Promote a Balance Between Markets and the Provision of Public Goods." *Michigan Law Review*. 100: 1768.
Rossi, Jim. 2003. "Lowering the Filed Tariff Shield: Judicial Enforcement for a Deregulatory Era." *Vanderbilt Law Review*. 56: 1591.
Rossi, Jim. 2004. "Debilitating Doctrine: How the Filed Rate Policy Wreaks Havoc — And What Courts Can Do About It." *Public Utilities Fortnightly*, November: 16.
Rossi, Jim. Forthcoming 2005. "Dual Constitutions and Constitutional Duels." *William & Mary Law Review*.
Rouse, Michael A. 1990. "A Re-Evaluation of the 'Filed Rate' Doctrine in Light of Revised Regulatory Policy and Carriers' Practices: INF, Ltd. v. Spectro Alloys Corp." *Creighton Law Review*. 23: 669.
Rubin, Edward L. & Malcolm Feeley. 1994. "Federalism: Some Notes on a National Neurosis." *UCLA Law Review*. 41: 903.
Rubin, Paul H., Christopher Curran & John Curran. 2001. "Litigation versus Legislation: Forum Shopping by Rent-Seekers." *Public Choice*. 107: 295.
Ruhl, J. B. & James Salzman. 2003. "Regulatory Accretion in the Administrative State." *Georgetown Law Journal*. 91: 75.
Santa, Donald F., Jr. 2000. "Who Needs What, and Why? Reporting and Disclosure Obligations in Emerging Competitive Electricity Markets." *Energy Law Journal*. 21: 1.
Savage, Leonard J. 1972. *The Foundations of Statistics*. New York: Dover Publications.
Schelling, Thomas. 1980. *Strategy of Conflict*, Second edition. Cambridge, Mass.: Harvard University Press.

Schwartz, Jeffrey D. 1999. "The Use of Antitrust State Action Doctrine in the Deregulated Electric Utility Industry." *American University Law Review*. 48: 1449.

Schwartz, Joshua I. 1997. "Assembling *Winstar*: Triumph of the Ideal of Congruence in Government Contracts Law?" *Public Contract Law Journal*. 26: 481.

Seidenfeld, Mark. 2004. "Pyrrhic Political Penalties: Why the PublicWould Lose Under the 'Penalty Default Canon.'" *George Washington Law Review*. 72: 724.

Shepsle, Kenneth A. 1992. "Congress is a 'They,' Not an 'It': Legislative Intent as an Oxymoron." *International Review of Law & Economics*. 12: 239.

Sidak, J. Gregory & Daniel Spulber. 1997. *Deregulatory Takings and the Regulatory Contract: The Transformation of Network Industries in the United States*. New York: Cambridge University Press.

Sillin, John O. 2003. "Why We Fell into the Heart of Darkness." *Public Utilities Fortnightly*. September 15: 30.

Silverstein, Eileen. 1991. "Against Preemption in Labor Law." *Connecticut Law Review*. 24: 1.

Simon, Herbert. 1961. *Administrative Behavior*, Second edition. New York: Macmillan.

Simons, KennethW. 2002. "Reflections on Assumption of the Risk." *UCLA Law Review*. 50: 481.

Simpson, James B. & Sarah D. Strum. 1991. "How a Good Samaritan? Federal Income Tax Exemption for Charitable Hospitals Reconsidered." *University of Puget Sound Law Review*. 14: 633.

Singer, Joseph. 1996. "No Right to Exclude: Public Accommodations and Private Property." *Northwestern University Law Review*. 90: 1283.

Smith, Vernon. 1993. "Can Electric Power — A 'Natural Monopoly' — Be Deregulated?" in Landsberg, Hans H., ed. *Making National Energy Policy*. Washington, D.C.: Resources for the Future.

Sosnov, Leonard N. 2000. "Separation of Powers Shell Game: The Federal Witness Immunity Act." *Temple Law Review*. 73: 171.

Spann, Robert M. 1974. "Rate of Return Regulation and Efficiency in Production: An Empirical Test of the Averch-Johnson Thesis." *Bell Journal of Economic and Management Science*. 5: 38.

Speidel, Richard. 1981. "Court-Imposed Price Adjustments Under Long-Term Supply Contracts." *Northwestern University Law Review*. 76: 369, 381-94.

Spence, David B. & Paula Murray. 1999. "TheLaw, Economics, and Politics of Federal Preemption Analysis: A Quantitative Analysis." *California Law Review*. 87: 1125.

Spitzer, Matthew. 1988. "Antitrust, Federalism, and the Rational Choice Political Economy: A Critique of Capture Theory." *Southern California Law Review*. 61: 1293.

Spulber, Daniel F. & Christopher S. Yoo. 2003. Access to Networks: Constitutional and

Economic Connections. *Cornell Law Review*. 88: 885.

Stearns, Maxell L. 2003. "A Beautiful Mend: A Game Theoretical Analysis of the Dormant Commerce Clause Doctrine." *William & Mary Law Review*. 45: 1.

Stewart, Richard B. 1990. "Madison's Nightmare." *University of Chicago Law Review*. 57: 335.

Stigler, George. 1971. "The Theory of Economic Regulation." *Bell Journal of Economic and Management Science*. 2: 3.

Stigler, George & Claire Friedland. 1962. "What Can Regulators Regulate? The Case of Electricity." *Journal of Law & Economics*. 5: 1.

Sugden, Robert. 1995. "A Theory of Focal Points." *Economic Journal*. 105: 533.

Sullivan, Lawrence A. 1992. "Section 2 of the Sherman Act andVertical Strategies by Dominant Firms." *Southwestern University Law Review*. 21: 1227.

Sunstein, Cass. 1989. "Interpreting Statutes in the Regulatory State." *Harvard Law Review*. 103: 405.

Sunstein, Cass. 1995. "Incompletely Theorized Agreements." *Harvard Law Review*. 108: 1733.

Symposium. 2003. "Is There an Ideal Way to Deal with the Non-Ideal World of Legal Change?" *Journal of Contemporary Legal Issues*. 13: 1.

Talley, Eric. 2001. "Disclosure Norms." *University of Pennsylvania Law Review*. 149: 1955.

Tirole, Jean. 2002. *The Theory of Industrial Organization*. Cambridge, Mass.: MIT Press.

Tomain, Joseph P. & Sidney Shapiro. 1997. "Analyzing Government Regulation." *Administrative Law Review*. 39: 377.

U. S. Energy Information Administration. 1997. *Electricity Prices in a Competitive Environment: Marginal Cost Pricing of Generation Services and Financial Status of Electric Utilities — A Preliminary Analysis Through 2015*. Washington, D.C.: U.S. Department of Energy.

Van Alstine, Michael P. 2002. "The Costs of Legal Change." *UCLA Law Review*. 49: 789.

Van Doren, Peter & Jerry Taylor. 2004. "Rethinking Restructuring." *Public Utilities Fortnightly*. February: 12.

von Mehren, Robert B. 1954. "The Antitrust Laws and Regulated Industries: The Doctrine of Primary Jurisdiction." *Harvard Law Review*. 67: 929.

Watts, Duncan J. 2003. *Six Degrees of Separation: The Science of a Connected Age*. New York: W.W. Norton & Co.

Weaver, Jacqueline. 2004. "Can Energy Markets Be Trusted?" *Houston Business and Tax Law Journal*. 4: 1.

Weiser, Philip J. 1999. "*Chevron*, Cooperative Federalism, and Telecommunications Reform." *Vanderbilt Law Review*. 52: 1.

Weiser, Philip J. 2001a. "Federal Common Law, Cooperative Federalism, and the Enforcement of the Telcom Act." *New York University Law Review*. 76: 1692.

Weiser, Philip J. 2001b. "Towards a Constitutional Architecture for Cooperative Federalism." *North Carolina Law Review*. 79: 663.

Weiser, Philip J. 2003. "*Goldwasser*, The Telecom Act, and Reflections on Antitrust Remedies." *Administrative Law Review*. 55: 1.

White, Matthew W. 1996. "Power Struggles: Explaining Deregulatory Reforms in Electricity Markets." *Brookings Papers: Microeconomics*. 1996: 201.

Wiley, John Shepard, Jr. 1986. "A Capture Theory of Antitrust Federalism." *Harvard Law Review*. 99: 713.

Williamson, Oliver. 1975. *Markets and Hierarchies: Analysis and Antitrust Implications*. New York: Free Press.

Williamson, Oliver. 1976. "Franchise Bidding for Natural Monopolies — In General and with Respect to CATV." *Bell Journal of Economics*. 7: 73.

Williamson, Oliver. 1979. "Transaction Cost Economics: The Governance of Contractual Relations." *Journal of Law & Economics*. 22: 233.

Williamson, Oliver. 1996a. *The Mechanisms of Governance*. New York: Oxford University Press.

Williamson, Oliver. 1996b. "Response: Deregulatory Takings and the Breach of the Regulatory Contract: Some Precautions." *New York University Law Review*. 71: 1007.

Wright, Ronald. 1996. "When Do We Want Incomplete Agreements: A Comment on Sunstein's Holmes Devise Lecture." *Wake Forest Law Review*. 31: 459.

Wyman, Bruce. 1903. "The Law of the Public Callings as a Solution of the Trust Problem." *Harvard Law Review*. 17: 156, 161.

Young, Ernest A. 1999. "Preemption at Sea." *George Washington Law Review*. 67: 273.

Yoo, John C. 1998. "Sounds of Sovereignty: Defining Federalism in the 1990s." *Indiana Law Review*. 32: 27.

Zajac, Edward E. 1995. *The Political Economy of Fairness*. Cambridge, Massachusetts: MIT Press.

主要法律机构索引

案　　例

AT&T v. Central Office Tel. Co., 524 U.S. 214 (1998), 135, 165
AT&T v. Iowa Utilities Board, 525 U.S. 366 (1999), 216
Agins v. City of Tiburon, 447 U.S. 255 (1980), 107n19
Alliant Energy Corp. v. FERC, 253 F.3d 748 (D.C. Cir. 2001), 156n74
Amundson & Assocs. Art Studio v. Nat'l Council on Compensation Ins., 988 P.2d 1208 (Kan. Ct. App. 1999), 140n30
Andrus v. Allard, 444 U.S. 51, 65 (1979), 108n23
Armstrong v. United States, 364 U.S. 40 (1960), 105, 112, 114n43
Atl. City Elec. Co. v. FERC, 295 F.3d 1 (D.C. Cir. 2002), 155

Baldwin v. G.A.F. Selif, Inc., 294 U.S. 511 (1935), 176
Barnes v. Arden Mayfair, 759 F.2d 676 (9th Cir. 1985), 139
Buck v. Kuykendall, 267 U.S. 307 (1925), 179

C & A Carbone, Inc. v. Town of Clarkstown, 511 U.S. 383 (1994), 178-80, 187-88
Calhoun v. State Highway Dep't, 153 S.E.2d 418 (Ga. 1987), 106n11
California. v. Federal Power Comm'n, 369 U.S. 482 (1962), 137
California Retail Liquor Dealers Ass'n v. Midcal Aluminum, Inc., 455 U.S. 97 (1980), 189, 192
Capital Cities Cable, Inc. v. Crisp, 467 U.S. 691 (1984), 164n87
Cellular Plus, Inc. v. Superior Court, 18 Cal. Rptr. 2d 308 (Ct. App. 1993), 140n29
Chevron U.S.A., Inc. v. Natural Res. Def. Council, Inc., 467 U.S. 837 (1985), 137, 207, 217

City of Groton v. Conn. Light & Power Co., 662 F.2d 921 (2nd Cir. 1981), 168
City of Kirkwood v. Union Elec. Co., 671 F.2d 1173 (8th Cir. 1982), 138
City of Mishawaka v. Ind. & Mich. Elec. Co., 560 F.2d 1314 (7th Cir. 1977), 138
City of Philadephia v. New Jersey, 437 U.S. 617 (1978), 176-77
Columbia Steel Casing Co. v. Portland Gen. Elec. Co., 111 F.3d 1427 (9th Cir. 1997), 168, 200
Community Communications Co. v. City of Boulder, 455 U.S. 40 (1982), 189-90
In re: Comshare, Inc., 183 F.3d 542, 548 (6th Cir. 1999), 151n60
Cost Mgmt. Serv. v. Wash. Natural Gas, 99 F.3d 937 (9th Cir. 1996), 139

Department of Legal Affairs v. Rogers, 329 So.2d 257 (Fla. 1976), 230n39
Dep't of Transportation v. Nalven, 455 So.2d 301 (Fla. 1984), 106n11
Dolan v. City of Tigard, 512 U.S. 374 (1994), 105n8, 107-08, 117
Duke Energy Trading & Mktg., L.L.C. v. Davis, 267 F.3d 1042, 1047 (9th Cir. 2001), 143-46
Duquesne Light Co. v. Barasch, 488 U.S. 299 (1989), 111-12, 113, 114, 116, 123

Energy Ass'n of New York v. Public Serv. Comm'n of New York, 653 N.Y.S.2d 502 (1996), 124n57
English v. Gen. Elec. Co., 496 U.S. 72 (1990), 164n87
Ex Parte Elliott, 973 SW.2d 737 (Tex. App. 1998), 230n39

Far East Conference v. U.S., 342 U.S. 570 (1952), 169-70
FERC v. Mississippi, 456 U.S. 742 (1982), 221n33
Federal Power Comm'n v. Conway Corp., 426 U.S. 271 (1976), 155n71
Federal Power Commission v. Hope Natural Gas Co., 320 U.S. 591 (1944), 111, 112, 116, 123
First English Evangelical Church of Glendale v. Los Angeles, 482 U.S. 304 (1987), 110n26
FTC v. Ticor Title Insurance Co., 504 U.S. 621 (1992), 192, 203

Geier v. American Honda Motor Company, Inc., 529 U.S. 861 (1990), 224n34
General Motors v. Tracy, 519 U.S. 278 (1997), 178, 180
Green v. People's Energy Corp., 2003-1 Trade Cases (CCH) ¶73,999 (N.D. Ill. 2003), 203
Goldwasser v. Ameritech Corp., 222 F.3d 390 (7th Cir. 2000), 147, 168n96
Gulf Power Co. v. United States, 998 F. Supp. 1386 (N.D. Fla. 1998), 125n58
Gulf State Utils. Co. v. Louisiana Pub. Serv. Comm'n, 578 So.2d 71 (La. 1991), 113
GTE Southwest, Inc. v. Public Utility Commission of Texas, No. 03-97-00148-CV (Ct. of App., Austin, July 15, 1999), 125n58

Houston, East & West Texas Ry. Co. v. United States, 234 U.S. 342 (1914), 210
H.J., Inc. v. Northwestern Bell Tel. Co., 954 F.2d 485, 494 (8th Cir. 1992), 145n52
H.P. Hood & Sons, Inc. v. Du Mond, 336 U.S. 525 (1949), 176, 180–81
Hughes v. Alexandria Scrap Corp., 426 U.S. 794 (1976), 179n18

INF, Ltd. v. Spectro Alloys Corp., 881 F.2d 546 (8th Cir. 1989), 171n105
Idaho v. Coeur d'Alene Tribe, 521 U.S. 261 (1997), 144n46
Iowa Electric Light & Power Co. v. Atlas Corp., 467 F. Supp. 139 (N.D. Iowa 1978), 47n9
In the Matter of Energy Association of New York State v. Public Service Commission, 653 N.Y.S.2d 502 (Sup. Crt., Albany Cty. 1996), 125n59
International News Service v. Associated Press, 248 U.S. 215 (1918), 123

Jersey Central Power & Light c. v. FERC, 810 F.2d 1168 (D.C. Cir. 1987), 113n40, 118

Kaiser Aetna v. United States, 444 U.S. 164 (1979), 106n10
Keogh v. Chicago & Northwestern Railway Co., 260 U.S. 156 (1922), 138
Keystone Bituminous Coal Assn. v. DeBenedictis, 480 U.S. 470 (1987), 106n10, 108, 109

Lochner v. New York, 198 U.S. 45 (1905), 110n28
Lockyer v. FERC, 383 F.3d 1006 (9th Cir. 2004), 154
Lockyer v. FERC, 329 F.3d 700 (9th Cir. 2003), 158n75
Loretto v. Teleprompter Corp., 458 U.S. 419 (1982), 125n58
Louisville & Nashville R. R. v. Maxwell, 237 U.S. 94 (1915), 132, 135
Lucas v. South Carolina Coastal Council, 505 U.S. 1003 (1992), 107, 108, 117
Lynch v. U.S., 292 U.S. 571 (1974), 114n43

MCI Telecommunications Corp. v. American Telephone & Telegraph Co., 512 U.S. 218 (1994), 135n10
MCI Communications Corp. v. AT&T Co., 708 F.2d 1081 (7th Cir. 1983), 169
Maislin Industries v. Primary Steel, Inc., 879 F.2d 400 (8th Cir. 1989), 170n105
Market Street Railway v. Railroad Commission, 324 U.S. 528 (1945), 111, 112, 116, 123
McFaddin v. Jackson, 738 S.W.2d 176 (Tenn. 1987), 230n39
Medtronic, Inc. v. Lohr, 518 U.S. 470 (1996), 164, 222n34
Mianus River Pres. Comm. v. EPA, 541 F.2d 899, 906 (2d Cir. 1976), 215
Mississippi Power & Light Co. v. Mississippi, 487 U.S. 354, 375 (1988), 137n20
Missouri Pub. Serv. Co. v. Peabody Coal Co., 583 S.W.2d 721 (Mo. Ct. App. 1979), 47n9
Mont.-Dakota Utils. Co. v. Northwestern & Pub. Serv. Co., 341 U.S. 246 (1951), 131–32

Nantahala Power & Light Company v. Thornburg, 476 U.S. 953 (1986), 136, 137n20

Nattional Gerimedical Hosp. v. Blue Cross, 452 U.S. 378 (1981), 169n100

National R.R. Passenger Corp. v. Atchison Topeka & Sante Fe Ry. Co., 470 U.S. 451 (1985), 120

New York v. FERC, 535 U.S. 1 (2002), 102n4, 155n67, 155n72, 211

Nollan v. California Coastal Comm'n, 483 U.S. 825 (1987), 107

N.C. Steel, Inc. v. Nat'l Council on Compensation Ins., 496 S.E.2d 369 (N.C. 1998), 139

North Star Steel C. v. MidAmerican Energy Holdings Co., 184 F.3d 732 (8th Cir. 1999), 193-94

N. Natural Gas Co. v. State Corp. Comm'n, 372 U.S. 84 (1963), 134n6

Northern States Power Co. v. Fed. Energy Regulatory Comm'n, 176 F.3d 1090 (8th Cir. 1999), 155n77

Ohio Edison Co. v. Public Utils. Comm'n, 589 N.E.2d 1292 (Ohio 1992), 113

Otter Tail Power Co. v. U.S., 410 U.S. 376 (1973), 139

Pacific Gas & Elec. Co. v. Lynch, 216 F.Supp.2d 1016, 1049-50(N.D. Cal. 2002), 137n16, 146-47

Parker v. Brown, 317 U.S. 341 (1943), 188, 197n56

Penn Central Transportation Co. v. City of New York, 438 U.S. 104 (1978), 105-06, 117

Pennell v. City of San Jose, 485 U.S. 1 (1988), 109n25

Pennsylvania Coal Co. v. Mahon, 260 U.S. 393 (1922), 108

Permian Basin Rate Cases, 390 U.S. 747 (1968), 111, 112, 123

Phonetele, Inc. v. AT&T Co., 889 F.2d 224 (9th Cir. 1989), 169n100

Phonetele, Inc. v. AT&T Co., 664 F.2d 716 (9th Cir. 1981), 169n100

Pike County Light & Power Co. v. Pa. Pub. Util. Comm'n, 465 A.2d 735 (Pa. Commw. Ct. 1983), 136-37

Pinney Dock & Transp. Co. v. Penn. Cent. Corp., 838 F.2d 1445 (6th Cir. 1988), 139

Prentice v. Title Ins. Co., 500 N.W.2d 658 (Wis. 1993), 139n28

Professional Real Estate Investors, Inc. v. Columbia Pictures, Inc., 508 U.S. 49 (1993), 169n101

The Proprietors of the Charles River Bridge v. The Proprietors of the Warren Bridge, 36 U.S. 420 (1837), 114-16, 119

Public Utility Commission of Rhode Island v. Attleboro Steam & Electric Co., 273 U.S. 83 (1927), 211

Public Service Co. of New Hampshire v. Patch, 167 F.3d 29 (1st Cir. 1998), 125n57, 137n16

Public Service Co. of New Hampshire v. Patch, 167 F.3d 15 (1st Cir. 1998), 125n57

Public Utility Law Project of New York, Inc. v. New York State Public Service Commission,

681 N.Y.S.2d 396 (App. Div. 3d Dep. 1998), 72n3
PW Ventures, Inc. v. Nichols, 533 So.2d 281 (Fla. 1988), 194

Reeves, Inc. v. Stake, 447 U.S. 429 (1980), 179n18
Ruckelshaus v. Monsanto, 467 U.S. 986 (1984), 114n43

San Diego Bldg. Trades Council v. Garmon, 359 U.S. 236 (1959), 165n90
Satellite Sys., Inc. v. Birch Telecom, Inc., 51 P.3d 585 (Ok. 2002), 139, 140n30
Shanghai Power v. United States, 4 Cl. Ct. 237 (1983), 124
Smyth v. Ames, 169 U.S. 466 (1898), 110n27, 111, 116
Snake River Valley Electric Association v. PacifiCorp., 357 F.3d 1042, 1049 (9th Cir. 2004), 204
Snake River Valley Elec. Ass'n v. Pacificorp, 238 F.3d 1189 (9th Cir. 2001), 202
South-Central Timber Dev. v. Wunnicke, 467 U.S. 82 (1984), 179n18
S. Cal. Edison Co. v. Lynch, 307 F.3d 794 (9th Cir. 2002), 146n54
Southwestern Bell Tel. Co. v. Public Serv. Comm'n, 262 U.S. 276 (1923), 111n30
Southwestern Elec. Power Corp. v. Grant, 73 S.W.3d 211 (Tex. 2002), 139n28
Square D Co. v. Niagara Frontier Tariff Bureau, Inc., 476 U.S. 409 (1986), 137n20, 142
Square D. Co. v. Niagara Frontier Tariff Bureau, Inc., 760 F.2d 1347, 1352 (2nd Cir. 1985), 140-42

Taffet v. S. Co., 967 F.2d 1483 (11th Cir. 1992), 145n52
Tampa Electric Co. v. Garcia, 767 So.2d 428 (Fla. 2000), 185
TEC Congeneration, Inc. v. Florida Power & Light Co., 76 F.3d 1560 (11th Cir. 1996), 194
Teleconnect Co. v. U.S. W. Communications, 508 N.W.2d 644 (Iowa 1993), 190n28
Telecor Communications, Inc. v. Southwestern Bell Telephone Co., 305 F.3d 1124 (10th Cir. 2002), 202
Texas & Pac. Ry. v. Abilene Cotton Oil Co., 204 U.S. 426 (1907), 132, 135
Texas Commercial Energy v. TXU Energy, Inc., 2004-2 Trade Cases ¶74,497 (S.D. Tex., Corpus Christi 2004), 2004 WL 1777597, 160-62
Ticor Title Insurance Co. v. FTC, 922 F.2d 1122 (3rd Cir. 1991), 192n46
Ting v. AT&T, 182 F. Supp. 2d 902 (N.D. Cal. 2002), 166n91
Town of Concord v. Boston Edison Co., 915 F.2d 17 (1st Cir. 1990), 138
Town of Hallie v. City of Eau Claire, 471 U.S. 34 (1985), 190-91
Town of Norwood v. New England Power Co., 202 F.3d 408 (1st Cir. 2000), 139, 142-43, 167
Transmission Access Policy Study Group v. FERC, 225 F.3d 667 (D.C. Cir. 2000), 102n4
Transmission Agency v. Sierra Pac. Power Co., 295 F.3d 918, 928 (9th Cir. 2002), 145

Trigen-Oklahoma City Energy Corp. v. Okla. Gas & Elec. Co., 244 F.3d 1220 (10th Cir. 2001), 193

United Distribution Companies v. FERC, 88 F.3d 1105 (D.C. Cir. 1996), 72n2
United States v. Carolene Products, 204 U.S. 344 (1938), 182
United States v. Colgate & Co., 250 U.S. 300, 307 (1919), 45n8
United States v. Miller, 317 U.S. 369 (1943), 106n11
United States v. Public Utilities Commission of California, 345 U.S. 295 (1953), 212n13
United States v. Rochester Gas & Elec. Corp., 4 F.Supp. 2d 172 (W.D. N.Y. 1998), 203n65
United States v. Winstar Corp., 518 U.S. 839 (1996), 119-20
United States Steel Corp. v. Multistate Tax Commission, 434 U.S. 452 (1978), 220n32

Verizon v. Law Offices of Curtis V. Trinko, L.L.P., 124 S.Ct. 872 (2004), 147, 168n96
Verizon Communications, Inc. v. FCC, 525 U.S. 467 (2002), 114, 126

Wabash, St. Louis & Pac. Ry. Co. v. Illinois, 118 U.S. 557 (1886), 210
West Lynn Creamery, Inc. v. Healy, 512 U.S. 186 (1994), 182-83

宪法、法律、法规及其他材料

U.S. Const. Article I, Section 10, 117, 176n2, 183, 220
U.S. Const. Article IV, Section 2, 176n2
U.S. Const. Article VI, 164
U.S. Const. Amendment V, 105n8
12 U.S.C. §§ 2901-2906 (Community Reinvestment Act of 1977), 76
15 U.S.C. §§ 2301-2312 (Magnuson MossWarranty Act), 75n9
15 U.S.C. ch. 41 (Consumer Credit Protection Act), 75n9
15 U.S.C. § 45 (Federal Trade Commission Act), 75n9
15 U.S.C. § 1602 (Truth in Lending Act), 76n9
15 U.S.C. § 1637 (Fair Credit Billing Act), 75n9
15 U.S.C. § 1681 (Fair Credit Reporting Act), 75n9
15 U.S.C. § 1691-1691e (Equal Credit Opportunity Act), 75n9
15 U.S.C. §§ 1692-1692o (Fair Credit Debt Collection Act), 75n9
16 U.S.C. § 824 (Federal Power Act), 62, 211, 221n72
33 U.S.C. § 1370 (CleanWater Act), 215n16
42 U.S.C. § 291 (Hill-Burton Act), 76n12

42 U.S.C. § 1395dd (Emergency Medical Treatment and Active Labor Act), 76n12

42 U.S.C. § 9614 (a) (Comprehensive Environmental Response, Compensation and Liability Act), 215n16

47 U.S.C. §§ 251-252 (Telecommunications Act of 1996), 216

Telecommunications Act of 1996, § 254, Public Law No. 104-104, 110 Stat. 56 (Feb. 8, 1986), 77n13, 88-89

Urban Property Protection and Reinsurance Act of 1968, Public Law No. 90-448, 82 Stat. 555, 76n11

Telecommunications Act of 1996, Senate Conference Report No. 104-230, at 1 (1996), 216

Local Government Antitrust Act of 1984, H.R. Rep. No. 965, 98th Cong., 2d Sess. 2, 18-19 (1984), reprinted in 5 U.S.C.C.A.N. 4602, 4619-20 (1984), 190n38

In re Federal-State Joint Board on Universal Service, FCC Docket No. 96-45 (Dec. 31, 1997), 77n13

In re Federal-State Joint Board on Universal Service, FCC Docket No. 96-45 (May 7, 1997), 77n13, 77n14

Federal Energy Regulatory Commission, Order No. 888, Promoting Wholesale Competition Through Open Access Non-Discriminatory Transmission Services by Public Utilities, 61 *Federal Register* 21, 540 (1996), 62, 74n5, 154, 155

Federal Energy Regulatory Commission, Order No. 636, Pipeline Service Obligations and Revisions to Regulations Governing Self-Implementing Transportation and Regulation of Natural Gas Pipelines After Partial Wellhead Decontrol, 57 *Federal Register* 13, 267 (1992), 72n2

SEC Rule 10b-5, 17 C.F.R. § 240.10b-5, 151n60

FERC Staff's *Initial Report on Physical Withholding by Generators Selling into the California Market and Notification to Companies* (August 2003), 144n44

FERC's *Final Report on Price Manipulation in Western Markets*, 54-55, Docket No. PA02-2-000(March 2003), 144n44

FERC *Initial Report on Company-Specific Separate Proceedings and Generic Reevaluations; Published Natural Gas Price Data; and Enron Trading Strategies* 3-6, Docket No. PA02-2-000 (August 2002), 159-60

New PJM Companies, American Electric Power Service Corp., 105 FERC ¶61, 251 (2003), 219

Palisades Generating Co., 48 FERC ¶61, 144 (1989), 137n17

Cal. A.B. No. 1890 (signed Sept. 23, 1996), 79-0

Re Proposed Policies Governing Restructuring of California's Electric Services Industry and Reforming Regulation, 151 P.U.R.4th 73, 92 (Cal. Pub. Util. Comm'n 1994), 74n6

Re Electric Utility Industry Restructuring, Maine Pub. Util. Comm'n, Docket No. 95-462, July 19, 1996, 82n24

N.H. State Code § 374-F: 3 VI, 80
Idaho Code § 61-322D9A, 204
Idaho Code § 61-334B, 204
R.I. Gen Laws ch. 316, § 39-1-27.2-4, 82n24
Re Restructuring of the Electric Utility Industry in Vermont, 174 P.U.R.4th 409, 434 (Vt. Pub. Serv. Bd. 1996), 82
Tex. Util. Code. § 39.101(a)(1), 161
Uniform Commercial Code
§ 2-306, 46, 47n10
§ 2-313-4, 75n9
§ 2-314-4, 75n9
§ 2-315-4, 75n9
§ 2-318-4, 75n9

图书在版编目(CIP)数据

议价监管与公法/(美)吉姆·罗西著;甄杰译.—上海:复旦大学出版社,2021.9
(法律经济学译丛)
书名原文:REGULATORY BARGAINING & PUBLIC LAW
ISBN 978-7-309-15660-7

Ⅰ.①议… Ⅱ.①吉…②甄… Ⅲ.①议价-价格法-研究 Ⅳ.①D912.294.04

中国版本图书馆 CIP 数据核字(2021)第 093354 号

This is a Simplified Chinese translation edition of the following title(s) published by Cambridge University Press:

Regulatory Bargaining and Public Law, ISBN:978-0-521-83892-4
© Jim Rossi 2005
First published in print format 2005

This Simplified Chinese translation edition for the People's Republic of China (excluding Hong Kong, Macau and Taiwan) is published by arrangement with the Press Syndicate of the University of Cambridge, Cambridge, United Kingdom.

© Fudan University Press 2021

This Simplified Chinese translation edition is authorized for sale in the People's Republic of China (excluding Hong Kong, Macau and Taiwan) only. Unauthorised export of this Simplified Chinese translation edition is a violation of the Copyright Act. No part of this publication may be reproduced or distributed by any means, or stored in a database or retrieval system, without the prior written permission of Cambridge University Press and Fudan University Press.

Copies of this book sold without a Cambridge University Press sticker on the cover are unauthorized and illegal. 本书封面贴有 Cambridge University Press 防伪标签,无标签者不得销售。
上海市版权局著作权合同登记号:图字 09-2013-829

议价监管与公法
(美)吉姆·罗西 著　甄　杰 译
责任编辑/张　炼

复旦大学出版社有限公司出版发行
上海市国权路 579 号　邮编:200433
网址:fupnet@fudanpress.com　http://www.fudanpress.com
门市零售:86-21-65102580　团体订购:86-21-65104505
出版部电话:86-21-65642845
上海四维数字图文有限公司

开本 787×960　1/16　印张 15.25　字数 249 千
2021 年 9 月第 1 版第 1 次印刷

ISBN 978-7-309-15660-7/D·1091
定价:78.00 元

如有印装质量问题,请向复旦大学出版社有限公司出版部调换。
版权所有　侵权必究